COLOMBIA Y MÉXICO:
ENTRE LA SANGRE Y LA PALABRA

APROXIMACIONES A LA RELACIÓN DE DOS REGIONES LITERARIAS

"Juan Camilo Rincón traza la geografía textual del intercambio de miradas, exilios, complicidades, asombros y obras entre Colombia y México. Vasos comunicantes entre Macondo y Comala que derivan en el ADN de un legado identitario latinoamericano para mirarnos mejor".

Mónica Lavin,
escritora mexicana.

"Intuyo que los anteriores trabajos de Juan Camilo Rincón —imprescindibles análisis de la obra de los más destacados autores latinoamericanos— han sido apenas la preparación para la escritura de este libro, en el que se echa luz al vínculo cultural, tan arraigado como complejo, de dos colosos de la geografía de nuestro continente".

Pablo Di Marco,
escritor argentino.

"La prosa de Juan Camilo Rincón en este libro es más que precisa. Cualquiera hubiese podido hablar sobre las relaciones entre la literatura mexicana y la colombiana, pero hacerlo de manera tan profunda es propio de un autor que ha sabido descifrar con buen tino los enigmas y lazos invisibles que se entrecruzan en ambas culturas".

Santiago Gamboa,
escritor colombiano.

"*Colombia y México: entre la sangre y la palabra* es un ensayo producto de una exhaustiva investigación entre viajes, lecturas y entrevistas que nos llevan con fluidez extraordinaria por el encuentro de personajes del mundo intelectual entre Colombia y México durante el siglo XX hasta nuestros días. Juan Camilo Rincón, su autor, recrea un conjunto de episodios de enorme riqueza cultural e histórica con entrevistas y solazadas anécdotas e historias de vida, tejiendo la época y la hermandad entre ambos países, a través de nombres como los de Fernando Charry Lara y Octavio Paz, Álvaro Mutis y Elena Poniatowska, Jorge Franco y Jorge Volpi, Gabriel García Márquez y Juan Rulfo, Leo Matiz y David Alfaro Siqueiros, entre otros tantos que se hermanaron en las artes".

Sofía Buzali,
escritora mexicana.

"Si hay un ensayista en este planeta que sabe exprimir los temas que se va encontrando por el camino, si hay un investigador que consigue convertirse en lo que investiga y un escritor que no descansa hasta dejar consignados todos sus hallazgos, ese es Juan Camilo Rincón, que entrevista y reseña y piensa en voz alta en este estupendo diálogo *Entre la sangre y la palabra*".

Ricardo Silva Romero,
escritor colombiano.

"Rincón ha escrito una radiografía rigurosa y amena, de precisión académica pero llena de vida real, sobre la relación más fértil de la cultura latinoamericana".

Juan Gabriel Vásquez,
escritor colombiano.

Juan Camilo Rincón

COLOMBIA Y MÉXICO: ENTRE LA SANGRE Y LA PALABRA

APROXIMACIONES A LA RELACIÓN DE DOS REGIONES LITERARIAS

PALABRA LIBRE

Colombia y México: entre la sangre y la palabra
© 2021, Juan Camilo Rincón Bermúdez

Colección Periscopio

Para esta edición: POD: ©2022, Palabra Libre S.A.S.
Bogotá, Colombia
www.PalabraLibre.com

Primera edición: noviembre de 2021
Segunda edición: agosto de 2022
Edición a cargo de: Santiago Díaz Benavides
Corrección de estilo: María Del Rosario Laverde
Diagramación: Paula Cubillos Gómez
Diseño de cubierta: Departamento de diseño Palabra Libre US
Obra de cubierta: © Melissa Angel Cabrales (@111 palabras),
　　　　　　　　Cortina de sueños, técnica mixta
　　　　　　　　(carboncillo, aerosol, vino y óleo sobre tela), 2021
　　　　　　　　Por autorización especial de la artista

ISBN: 978-1-942963-23-3

Queda rigurosamente prohibida la reproducción total o parcial de esta obra, por cualquier medio o procedimiento, comprendidos la fotocopia y el tratamiento informático sin previa autorización escrita del titular de Copyright, bajo las sanciones previstas por las leyes.

Por supuesto,
para Natalia.

Contenido

Prólogo... 13
Prefacio 17

Primera parte

Obertura
La palabra y la espada 25
    El llamado de la libertad: independencia en América........... 28
    En búsqueda de la identidad: el arribo de un nuevo siglo 32
    La construcción de un mito llamado México..................... 33
    De Arenales a Barba Jacob: de lo ardiente a lo luctuoso 41
    Un político mexicano y el orgullo de un continente 48

Primer interludio... 55
    El hombre que nació con el siglo................................... 55
    El mexicano que amó a Bolívar o la segunda independencia
    que nunca fue posible... 63

Segunda parte

El "milagro mexicano" y un estallido cultural imparable 73
    La edificación de un mundo literario colombiano dentro
    y fuera de las fronteras.. 88
    Cuando la revista *Mito* se hizo realidad......................... 91

El ilustre huésped de Lecumberri 94
Llevarse el alma en la maleta.. 107

Segundo interludio 127
Yo también te recuerdo, Gabito 127

Tercera parte

El Viejo Continente y el nacimiento del *boom* 133
El nobel canta de nuevo "Nube viajera" 137
Un puente entre Comala y la sucursal del cielo 140
Un adiós hacia el cielo colombiano 142
Los cervantinos mexicanos toman café 143
México se escribe con M de Margo 155
Carlos Monsiváis y las dos caras de la moneda 158
Los hijos del '*boom*' 160
Fernando Vallejo en México: una vuelta a la vida 169

Tercer interludio 173
Latinoamérica: un baile eterno sobre sangre seca 173
Coda 183
Los quilates del arte 183
Epílogo 199
Posfacio 201
En el último trago nos vamos 201
Bonus track 203
El Gabo de Elena Poniatowska 203
Tríptico sobre García Márquez y Álvaro Mutis en México 207
Conversaciones con y sobre los maestros 213
Entrevista a Juan Gustavo Cobo Borda 213
Entrevista a Mario Mendoza 226

Entrevista a Santiago Mutis	251
Entrevista a Juan Villoro	264
Entrevista a Jorge Volpi	268
Entrevista a Fabio Jurado Valencia	271
Entrevista a Julieta Venegas	275
Entrevista a Laura Restrepo	277
Agradecimientos	279
Bibliografía	281

Prólogo

Soy originario de una tierra donde la voz del barrio bravo es el vallenato colombiano. Monterrey, la ciudad de los grandes capitales industriales con su complejo de metrópoli texana, es también la gran Colombia barrial del norte en cuyos cerros desafiantes y en su río casi siempre seco irrumpen por las noches los acordeones de Valledupar. Así como muchísimos colombianos crecieron con las películas de Jorge Negrete y Pedro Infante, miles de adolescentes regios nos impregnamos del ritmo de Los Diablitos, El Binomio de Oro o Aniceto Molina, que en Monterrey encarnan la marginalidad y el desafío del suburbio. Es todo un símbolo y una declaración de principios que uno de los cantautores más queridos y añorados de Monterrey sea Celso Piña, un habitante del Cerro de la Campana que consagró su vida a la música colombiana. Acompañado siempre de su Ronda Bogotá, el Rebelde del Acordeón hizo del vallenato la música típica de los barrios regios y fue el responsable de que por estos rumbos norteños conociéramos a clásicos del género como *La gota fría*, *Alicia querida* o *Matilde Lina*, o a antiguos exponentes como Leandro Díaz y Emiliano Zuleta.

Colombia y México siempre han caminado de la mano; a veces se hacen guiños y señales como dos amantes que se tocan las piernas por debajo del mantel y, otras, ceden al liberador abrazo rompehueso. En cualquier caso, sin caer en la estridencia que caracteriza a otras relaciones binacionales, mexicanos y colombianos nunca han dejado de mirarse a los ojos y andar juntos.

Se han escrito infinidad de libros sobre las relaciones políticas y culturales de México con Estados Unidos y con España, naciones destinatarias de la bipolaridad emocional del mexicano, encarnación de traumas, complejos y aspiraciones, objetos de amor, odio, rechazo e inspiración. Acaso en un segundo o tercer plano quede la idealización de Francia, máximo objeto del deseo aristócrata durante la época del porfiriato. Sin embargo, hay otras naciones con las que los mexicanos tenemos una relación más noble y bienintencionada, aunque no por ello menos intensa y fructífera. Así es y ha sido nuestro intercambio con Colombia, cuya cultura, sin llegar a ser una sombra, es omnipresente en la mexicanidad.

Leo **Colombia y México:** *Entre la sangre y la palabra* de Juan Camilo Rincón y reparo, entonces, en todo lo que Colombia ha impregnado mi camino como escritor. Yo no me reconocería como lector sin la literatura colombiana como una fiel compañera de viaje. Me basta apartar la vista del teclado en donde escribo estas palabras y echar un vistazo a mi librero para concluir que, si tuviera que dividir mi biblioteca por nacionalidades, los países americanos que tienen una mayor representación son por mucho México, Argentina y Colombia. En cualquier etapa de mi vida como lector ha habido siempre uno o varios autores colombianos acompañándome. Por ello me resulta tan emocionante que Juan Camilo haya emprendido esta ruta ensayística que descifra con erudición y amenidad la bifurcación de estos senderos.

Claro, en un ejercicio de libre asociación podríamos concluir que la máxima cumbre y el centro neurálgico del amasiato literario entre Colombia y México se llama Gabriel García Márquez. La mayor figura de las letras colombianas escribió su obra cumbre en una casa del barrio de San Ángel en la Ciudad de México, país que eligió para vivir y morir sin dejar de ser nunca la más pura encarnación del Caribe colombiano. Gabo es, sin duda, el punto más alto y reconocible de esta unión, y acaso Álvaro Mutis escribiendo en una crujía de la cárcel de Lecumberri representa la imagen más cruda, pero en cualquier caso no son los únicos, y aquí es donde aparece el tejido de Rincón, que va confeccionando este traje.

Acaso las nuevas generaciones ignoran lo que el taller literario de Porfirio Barba Jacob (Miguel Ángel Osorio Benítez) significó para cientos de jóvenes poetas mexicanos en la década de los 30. Enrique Serna lo recuerda recientemente en su novela *El vendedor de silencio* donde, con algunas licencias ficcionales, recrea la forma en que el infausto periodista Carlos Denegri y el futuro presidente Luis Echeverría se conocieron en la temprana juventud en el taller de Barba Jacob, cuando ambos eran aspirantes a poeta (y desde entonces se odiaron). Eso sí, confieso que antes de leer este libro nada sabía yo del primer Osorio Benítez que llegó a México en los últimos años del porfiriato, cuando firmaba como Ricardo Arenales. Poco o nada sabía también de la riquísima vereda intelectual de Germán Arciniegas y de su relación epistolar con figuras como Alfonso Reyes u Octavio Paz. Tampoco del profundo vínculo del ateneísta Carlos Pellicer con la intelectualidad colombiana y del amor que hasta el día de su muerte profesó el tabasqueño por esa nación. Me sorprende la erudición de Rincón y su manera de profundizar en antiguas vanguardias literarias mexicanas como los Estridentistas de Arqueles Vela, Contemporáneos o el Ateneo y su relación con los colombianos.

Particularmente significativa es la manera en que Juan Camilo narra la mayor y más extensa gira que un intelectual mexicano ha hecho en territorio colombiano. Fascinante imaginar a José Vasconcelos desembarcando mareado en Barranquilla, contemplando el Magdalena desde un hidroplano, escalando escarpadas sierras andinas a lomo de mula o bebiendo cerveza Bavaria con estudiantes colombianos.

Ni hablar de Fernando Vallejo, omnipresente paseador de perros en las calles mexicanas, cuyo espíritu quedó a perpetuidad en la finca familiar de Santa Anita en Envigado, aunque acabó por acostumbrarse al esmog y el caos de la Ciudad de México. Creo que, después de ser abducido por García Márquez en los años 90, mi segundo gran romance colombiano fue con Vallejo cuyo *Desbarrancadero* sigue siendo un abrevadero envenenado al que retorno cada cierto tiempo. Pocos recuerdan también lo que para la generación de mi abuelo significó Vargas Vila, encarnación de un furtivo y herético jacobinismo censurado por las buenas conciencias.

He hablado del significado que en mi vida han tenido Gabriel García Márquez y Fernando Vallejo, pero vuelvo a girar la mirada para reparar en lo que en mi buró aguarda: *Volver la vista atrás* de Juan Gabriel Vásquez, compañero de insomnios y duermevelas en este pandémico verano. Desde que leí *El ruido de las cosas al caer* y *Las reputaciones*, Vásquez se convirtió en uno de esos autores contemporáneos de los que he tratado de rastrear la obra completa.

No olvido que mi primera incursión literaria al cerro de Monserrate fue en la novela *Satanás* de Mario Mendoza, ni pierdo de vista que una de las más entrañables novelas sobre la paternidad que he leído es *El olvido que seremos* de Héctor Abad Faciolince.

De mi primer viaje a Bogotá, en noviembre de 2017, retorné con una mochila rebosante de literatura colombiana. Ahí conocí el genial *Hay días en que estamos idos* de Andrés Mauricio Muñoz, la gran novela del barrio paisa que es *La cuadra* de Gilmer Mesa, la deliciosa ironía de *Era más grande el muerto* de Luis Miguel Rivas y la tropical crudeza de *La perra* de Pilar Quintana. Frente a mí tengo el hermoso ejemplar de *Puñalada trapera. Antología del cuento colombiano* editado por Rey Naranjo, donde leí por primera vez a Mariana Jaramillo Fonseca, a Carolina Cuervo, a Luis Noriega, a Margarita García Robayo y a Mariana Restrepo, entre otros.

Como lector tengo mucho que agradecerle a la literatura colombiana, y a Juan Camilo Rincón le agradezco ahora fungir como cartógrafo y trazar esta carta de navegación donde los mapas literarios de Colombia y México bifurcan y se amalgaman. Ríos de letras colombianas y mexicanas que desembocan en improbables afluentes, ocultos estuarios o furiosas cataratas.

Daniel Salinas Basave, escritor mexicano
Monterrey, agosto de 2021

Prefacio
De Comala a Macondo: Un árbol de sangre

A unos cuantos kilómetros de Cartagena y a pocas horas de Aracataca, cuna de los incomparables Gabriel García Márquez y Leo Matiz, se encuentra San Pedro Consolado, corregimiento de la mítica región colombiana Montes de María. En lugar de deleitarse con vallenatos y hablar con acento costeño, sus habitantes se visten como mexicanos y hablan con la acentuada tonada de ese país. En Yucatán, el bambuco es tradición desde 1908 cuando a la península llegaron Pelón Santamarta y Adolfo Marín, integrantes del Dueto Antioqueño, cuya producción en suelo mexicano supera los veinte discos. Estas son historias dignas del realismo mágico que comparten las diversas regiones de este continente y que reflejan la profunda cercanía existente entre Colombia y México.

Ejemplos hay muchos más. Mi padre me contó alguna vez que en su infancia iba al cine de Arboledas, el pueblo nortesantandereano donde se crio, para maravillarse con las películas protagonizadas por luminarias como Pedro Infante, María Félix, Jorge Negrete, Silvia Pinal, Pedro Armendáriz y otros más que marcaron varias generaciones para las que el charro era símbolo de bravura y fuerza, y que envidiaban la belleza de las mujeres nacidas en suelo mexicano. La pantalla grande logró traer a estas latitudes el estilo de vida de ese país, mostrándonos esa nación otrora lejana e intrigante.

También la música llegó a nosotros; desde las rancheras hasta el *rock*, muchas notas tocaron nuestras ciudades para amenizar con sus compases la cotidianidad y las fiestas de todas las clases sociales. Algo similar ocurrió con la televisión, colmada de telenovelas y series cómicas que nos entretuvieron por varias décadas. Así, México fue tornándose en un referente permanente para Colombia: nos es común ver mariachis en varias esquinas de Bogotá listos para dar una serenata; México nos enseñó a pedir perdón, a llevar las penas y a no morir por ellas.

Este libro trata, precisamente, sobre los elementos fundantes de los lazos literarios entre ambos países. Desarrollé una especie de árbol cuyas ramas se entrelazan, mostrando la forma en que, en los últimos cien años, el campo literario mexicano se abrió a ellos y estos, a su vez, lo transformaron en una puesta en juego de todo su capital social y simbólico. Así, durante décadas, grandes personajes de la literatura de Colombia y México han establecido vínculos que han alimentado nuestras letras y artes de forma magistral, haciendo de ellos dos hermanos que se nutren y crecen juntos.

Así lo señala Germán Arciniegas:

> En México se repite un rasgo que es común a ciertas ciudades de América que se convierten en hogar abierto a los hombres libres, muchas veces exiliados, y en todo caso a escritores o artistas, a hombres de pensamiento para quienes la ciudad de México resulta tan suya como la de su propia tierra. Así, desde los tiempos de José María de Heredia o de José Martí han pasado por allí gentes de toda la América Hispana. Gabriela Mistral, invitada por Vasconcelos, escribió allí parte de su obra. Pedro Henríquez Ureña (1844-1946), dominicano que lo mismo vivió en Buenos Aires que en México, pasó los últimos años ejerciendo un magisterio continental. El hondureño Rafael Heliodoro Valle (1891-1959) con muchos otros centroamericanos, realizó casi toda su formidable obra de erudito en México. Los colombianos Porfirio Barba Jacob (1883-1942) -poeta que va por encima del modernismo y que figura en las antologías unas veces como colombiano, otras como mexicano-, y Germán Pardo García (n. 1902), cuyos veinte volúmenes de poesía han aparecido en México, allí han hecho su vida intelectual, como la suya artística otros dos colombianos, los escultores Rómulo Rozo (1899-1964) y Rodrigo Arenas Betancourt. Entre los venezolanos, Rómulo Gallegos pasó allí sus años de destierro, y el poeta Andrés Eloy Blanco (1897-1955), estrella de primera magnitud en la poesía latinoamericana, murió en ese exilio[1].

Lo que revela el texto de Arciniegas es que hay vetas más profundas y siempre latentes, como la honda relación de Jorge Isaacs con el intelectual mexicano Justo Sierra, a quien consideraba su consejero y maestro. Esta cercanía lo llevó a solicitarle en tres cartas enviadas entre 1888 y 1889 que buscara promover su nombramiento como cónsul general de

---

[1] Arciniegas, G. (1989). "Letras mexicanas después de la revolución" en *El continente de siete colores.* Bogotá: Santillana. P. 442.

Colombia en esa nación -en la que, por cierto, para marzo de 1889 ya habían sido publicadas, lo dice el mismo Isaacs, catorce ediciones de *María*[2]-. Para el pensador mexicano Alfonso Reyes, el autor vallecaucano era "maestro del lloro", pues "toma la pluma -y al punto se le saltan las lágrimas. Y cunde por América y España el dulce contagio sensitivo, el gran consuelo de llorar"[3].

También resuenan las gestiones del escritor, diplomático y académico Lorenzo Marroquín quien, desde finales del siglo XIX promovió el intercambio entre las bibliotecas de ambos países para lograr la divulgación y el estudio de las producciones literarias y científicas de uno y otro; el nombramiento en 1878 de Rufino José Cuervo como socio honorario de la Academia Mexicana de la Lengua; y la conversación, hoy más vigente que nunca, sobre la escritora, poeta y columnista bogotana Emilia Ayarza de Herrera (1919-1966), reconocida en México[4] por la importancia de su obra para las letras latinoamericanas. Sus cátedras, recitales, tertulias y conferencias fueron recibidas con entusiasmo no solo por la calidad de su poesía, vital y profunda, sino también por su recia voz política.

Los colombianos que se instalaron en México, ya fuera por algunos meses o para toda la vida, coinciden en algo: aquel país les dio la posibilidad de continuar enriqueciendo su producción, de seguir ampliando su mirada, de renovar el lenguaje para ese algo que latía dentro y necesitaba articularse, explicitarse, hacerse tangible.

Personajes como Julio Flórez, Germán Pardo García, Porfirio Barba Jacob, Germán Arciniegas, Álvaro Mutis, Gabriel García Márquez y, por otra parte, Alfonso Reyes, José Gorostiza, Octavio Paz, Juan Rulfo, Gilberto Owen, Agustín Yáñez y otros tantos, fueron los puntos con los que entretejí esta historia de fraternidad artística. Aquí cabe mencionar al fotógrafo cataquero Leo Matiz, quien retrató a los más destacados representantes de la cultura mexicana de mitad del siglo XX, razón por la que tiene un capítulo propio.

- - - - - - - - - - - -

[2] Reyes, A. (1995). "Cartas de Jorge Isaacs". *Obras completas de Alfonso Reyes*, tomo IV. Colección Letras Mexicanas. México: FCE, p. 327-334.

[3] Reyes, A. (1996). "El llanto de América". *Obras completas de Alfonso Reyes*, tomo IX. Colección Letras Mexicanas. México: FCE, p. 220.

[4] País que, según Ayarza en su poema "Ambrosio Maíz, campesino de América india", "pinta un mural intercenit en toda la pared del continente" [Charry Noriega, C. (Ed. y comp.). (2022). *Acá empieza el fuego. Emilia Ayarza*. Biblioteca de Escritoras Colombianas. Bogotá: La Jaula Publicaciones y Sincronía Casa Editorial, p. 112].

El libro está construido a partir de una extensa investigación bibliográfica de aproximadamente diez años, enriquecida por textos provenientes de cartas inéditas de Germán Arciniegas y entrevistas que hice a los mexicanos Elena Poniatowska, Paco Ignacio Taibo II, Élmer Mendoza, Guillermo Arriaga, Susana Fischer, Jorge Volpi, Juan Villoro, Margo Glantz y Daniel Salinas Basave; a los colombianos Santiago Mutis, William Ospina, Mario Mendoza, Piedad Bonnett, Nahum Montt, Jorge Franco, Roberto Burgos Cantor, Juan Gustavo Cobo Borda, Álvaro Castillo Granada, Fabio Jurado Valencia, Fernando Quiroz y Dasso Saldívar; al chileno Pablo Simonetti y al español Xavi Ayén, quienes complementan la mirada sobre los vasos comunicantes que alimentan las artes y, especialmente, la literatura de ambos países.

Incluyo, además, un capítulo destinado específicamente a las relaciones entre artistas y los hitos que vinculan a pintores como Rómulo Rozo, Rodrigo Arenas Betancourt, Ignacio Gómez Jaramillo, Pedro Nel Gómez, Fernando Botero, Omar Rayo, Diego Rivera, David Alfaro Siqueiros, José Clemente Orozco y José Luis Cuevas.

Colombia y México: entre la sangre y la palabra es una alusión a las gestas que hermanan a los dos países y los han vinculado durante siglos. Se trata de la sangre como fuerza poderosa y vital que arrastra consigo los vestigios de lo que hacemos; como herencia que circula y se instala para recordarnos quiénes somos. La palabra es esa otra potencia, impulso humano, corriente y flujo que transmite y lleva, también enérgica, las memorias de lo que fuimos para crear lo que seremos. La relación entre Colombia y México es como un árbol de sangre pues –lo dijo alguna vez el poeta Octavio Paz– como "Árbol de sangre, el hombre siente, piensa, florece / y da frutos insólitos: palabras. / Se enlazan lo sentido y lo pensado, / tocamos las ideas: son cuerpos y son números"[5].

Se trata, en fin, de las historias de los creadores, sus grandes obras y la riquísima influencia recíproca entre dos países que se deben mucho más que un par de anécdotas y unos reposados. Es un recorrido por historias que han fortalecido los elementos clave de la literatura latinoamericana, permitiéndole dejar una huella imborrable en la cultura occidental. Es un hijo que habita en el corazón de cada uno de nosotros; ese corazón que bombea una sangre ligada por algo más que la pertenencia a un mismo continente y que nos hace hermanos, amigos, cómplices y here-

---

[5] "Respuesta y reconciliación. Diálogo con Francisco de Quevedo" en revista *Vuelta* nro. 259 (junio de 1998), p. 9.

deros de un legado identitario invaluable para que las próximas generaciones se sientan tan colombianas, mexicanas y latinoamericanas como la vida misma.

Juan Camilo Rincón
Bogotá, 2021

Primera parte

Obertura
La palabra y la espada

*"Se lo llevaron todo y nos dejaron todo...
Nos dejaron las palabras".*

Pablo Neruda[1]

América fue el gran continente indígena; desde Alaska hasta la Patagonia, las civilizaciones se replegaron por todo el horizonte viviendo de su belleza y colmándolo de historia. Era la tierra inhóspita que nunca tuvo un Alejandro Magno, ni un Imperio romano: que no vivió la llegada de la peste negra, ni una invasión mongola. En su suelo cobraron vida metrópolis de gran envergadura como Tenochtitlan, con alrededor de 200 000 habitantes antes de la llegada de los hombres blancos, una población más grande que la que tenía París en aquellos tiempos. Región en la que germinaron todo tipo de avances y desarrollos, en ella se desplegó una estructura comercial que no alcanzamos a imaginar: al visitar el Museo Nacional de Antropología e Historia en Ciudad de México, encontramos en las tumbas de los más destacados gobernantes aztecas, esmeraldas propias de tierras colombianas. El esplendor llegó a su final con el arribo de la Corona española a este territorio; el pasado fue destruido a punta de látigo sobre el aborigen, pica y pala sobre los templos, y fuego sobre los códices.

Las enfermedades traídas por los europeos hicieron el resto; tras diezmar a la población, a los españoles no les quedó más remedio que reemplazar la mano de obra con subyugados traídos de todos los rincones de África. Así fue construido el imperio donde nunca se ocultó el sol.

---

[1] Neruda, P. (1974). *Confieso que he vivido*. México: Seix Barral.

Eduardo Galeano lo describió de esta manera:

> En 1492, los nativos descubrieron que eran indios, descubrieron que vivían en América, descubrieron que estaban desnudos, descubrieron que existía el pecado, descubrieron que debían obediencia a un rey y a una reina de otro mundo y a un dios de otro cielo, y que ese dios había inventado la culpa y el vestido y había mandado que fuera quemado vivo quien adorara al sol y a la luna y a la tierra y a la lluvia que la moja[2].

A nuestro continente lo dividieron en virreinatos, capitanías y territorios insulares; los cientos de lenguas se convirtieron en una y el castellano fue nuestra herencia, a excepción de Brasil con su portugués, que era otro reino y casi que otro mundo, pese a ser la misma tierra. El nuevo idioma permitió nuestro primer acercamiento como territorios; fueron los años de la Colonia, de chapetones, criollos y mestizaje. Como lo dijo alguna vez Neruda:

> Qué buen idioma el mío, qué buena lengua heredamos de los conquistadores torvos (…) Todo se lo tragaban, con religiones, pirámides, tribus, idolatrías iguales a las que ellos traían en sus grandes bolsas… Por donde pasaban quedaba arrasada la tierra (…) Salimos perdiendo… Salimos ganando… Se llevaron el oro y nos dejaron el oro… Se lo llevaron todo y nos dejaron todo… Nos dejaron las palabras[3].

El español fue la herramienta con la que nos oprimieron, pero gracias a ella también empezamos a describirnos y repensarnos. Lejos estaban los conquistadores españoles de darse cuenta que, al obligarnos a hablarlo y luego a escribirlo, plantaron la semilla de nuestras revoluciones, de nuestra independencia. Las palabras nos formaron en la Colonia; a través de ellas, los colonizados nos fuimos reconociendo y comunicando pese a los arrojos del gran monstruo cuyas fauces mermaban nuestras fuerzas. La palabra se constituyó en materia prima de gestas heroicas, poesías y nuevos sentires.

El primer rastro que tenemos sobre la relación literaria entre el virreinato de la Nueva Granada y el de Nueva España nació en Santa Fe de Bogotá en 1647; su nombre: Francisco Álvarez de Velasco y Zorrilla. Joven estudioso que entregó su vida al servicio público con su labor en 1667 como gobernador y capitán general de la ciudad y Provincia del

....
[2] Galeano, E. (2012). *Los hijos de los días*. Madrid: Siglo XXI.
[3] *Op. Cit.*

Valle de la Concepción de Neiva, en las noches se arriesgaba a jugar con las palabras creando versos colmados de belleza.

Al morir su venerada esposa, se ofreció al dolor con letras de amor y tristeza. En sus años de viudo recibió la obra de la poeta mexicana Sor Juana Inés de la Cruz, que lo dejó maravillado; desde entonces se dedicó al estudio de las creaciones de la monja. El novelista, cuentista, ensayista y dramaturgo colombiano R. H. Moreno Durán afirma que el poeta santafereño se enamoró de ella hasta el punto de escribirle "cartas y versos antes de saber que la religiosa ya había fallecido"[4]. Se afirma que viajó a Nueva España para conocerla, pero prefirió esperar a que su libro estuviera impreso; entonces se dirigió a Madrid donde ejerció como procurador de Santa Fe ante la corte real. Al publicar en 1703 su gran obra maestra –de extenso título– *Rhytmica Sacra, Moral y Laudatoria. Compuesta de varias poesías y metros, con una Epístola en prosa y dos en verso y otras poesías en celebración de Sóror Inés Juana de la Cruz, y una Apología o discurso en prosa sobre la Milicia Angélica y Cíngulo de Santo Tomás*, ya Sor Juana había ascendido a los cielos[5]. Como vestigio de su admiración hacia Nise (nombre que él mismo asignó a la hermana de la Orden de San Jerónimo), quedan estas palabras:

"Al mismo asunto, romance endecasílabo de esdrújulos"

Limosna para un pobre poeta, huérfano
de toda musa, que con vena lánguida
a ti, oh Nísida, viene roto y mísero
a hallar socorro en tu piedad magnánima.
No vengo, no, adquirir plata a tu México,
que aquesas son riquezas muy mecánicas,

sólo busco los cabos de las rítmicas
plumas que barren tus donadas fámulas. [...]

"Al mismo asunto y a la silva de la noche, y del sueño"

---

[4] Echavarría, R. (1998). "Álvarez de Velasco y Zorrilla, Francisco". En: *Quién es quién en la poesía colombiana*. Bogotá: Ministerio de Cultura y El Áncora Editores. Recuperado de https://tinyurl.com/y5c8u24k

[5] Buxó, J. P. (1999). *El poeta colombiano enamorado de Sor Juana*. Bogotá: Plaza & Janés, Universidad Nacional de Colombia y Universidad de los Andes. Recuperado de https://tinyurl.com/y6k55vzs

[...]
Y pues Nise en su celda, aunque le pese,
hace que en su cenit aquel Sol pose,
en que ha siglos de un mes que mi amor puse.

La equinoccial conozca que es sólo es
quien a su línea llega, y así no ose
a llamar Sol a aquel que otros rayos use.

[...]

"A la misma señora, endechas endecasílabas"

[...]
Yo soy éste que trasgo
amante inquieto siempre
en tu celda, invisible,
haciendo ruido estoy con tus papeles.

Lemur soy que los vientos
Por ti bebo y, pendiente
En los aires, padezco
El no poder por ellos ir a verte [...][6].

El santafereño murió destrozado por no poder entregar su libro a la religiosa y, tal vez, con la ilusión de poder arrancarla de las manos de Dios.

El llamado de la libertad: independencia en América

Los imperios no son eternos y el tiempo estaba en contra de la Corona española, ahora estancada en su Inquisición. Entre las batallas perdidas contra Inglaterra y la llegada de Napoleón, su fuerza en América se fue apagando y hubo quienes aprovecharon el momento. Las ideas liberales ya habían llegado a nuestros oídos, haciendo mella en los corazones esperanzados de los ilustrados criollos. Los derechos del hombre retumbaron en todo el continente y cuando Napoleón tomó España, lanzamos

---

[6] En Jurado Valencia, F. (comp.). (2002). *México en la poesía colombiana. Posadas.* Bogotá: Universidad Nacional Autónoma de México y Universidad Nacional de Colombia. P. 23, 29 y 30.

sendos gritos de independencia; luchamos contra la pacificación pero nuestros próceres nos dieron la libertad.

México y Colombia se hermanaron en la lucha, de la que Alexander von Humboldt tuvo una premonición en sus primeras visitas. Luego, Simón Bolívar[7] y Agustín de Iturbide revelaron en un cruce de cartas una amistad que permitió que el hijo del emperador mexicano visitara la Gran Colombia. En otros de sus textos, evidenciaron las profundas raíces que vinculaban los dos países.

Gabriel García Márquez (en adelante G. M.), amante de la figura de Bolívar, publicó *El general en su laberinto* el 6 de marzo de 1989 (día de su cumpleaños), donde narra los últimos meses del prócer de la patria; este libro nació en las noches de tertulias que en México sostuvo el cataquero con el poeta colombiano Álvaro Mutis. Fue el padre de Maqroll el gaviero quien gestó la idea pero jamás logró materializarla, por lo que decidió entregarla a su gran amigo; en contraprestación, G. M. hizo esta dedicatoria: "Para Álvaro Mutis, que me regaló la idea de escribir este libro"[8]. En el texto, el nobel recuerda el gran cariño que sentía el Libertador por el hijo de Iturbide:

> En la madrugada, cuando todos dormían, la selva íntegra se estremeció con una canción sin acompañamiento que sólo podía salir del alma. El general se sacudió en la hamaca. "Es Iturbide", murmuró José Palacios en la penumbra. Acababa de decirlo cuando una voz de mando brutal interrumpió la canción. Agustín de Iturbide era el hijo mayor de un general mexicano de la guerra de independencia, que se proclamó emperador de su país y no alcanzó a serlo por más de un año. El general tenía un afecto distinto por él desde que lo vio por primera vez, en posición de firmes, trémulo y sin poder dominar el

---

[7] Simón Bolívar visitó México del 2 de febrero al 20 de marzo de 1799, y conoció Jalapa, Puebla y Ciudad de México. Años más tarde, en la Carta de Jamaica (1815), hizo una referencia específica a la política mexicana [Vargas Martínez, G. "Algunos nexos históricos entre Colombia y México" (Primera de dos partes). *La Casa Grande*, n.º 3, 1998, p. 40)]. Se sabe también que el 18 de marzo de 1824, por iniciativa del exsacerdote liberal y diputado por Nuevo León, Servando Teresa de Mier, el Congreso Constituyente de México reconoció y honró a Bolívar al concederle la Carta de Ciudadano por sus "servicios patrióticos, su valor y sus virtudes" [Cámara de Diputados/LII Legislatura. (1983). *Simón Bolívar Ciudadano de la República Mexicana. Homenaje al Libertador en el bicentenario de su nacimiento*. México: Imprenta Madero, p. 9]. Como lo refiere Gustavo Vargas Martínez, entre los mexicanos ilustres que han escrito poemas o ensayos sobre el Libertador, están Servando Teresa de Mier, Jaime Torres Bodet, Carlos Pellicer y el general Lázaro Cárdenas.

[8] García Márquez, G. (1989). *El general en su laberinto*. México: Oveja Negra.

temblor de las manos por la impresión de encontrarse frente al ídolo de su infancia. Entonces tenía veintidós años[9].

La independencia se gestó con sangre, los años como colonia calaron en nuestra psique colectiva, y el desafío ahora radicaba en enfrentarse a la creación de nuevas naciones. Las luchas internas dejaron en el poder a los mismos, aunque con otros rostros. Así se desarrolló el siglo XIX, con fuerzas que iban y venían entre ambos países.

Es el caso del general mexicano Antonio López de Santa Anna, quien ocupó once veces la presidencia de su país y fue conocido por sus extravagancias: promovió un recorrido de honor para la pierna que perdió en la batalla de Veracruz y vendió a Estados Unidos una tierra mexicana de 67 000 kilómetros cuadrados de extensión por la ínfima suma de 10 000 dólares. Expulsado de allí, el militar llegó a Colombia, uno de los pocos países que le ofreció asilo. Cartagena lo recibió con un calor abrasador que lo obligó a adentrarse algunos kilómetros; ya en Turbaco adquirió las ruinas de la casa que había sido propiedad del arzobispo virrey. La reconstruyó poniendo en ella tejas españolas de gran calidad, a diferencia de los tejados de las otras viviendas del pueblo, lo que le dio el mote de "la casa de tejas". Hoy en día, quien visite el municipio podrá ver la residencia de Santa Anna, actualmente sede de la alcaldía. Además,

> compró un terreno que bautizó 'La rosita', en donde se dedicó a sembrar. Restauró la iglesia del pueblo, el camino real entre Cartagena y Turbaco y mandó a hacer su propio mausoleo en Turbaco. No había cementerio en la población, según su propia memoria, y él impulsó su construcción[10].

El mexicano recibió el llamado de su pueblo y regresó a su tierra natal, donde falleció en 1876.

Aparece aquí José María Melo, conocido prócer que tomó parte en las batallas de Pichincha, Junín y Ayacucho, y quien tuvo una larga carrera política y militar gracias a la revolución de los artesanos y a su control militar como comandante del Ejército en Cundinamarca. Así llegó al poder y se posesionó como el presidente número 38 de Colombia, del 17 de abril al 4 de diciembre de 1854. Tras ser apresado debido al contenido social innegable de su mandato y después de varios juicios, fue desterrado a Panamá junto con 200 soldados que perdieron todo

---

[9] *Ibíd.*

[10] Tatis Guerra, G. (2010). El general de la pierna de palo. *El Universal.* Recuperado de https://goo.gl/FjNQGA

tras la incautación de sus bienes por parte del Gobierno. Entre los pocos que lograron sobrevivir a la crueldad del hambre y lo inhóspito del territorio, se encontraba Melo; corrió con la fortuna de ser contratado para luchar contra el estadounidense William Walker, quien quería adueñarse de Nicaragua.

Tras esta victoria actuó como voluntario en la Guerra de Reforma en México, una lucha civil entre liberales y conservadores, defendió el gobierno del gran Benito Juárez, y terminó siendo apresado y fusilado por sus enemigos el 1 de junio de 1860. Melo es el único presidente colombiano cuyos restos no reposan en suelo patrio; en Juncaná, estado de Chiapas, se erige un monumento en su honor.

De regreso a la literatura, encontramos a finales de siglo (1875) uno de los grandes artífices de la poesía colombiana. José Asunción Silva, representante del modernismo[11] y cuyo "Nocturno" fue siempre recordado incluso por Jorge Luis Borges. Uno de los que más atrajo sus lecturas fue el poeta modernista, escritor y cirujano mexicano Manuel Gutiérrez Nájera. En el epígrafe a su poema "Las noches del hogar", el suicida[12] lo cita: "Amo las dichas del hogar sencillo / Apetezco su plácido cariño / Yo quiero que descanse en mis rodillas / La rubia cabecita de algún niño"[13].

También conocedor de la obra del bogotano, el destacado intelectual dominicano radicado en México, Pedro Henríquez Ureña, en una serie de conferencias realizadas por el Ateneo de la Juventud en 1907, resaltó la importancia de Silva como poderosa influencia en la poesía modernista que se hacía en aquel momento en América. Sus análisis sobre la obra lírica del colombiano se materializaron en textos como "Rubén Darío" (1905) y "Las corrientes filosóficas en la América Latina", este último presentado en el Congreso de Filosofía de Heidelberg en 1908 y publicado en la *Revista Moderna* el mismo año[14].

---

[11] Sobre Silva, el escritor mexicano Alfonso Reyes, dijo: «En Silva hay descubrimiento rítmico, exquisitez, sabiduría, pesimismo, delicuescencia, estetismo a lo "Des Esseintes", capricho y hasta folklore. El *Nocturno* es un contagioso lamento que a duras penas se decide a acabar, y que prolonga en el verso el llanto que derramó, en la prosa, su compatriota Jorge Isaacs con la novela *María*» (*Obras completas de Alfonso Reyes*, tomo XII, colección Letras Mexicanas del FCE, 1997, p. 264).

[12] Nota de autor: José Asunción Silva se quitó la vida con un disparo en el corazón la noche del 24 de mayo de 1896 en Bogotá.

[13] "Las noches del hogar" en Jurado Valencia, F. (comp.). (2002). *México en la poesía colombiana. Posadas*. Bogotá: Universidad Nacional Autónoma de México y Universidad Nacional de Colombia. P. 35.

[14] García Morales, A. (1992). *El Ateneo de México (1906-1914). Orígenes de la cultura mexicana contemporánea*. Sevilla: Escuela de Estudios Hispano-Americanos. P. 143.

En búsqueda de la identidad: el arribo de un nuevo siglo

Después de las gestas independentistas, nuestros países trataron de encontrarse a sí mismos en una búsqueda que continúa hasta nuestros días. Latinoamérica descubrió durante el siglo XX una forma propia de pensarse y relatarse a través de su literatura, contando sus penas y sus triunfos, y describiendo la opresión de la que aún era objeto. Las letras también nos hermanaron en los padecimientos comunes y nos ayudaron a reencontrar nuestras raíces.

Los primeros años del siglo dieron forma a uno de los grandes poetas colombianos. Julio Flórez nació en 1857 en la población boyacense de Chiquinquirá. Siendo aún un infante viajó a Bogotá, donde desarrolló la mayor parte de su obra, impregnado por los tintes del liberalismo radical y dando estructura a una pluma crítica. Fue amigo del poeta negro Candelario Obeso y de José Asunción Silva.

En un país donde gobernaba la hegemonía conservadora, las ideas de Flórez eran casi sacrílegas, razón que lo llevó al exilio. Viajó por Venezuela, Panamá, Nicaragua y El Salvador para finalmente arribar a México, donde fue recibido y homenajeado por el mismísimo presidente Porfirio Díaz, hecho que consolidó su fama más allá de las fronteras. La Sociedad de Conferencias, iniciativa de una joven intelectualidad mexicana que buscaba desligarse del casi marchito pensamiento positivista, invitó y homenajeó en 1907 a Flórez, a quien consideraban destacado representante del modernismo americano, que se encontraba de paso por México. Al respecto, Pedro Henríquez Ureña escribió un artículo titulado "Julio Flores en México" para la revista *Cuna de América*. De la relación del boyacense con México, el dominicano también hace una referencia en su texto "Música popular de América" (1929), en el que, en un análisis de la música moderna de aquel país, reseña la influencia de las Antillas en las costas, especialmente los cantares y danzas de Cuba en las ciudades de Yucatán y a las que se les agregan, "no sabemos por qué camino abundantísimo, las canciones sentimentales de Colombia, con versos arrancados a la escuela fúnebre de Julio Flórez"[15].

Rafael Reyes, el gobernante que duró un quinquenio, lo envió a España como agregado en la legación de Colombia ante la madre patria. Su vida de locura, bohemia y asocial, le hizo difícil permanecer en un

---

[15] Henríquez Ureña, P. (1929). "Música popular mexicana" en Speratti, E. S. (Ed.) (2001). *Obra crítica. Pedro Henríquez Ureña*. México: Fondo de Cultura Económica. P. 653.

solo sitio; el hombre que fue cantado por Gardel, capaz de "realizar el milagro de mantener a un público tres horas seguidas, suspenso de sus labios como de un hilo mágico"[16], atestado también de achaques y dolencias, debió regresar a su patria buscando refugio. La promesa de unas aguas medicinales que lo curan todo lo llevó a Usiacurí, en el departamento de Atlántico. Aunque allí el autor de "Mis flores negras" no recobró la salud, sí logró toparse con el amor: Petrona, una jovencita de apenas catorce años lo acompañó hasta los últimos días de su vida.

La construcción de un mito llamado México

Tras treinta años de la presidencia casi ininterrumpida de Porfirio Díaz (quien ejerció entre 1876 y 1911), el autoritarismo y la estricta jerarquización del sistema político y la vida cotidiana producidos por su mandato despertaron en los jóvenes intelectuales mexicanos la necesidad de una transformación[17]. Para Pedro Henríquez Ureña ("humanista latinoamericano por excelencia" según Monsiváis), antes de la Revolución, México vivía bajo una organización medieval de la sociedad y una idea medieval de la cultura. Según este intelectual, en la pintura, la arquitectura, la literatura y la escultura, las tradiciones mexicanas habían sido olvidadas, lo que hacía necesario promover y recuperar el espíritu creador, prefiriendo temas y materiales nativos en las artes y las ciencias, especialmente en la literatura[18]. Para él, la Revolución ejerció un extraordinario influjo sobre la vida intelectual y todos los órdenes de actividad en ese país, uno de cuyos efectos fue la creación de la Universidad Popular Mexicana (1912), la Escuela de Altos Estudios (1910) con los cursos de Humanidades y Ciencias (que posteriormente se convertirían en la Facultad de Filosofía y Letras de la Universidad Nacional Autónoma de México), y la Difusión Cultural de la UNAM (1921). Articulado con el proceso prerrevolucionario, surgió el "primer" Ateneo de la Juventud como institución promotora de una educación popular, un proyecto intelectual que impulsó la discusión crítica, con el objetivo de recuperar el espíritu creador mexicano y darle fuerza a lo nacional[19].

- - - - - - - - - - - - -

[16] Amórtegui, O. (1945). *Julio Flórez*. Bogotá: Prensas de la Biblioteca Nacional.

[17] Monsiváis, C. (2010). *Historia mínima. La cultura mexicana en el siglo XX*. México: Colmex. P. 32.

[18] Nota de autor: en ese cometido, cabe recordar que Henríquez Ureña fue uno de los primeros en alentar la creación de editoriales nacionales.

[19] Henríquez Ureña, P. (2001). *Obra crítica*. México: FCE. P. 611 y 614.

Fundado en 1909 como proyecto de renovación y reconstrucción intelectual del país por parte de quienes sentían "la opresión intelectual, política y económica"[20] y la desmoralización de la época porfirista, obsesivamente colonizada y que liquidó el cultivo de las artes y se desentendió de la miseria[21], el Ateneo fue patrocinado por el secretario de Instrucción Pública Justo Sierra y el subsecretario de Bellas Artes Ezequiel A. Chávez. De este hacían parte intelectuales de diversas áreas (literatura, música, pintura, arquitectura, derecho, ingeniería) como Antonio Caso, Pedro Henríquez Ureña, Alfonso Reyes, Julio Torri, José Vasconcelos, Ricardo Arenales, Diego Rivera y Martín Luis Guzmán, entre un extenso listado de integrantes. El Ateneo da «forma social a una nueva era de pensamiento» y renueva el sentido cultural y científico de México[22] al retornar al humanismo, y descubrir y hacer circular autores como Platón, Schopenhauer, Kant, James, Nietzsche, Hegel y Wilde (a través de libros editados por la Secretaría de Educación Pública, SEP, que Vasconcelos dirigió entre 1921 y 1924). Vinculado al maderismo, como director del periódico *El Antirreeleccionista* del Partido Nacional Antirreeleccionista, donde publicó artículos de corte político y cultural, Vasconcelos fue figura esencial del Ateneo cuando, desde 1911, asumió la dirigencia de la institución, tras la salida de Díaz de la presidencia. Promotor de la educación como base de la transformación social y del rescate de la cultura humanística, fue además "una pieza clave en la incorporación del sector 'determinante' del Ateneo de la Juventud en la tarea reconstructiva del gobierno"[23].

Las filiaciones partidistas y las tendencias políticas de los integrantes del Ateneo muestran que, lejos de ser una entidad independiente, este nació en el seno del campo de poder y adquirió una dimensión pública y política evidente, articulando sus aspiraciones con el momento histórico concreto anterior y posterior a la Revolución. Así, se sostuvo como proyecto ideológico-intelectual que buscó legitimar una corriente política. La Revolución y sus efectos eran el tópico y orientaban la estética, los temas y las formas de la época; las producciones de los intelectuales del Ateneo respondían a las convenciones y a las reglas de la forma artística, el gusto, la ideología y el estilo de un momento histórico que deman-

---

[20] *Ibíd.* P. 610.

[21] *Ibíd.* P. 323.

[22] Vasconcelos en Monsiváis. *Ibíd.* P. 323.

[23] Quintanilla, S. "Por qué importa Vasconcelos". Consejo Mexicano de Investigación Educativa A. C., *Revista Mexicana de Investigación Educativa*, vol. 22, núm. 75, 2017. Recuperado de www.redalyc.org/jatsRepo/140/14054387013/html/index.html 2 P. 43.

daba una narrativa oficial que diera cuenta de la consolidación de la identidad nacional. Esto generaba un espacio de posibilidades a la producción intelectual proveniente de la academia, principalmente mediante las instituciones de educación estatales, para que fuera ampliamente reconocida como legítima[24]. El papel de los intelectuales de la época era la producción de discursos que legitimaran la retórica del modelo cultural oficial y la ideología pública, función política que se valía del trabajo pedagógico. No en vano Vasconcelos fue llamado "Maestro de la juventud de América" por su labor de alfabetización y educación de las masas iletradas, bajo "la concepción del hombre de letras como apóstol secular, educador del pueblo o de la nación"[25] que fungía de puente entre el poder político y la ignorancia de los sectores populares.

En las condiciones sociales y políticas antes mencionadas, emergió el campo intelectual mexicano en la primera mitad del siglo XX con sus chovinismos y localismos, improvisaciones y fraudes[26] –y pese a ellos–. Monsiváis reconoce en la cultura de la Revolución una reestructuración del espacio social que lo abrió a innovaciones, precisiones y descubrimientos. Los vaivenes políticos y las nuevas realidades del espacio social mexicano dieron lugar a una serie de tensiones, contradicciones y conflictos de los que el campo intelectual no pudo abstraerse. Mientras algunos intelectuales instalaban el discurso de una cultura y una literatura masivas que contribuyeran, entre otras cosas, a recuperar la identidad y el sentir nacional a través de lo regional e indigenista, articuladas a los agentes estatales y con apoyo oficial, otros buscaban instituir espacios autónomos que conectaran las letras mexicanas con tendencias más actuales y universales. Estos últimos, como resultado de la pérdida provisional de sus fuentes de sustentación cultural[27] y con la intención de fundar una literatura ajena al campo de poder "que permitiera 'civilizar' la institucionalización del proceso revolucionario en contrapeso al caudillismo imperante en el medio político"[28], busca-

---

[24] *Ibíd*. P. 124.

[25] Altamirano, C. (Dir.). (2008). "Introducción general" en *Historia de los intelectuales en América Latina, Volumen 1. La ciudad letrada, de la conquista al modernismo*. Buenos Aires: Katz. P. 16.

[26] Monsiváis, C. (2010). *Historia mínima. La cultura mexicana en el siglo XX*. México: Colmex. P. 309.

[27] *Ibíd*. P. 345.

[28] Sánchez Prado, I. (2006). *Naciones intelectuales: la modernidad literaria mexicana de la constitución a la frontera (1917-2000)* (tesis). Universidad de Pittsburgh. Recuperado de http://d-scholarship.pitt.edu/7769/1/Sanchez_Prado_ETD_2006.pdf P. 33.

ron otros espacios de funcionamiento y divulgación de su producción, desligados de los oficiales.

Aquí aparece Contemporáneos como grupo de vanguardia y renovación del campo intelectual (principalmente en poesía). Llamados así por la revista más importante que fundaron colectivamente, de este hicieron parte inicialmente Jaime Torres Bodet, Bernardo Ortiz de Montellano, Enrique González Rojo y José Gorostiza, y en un segundo momento Xavier Villaurrutia, Salvador Novo, Jorge Cuesta y Gilberto Owen. Pese a haber sido financiada en su primera etapa por Bernardo Gastélum, funcionario del Departamento de Salud y más adelante por Genaro Estrada desde su cargo en la Secretaría de Relaciones Exteriores, su director advertía que esta no era ni debía ser un vehículo para la propaganda. De Alfonso Reyes, por entonces exiliado en España, aprendieron que México "necesitaba de ellos que hiciesen literatura en el sentido estricto de la palabra, que escribiesen la obra mexicana universal y moderna que al país le hacía falta y contribuyeran así al proceso de reconstrucción"[29] sin costumbrismos ni ideologización. Para este autor, el folclorismo regionalizante impide hacer una crítica de lo nacional pues, lo autóctono "a veces, es aquella fuerza instintiva, tan evidente que defenderla con sofismas es perjudicarla, y querer apoyarla es privarla de su mejor virtud: la espontaneidad"[30].

Contrario a lo ocurrido con Reyes, y aunque Vasconcelos fue su mecenas en los inicios de Contemporáneos, divergieron con su maestro respecto a su aversión por la cultura anglosajona: "Mucho menos politizados que el ministro, y entregados a una labor que consideraban exclusivamente cultural y literaria, los jóvenes Contemporáneos acabaron entendiendo que la apertura de México a la cultura universal no podía producirse, por ejemplo, de espaldas a la nueva poesía norteamericana que cada vez gozaba de mayor prestigio"[31]. Tradujeron obras de escritores franceses, ingleses e italianos, y acercaron a los lectores mexicanos el trabajo de Borges, Neruda y Girondo, y de los españoles de la Generación del 27 (por ejemplo, a través de *Revista de Occidente*). Publicaron estu-

---

[29] García Gutiérrez, R. (1998). "Jóvenes y maestros: los Contemporáneos bajo la tutela de José Vasconcelos, Pedro Henríquez Ureña y Alfonso Reyes". *Anales de Literatura Hispanoamericana*, Universidad de Huelva, no. 27. Revistas Científicas Complutenses. Recuperado de revistas.ucm.es/index.php/ALHI/article/viewFile/ALHI9898110275A/22898 P. 277

[30] Reyes, A. (1993). *Obras completas. Tomo XI.* México: Fondo de Cultura Económica. P. 107.

[31] *Op. Cit.* P. 284.

dios y textos de literatura mexicana, piezas teatrales (de Rodolfo Usigli y Francisco Monterde), ensayo (de Villaurrutia y Cuesta) y crítica, además de divulgar las obras de pintores nuevos como Rufino Tamayo y Jorge Covarrubias, quienes se oponían a la estética "propagandista" de los muralistas (Diego Rivera, José Clemente Orozco y David Alfaro Siqueiros).

El elemento que nutrió la discusión mexicanizante/nacional vs. extranjerizante/cosmopolita –que ya venía gestándose desde 1923– fue un artículo de Julio Jiménez Rueda titulado "El afeminamiento de la literatura mexicana", publicado por *El Universal Ilustrado* el 20 de diciembre de 1924, al que Francisco Monterde respondió cinco días después con "Existe una literatura viril". La defensa de una literatura nacional era también el respaldo a la gallardía y la tosquedad, a esos textos que visibilizaban las "agitaciones del pueblo en todo ese periodo de cruenta guerra civil o apasionada pugna de intereses"[32]. Ubicados en la orilla opuesta de los que producían poetas como Villaurrutia, Pellicer y Novo.

Por rehusarse a hacer una representación directa de la ideología de la Revolución o promulgar una retórica nacionalista (contraria a la novela de la Revolución), Contemporáneos entró en tensión con algunos intelectuales que también gozaban de legitimidad en el campo literario. Estos produjeron un discurso defensivo de la ortodoxia, con el que intentaban excluir a la competencia y reivindicar su legitimidad, señalando a los jóvenes Contemporáneos de ser intelectuales apolíticos, extranjeristas y europeizados que abandonaron tanto los temas del campo como los problemas sociales y políticos, y le dieron la espalda a las realidades mexicanas. Para Max Aub, estos intelectuales "desencantados de la demagogia, hicieron una literatura menos de masas"[33]. Ante esto, Reyes defendió su proyecto afirmando que el rigor y la conservación de la autonomía del arte eran principios que todo intelectual debía mantener vigentes.

Con el proyecto de Contemporáneos, el campo literario continuaba independizándose del campo de poder, asumiendo gradualmente un estatuto y dinámicas propias. Su oposición al poder político obligaba a los intelectuales a edificar un capital simbólico que validara su producción y su saber hacer, y les permitiera afirmar su autonomía intelectual. De unas prácticas confinadas a las circunstancias políticas inmediatas y a

---

[32] Pereira, A. (1998). *La Generación de Medio Siglo*. México: Instituto de Investigaciones Filológicas (UNAM). P. 383.

[33] Aub, M. en Varios (1971). "Los orígenes de la novela de la Revolución mexicana" en *Panorama actual de la literatura latinoamericana*. La Habana: Casa de las Américas y Fundamentos. P. 233.

una estética vinculada a la cultura de la Revolución y de la afirmación de la identidad nacional definida desde los ámbitos oficiales, se empezó la transición hacia la afirmación de una estética literaria con saberes delimitados, un lenguaje especializado que se nutría del cosmopolitismo y una mirada universalista, y un interés por definir los "parámetros de la mexicanidad" desde la literatura. Y aunque se posicionaron como sociedad intelectual dotada de una autonomía relativa respecto a los poderes político, económico y religioso, con un peso funcional como instancia legítima, conviene aclarar que el proceso de autonomización solo alcanzaría su consolidación absoluta en la década de los cincuenta.

La gran colisión del grupo contra el discurso nacionalista y el hecho que produjo otra reacomodación significativa de la estructura del campo literario, fue la publicación de la *Antología de la poesía mexicana moderna* (1928), firmada por Jorge Cuesta. Esta visibilizaba y encumbraba en el canon a los poetas jóvenes denigrados por la intelectualidad oficial nacional y quienes, independientemente de su vinculación a escuelas, estéticas o ideologías, tenían el mérito suficiente para ser considerados como representantes de la producción mexicana. Con esta antología instituían la idea de que "la literatura que importa es, precisamente, la que no aspira a definir la nación" y se convierten en "la primera contranarrativa de la nación desde el campo literario"[34]. Así emergió una instancia específica de selección y consagración propiamente intelectual en el seno de un campo literario como sistema cada vez más complejo que, como ya se afirmó, empezaba su proceso de independización del campo de poder y de otras fuerzas externas. Esta publicación posicionaba a Contemporáneos como agente de oposición crítica cuya función no sería solamente la transmisión y difusión, sino también de legitimación, pues instauraron las nociones de universalización y de renovación formal de la poesía mexicana como práctica y bien simbólico que era deseable edificar y acumular.

En la misma década surgió el estridentismo, movimiento poético de vanguardia influenciado por el dadaísmo, el futurismo, el ultraísmo y el creacionismo. Con intenciones de progresismo radical, promovió el culto a la edad de la máquina y a la ciudad como espacio de triunfo de la tecnología y su potencial revolucionario. Coincidió con los Contemporáneos en su afirmación de la autonomía de su poesía y su arte

---

[34] Sánchez Prado, I. (2006). *Naciones intelectuales: la modernidad literaria mexicana de la constitución a la frontera (1917-2000)* (tesis). Universidad de Pittsburgh. Recuperado de http://d-scholarship.pitt.edu/7769/1/Sanchez_Prado_ETD_2006.pdf P. 78.

frente al campo de poder, insistiendo en la "rigurosa convicción estética y de urgencia espiritual" del arte (1921). En sus manifiestos expresaron su desprecio por la demanda y la consagración burguesa.

De sus integrantes, Arqueles Vela, Germán List Arzubide, Germán Cueto, Fermín Revueltas, Ramón Alva de la Canal, Luis Quintanilla del Valle, Leopoldo Méndez y Manuel Maples Arce, este último se destacó, además de ser su fundador, por su esfuerzo de deconstrucción de la estética modernista que lo llevó a producir, según Monsiváis, la poesía más interesante del movimiento. En 1925 pasó a ocupar un puesto de juez de primera instancia en Xalapa; luego aceptó el cargo de secretario de Gobierno de Veracruz para posteriormente convertirse en diputado en el Congreso de ese estado (1928-1930) y, finalmente, en diputado federal (1932). Pese a la intención de los estridentistas de instalarse en una posición autónoma, Maples Arce no produjo una variación de las relaciones entre el campo intelectual y el campo de poder. Su asunción de estos cargos los ubicó de parte de la hegemonía política, en una posición de dependencia casi absoluta del poder económico y político (por ejemplo, una parte del gasto público fue destinada a sostener los Talleres Gráficos del Estado, imprenta de la revista *Horizonte* y otras publicaciones estridentistas, y a los sueldos de todos los integrantes del grupo). Al respecto, en su texto "El Estridentismo y la obra de Manuel Maples Arce", el crítico Noé Jitrik señala que este movimiento tuvo un ciclo de vida breve, fue un estallido, un eco apagado que no dejó restos directos en la poesía mexicana, esto debido en parte al riesgo de "institucionalización" que acechaba al movimiento (1993, p. 28).

Carlos Monsiváis y el crítico José Rojas Garcidueñas coinciden cuando afirman que, aunque a través de la expectación y escándalo se promulgaron a sí mismos como la verdadera revolución cultural[35] la efusión demagógica del momento y su ausencia de un verdadero proyecto intelectual no les permitieron proponer nuevas orientaciones para la literatura mexicana. Desviados de su intención inicial de promover una renovación artística inspirada en las vanguardias europeas, se tornaron en un movimiento que concebía el arte nacionalista como medio para involucrarse en la lucha social posrevolucionaria. Contemporáneos, en cambio, pasó a tener una posición dominante que tendría efectos en las décadas siguientes (por ejemplo, en la creación de las revistas literarias

----

[35] Rojas Garcidueñas, J. "Estridentismo y contemporáneos". *Revista de la Universidad de México*, No. 8-9 Abril-mayo, 1976. Recuperado de www.revistadelauniversidad.unam.mx/ojs_rum/index.php/rum/article/view/10280/11518 P. 25.

Barandal, Taller y *El Hijo Pródigo*) (Sheridan, 1985) y en la instauración de un público para la producción literaria presente y por venir.

Dentro de este campo literario en camino a alcanzar su autonomía, las editoriales, las revistas y los suplementos culturales de algunos periódicos fueron agentes que intermediaron entre los intelectuales y el público (los lectores). Posicionados como espacios de producción e intercambio de capital y bienes simbólicos, así como instancias de difusión y legitimación, dieron un peso funcional a los intelectuales que aparecieron en sus páginas. La aparición permanente de nuevas publicaciones seriadas acarreó la extensión y diversificación del público, permitiendo que el campo literario se hiciera cada vez más independiente de las influencias externas. Esto lo sustenta Torres Bodet a quien Guillermo Sheridan retoma en su libro *Los Contemporáneos* (1985): este "comenzaba a advertir, cada vez con mayor certeza, que las revistas literarias eran el agente más adecuado para la promoción cultural"[36] o, como lo señala el mismo autor, la bitácora del viaje literario de una cultura".

Después de la interrupción en la producción editorial nacional a causa de la Revolución, subsistieron tres sellos nacionales basados en el modelo comercial librería-editorial: Porrúa (1900), Botas (1911) y Cvltvra (1916), además de la editorial estadounidense Appleton y algunas españolas como Espasa-Calpe y Aguilar. Estas se sumaban a las iniciativas estatales que buscaban erradicar el analfabetismo, como las imprentas de la Secretaría de Educación Pública, la Secretaría de Relaciones Exteriores, la Universidad Nacional, la Preparatoria Nacional y los Talleres Gráficos de la Nación. Pese a los esfuerzos públicos y privados, la producción era escasa y el mercado editorial reducido (principalmente en cuanto a la oferta de obras de intelectuales hispanoamericanos). Esto, paradójicamente, incentivó y afianzó la industria editorial y, con ello, empezó además a crearse un público nuevo.

Pese a que la modernización de los años veinte fue aparente –o superestructural, como la denomina Noé Jitrik–, debido al desarrollo industrial aún incipiente, y una economía débil y dependiente, el período fue un "verdadero laboratorio" en el plano cultural[37], pues la emergencia de las vanguardias dio inicio a un proceso de "validación de un rango

---

[36] Sheridan, G. (1985). *Los Contemporáneos ayer*. México: Fondo de Cultura Económica. P. 120.

[37] Jitrik, N. (1993). "El Estridentismo y la obra de Manuel Maples Arce". *Revista Literatura Mexicana*, Vol. 4, Núm. 1. Recuperado de www.revistas-filologicas.unam.mx/literatura-mexicana/index.php/lm/article/view/843 P. 37.

mucho mayor de paradigmas ideológicos y, en consecuencia, de formas de imaginar la nación"[38].

De Arenales a Barba Jacob: de lo ardiente a lo luctuoso

"Llego a tierras de México y me parece que se abre a mis ojos la ciudad ideal. Me lo parece porque estoy sintiendo el alma trémula de este país maravilloso como una onda vital que se propaga en grandes círculos bajo la serenidad de los cielos...".

Ricardo Arenales[39]

*"Vagó con los abriles por islas de su América;
en un pinar de Honduras vigorizó el aliento;
la tierra mexicana le dio su rebeldía,
su libertad, su fuerza... Y era una llama al viento".*

Porfirio Barba Jacob[40]

Conociendo sobre la interesante movilización cultural que se empezaba a gestar en México, algunos escritores colombianos comenzaron a enamorarse del lejano país vecino y tomaron sus valijas para instalarse allí. Ejemplo de ello es Porfirio Barba Jacob, nacido en Santa Rosa de Osos (Antioquia) el 29 de julio de 1883; poeta de los mil seudónimos, su verdadero nombre era Miguel Ángel Osorio Benítez. Aunque sus poemas circularon en periódicos y revistas de todo el continente, siempre se mostró inconforme consigo mismo y con cuanto escribía, al punto de que jamás publicó libro alguno. Gracias a algunos amigos que buscaban ayudarlo y luchaban porque su obra no desapareciera, fueron posibles tres recopilaciones de sus escritos. Este hecho incomodó al autor pues, perfeccionista como era, consideraba que su obra debía ser inmaculada y no era digna de ver la luz en ese formato.

---

[38] Sánchez Prado, I. (2006). *Naciones intelectuales: la modernidad literaria mexicana de la constitución a la frontera (1917-2000)* (tesis). Universidad de Pittsburgh. Recuperado de http://d-scholarship.pitt.edu/7769/1/Sanchez_Prado_ETD_2006.pdf P. 46.

[39] García Aguilar, E. (inv., sel. y pról.). (2009). *Porfirio Barba Jacob. Escritos mexicanos.* México: Fondo de Cultura Económica. P. 7.

[40] Barba Jacob, P. (1937). "Futuro" en *La canción de la vida profunda y otros poemas.* Manizales: Imprenta Departamental. P. 83. En esta versión publicada en *El Imparcial* (Guatemala, 31 de julio de 1923), el primer verso de la segunda estrofa difiere de su versión posterior y más conocida, que empieza así: "Vagó, sensual y triste, por islas de su América..." [Vallejo, F. (Comp.). (1985). *Poemas. Barba Jacob.* Bogotá: Procultura S. A., p. 192)].

Hizo un largo peregrinaje lejos de su tierra natal recorriendo Nicaragua, Honduras, Cuba y Perú, países de los que fue expulsado a causa de su pensamiento crítico y polémico. Siempre quiso hacer parte del mundo cultural y revolucionario de las naciones que visitaba, utilizando el periodismo como perfecta herramienta para imponer su pensamiento liberal y culto.

Llegó por primera vez a México el 14 de junio de 1908 con el seudónimo Ricardo Arenales, tras embarcar en Cuba hacia el puerto de Veracruz para tocar tierra continental. Desde allí se dirigió a la capital donde, una tarde de verano en la bella Alameda Central, tomó en sus manos un periódico que se convirtió en su iluminación. Como lo refiere Fernando Vallejo, escritor colombiano que estuvo radicado en México por varios años, y experto en la vida del autor antioqueño en su libro *Barba Jacob el mensajero*:

> Lee con avidez y piensa que a la multitud sólo le interesan los hechos culminantes, los desenlaces, no la gestación de la tragedia. Piensa que el hombre no llegará a comprender nunca las leyes secretas que rigen la elección del bien y del mal. Es explicable que lo primero que haga Ricardo Arenales al llegar a México sea comprar un periódico y su interés inmediato por el periodismo mexicano: a él se consagrará en buena parte su vida[41].

Algún tiempo después publicó un artículo en el que evidenciaba su fascinación por aquella patria, que empezaba a sentir suya:

> Y mientras que el Señor sea servido de llamarme a su seno, recordaré la sensación inefable del día en que, deteniendo mis pasos de peregrino en este lugar de la tierra, creía ver abrirse ante mis ojos la urna sagrada, y en ella el ánfora donde tantos poetas se nutrieron con la savia generosa del ideal[42].

México estaba a punto de estallar. Gobernado durante más de treinta años por Porfirio Díaz, en sus diferentes territorios nacían conatos de revolución. Díaz, otrora héroe nacional, era el hombre que había modernizado su país a costa de empobrecer más a los pobres.

Allí llegó Ricardo Arenales quien, sin dinero ni futuro en la capital, decidió trasladarse a la provincia para buscar un mejor destino. Fue una moneda la que determinó la siguiente estación de su periplo por México; con un águila como señal, llegó a Monterrey. A pocos días

---

[41] Vallejo, F. (1982). *Barba Jacob el mensajero*. México: Séptimo Círculo.
[42] *Ibíd.*

de su arribo consiguió trabajo en *El Espectador*, donde su prosa fue siempre admirada, a tal punto que ascendió hasta el cargo de redactor en jefe. Este diario estaba en manos del general Bernardo Reyes, quien había peleado en la segunda intervención francesa en aquel país y hacía parte de la cúpula cercana del dictador Porfirio Díaz –tanto que el mandatario le solicitó en algún momento ser su fórmula vicepresidencial–. Uno de los hijos del militar, afín a las letras, se hizo amigo del colombiano; a partir de allí Alfonso Reyes, uno de los más notables escritores americanos, estableció y sostuvo una honda relación con nuestro país, sobre la que profundizaré en páginas posteriores. Muestra de su calidad se evidencia en las palabras del gran ensayista e intelectual colombiano Rafael Gutiérrez Girardot, quien sobre él afirmó: "… revivió desde entonces el mundo clásico y puso a flotar en el ambiente espiritual hispanoamericano lo esencial y ejemplar de ese pensamiento y esas formas de ver el mundo, devolviéndole a Hispanoamérica una tradición que vitalmente le pertenecía"[43].

Por un golpe de suerte y algo de su genialidad paisa, Arenales quedó a cargo del periódico. Tomó las riendas de la publicación con estilo crítico y sin pelos en la lengua, apoyando a los obreros y a las sociedades mutualistas desde su generosa pluma. Esto no siempre fue bien visto por las autoridades locales que, ante la supuesta solicitud de un estadounidense que lo acusó de difamación, sellaron y clausuraron *El Espectador* para luego enviar al escritor a la cárcel durante cinco meses (del 23 de julio de 1910 al 10 de enero de 1911). Llevó el encierro con dignidad y trabó amistad con la mayoría de los reclusos, experiencia que le hizo cuestionarse sobre la fragilidad de la condición humana, hecho que se revela en una carta dirigida a su joven amigo Alfonso Reyes: "De manera pues que los presos son exactamente iguales a mí y a todos los hombres"[44].

Poco tiempo después de salir Arenales del encierro, el caudillo Porfirio Díaz dejó el poder; los revolucionarios que apoyaron a Madero celebraron el acontecimiento, pero el colombiano no vio este cambio con buenos ojos, pues era partidario del padre de su gran amigo. De regreso a la capital no abandonó la crítica política, máxime ahora que se alzaba un nuevo mandatario en el poder. Pese a las numerosas amenazas que recibió, jamás dejó de reunirse en placenteras cenas con sus amigos intelectuales, entre ellos el poeta Enrique González Martínez,

---

[43] Düring, I. y Gutiérrez Girardot, R. (1962). *Dos estudios sobre Alfonso Reyes*. Madrid: Ínsula.

[44] Vallejo, F. (1982). *Barba Jacob el mensajero*. México: Séptimo Círculo.

José Vasconcelos y otros miembros del "Ateneo de la juventud"[45] quienes soñaban con construir un nuevo país.

Aunque en los textos publicados en los periódicos *El Imparcial*, *El Independiente* y *Churubusco* jamás reveló su nombre, siempre se aseguró de dejar marcas irrefutables de su creación. Vallejo afirmó sobre su obra de aquella época: "En la maraña de papel impreso de las hemerotecas y de los archivos periodísticos se le descubre por un colombianismo en un periódico de México, por un mexicanismo en un periódico de Colombia"[46]. Muestra de ello está en que nunca dejó pasar un 20 de julio sin hacer un homenaje a su tierra.

Tras el asesinato de Madero y pese al ascenso de Victoriano Huerta –conocido porfirista– al poder, el santarrosano mantuvo sus críticas al Gobierno. El golpista no logró llenar las expectativas del pueblo, por lo que Arenales decidió arremeter, aunque con un estilo menos radical, pues debía evitar a toda costa que clausuraran de nuevo un periódico dirigido por él. Las diatribas contra el mandatario llevaron a que Huertas en persona lo mandara a llamar para recriminar sus textos… y no fue el único; a *Churubusco* llegaban diariamente mensajes anónimos con amenazas a las que decidió responder con un artículo teñido de inteligentes notas. En 1914 viajó a Guatemala para no enfrentar al presidente, las amenazas ni a los revolucionarios a quienes él había atacado en sus artículos, y que ahora planeaban tomarse la ciudad.

Deambuló por el país de los árboles para luego embarcarse hacia Cuba y otros territorios americanos. En 1918 retornó por Belice a la capital mexicana; allí se vinculó de nuevo al periodismo a través de *El Pueblo, El Heraldo, El Demócrata* y *Cronos*, desarrollando su carrera hasta 1922. Su necesidad de viajar y su aversión al arraigo lo llevaron a recorrer todo el país, fundando periódicos e intentando reunir dinero para subsistir. Algunos negocios funcionaron, otros fueron directo al fracaso; sus gustos onerosos y la vida desordenada que llevaba hicieron de sus deudas un problema interminable. Pese a ello no abandonó sus críticas hacia el Gobierno y la revolución hasta que el presidente Álvaro Obregón, hastiado de sus ataques, lo expulsó de México. Amaba aquel país, por lo que abandonarlo le produjo una infinita tristeza: "Éste es mi país.

---

[45] De hecho, Arenales fue "socio correspondiente" del Ateneo. Sobre esta institución se hablará más adelante.

[46] *Ibíd.*

El más estético de los pueblos del mundo y el más embriagante. Mi corazón necesita eso: belleza y embriaguez"[47].

Por aquellos años concibió dos poemas que quiero destacar: el primero, fechado en 1921 y titulado "Canción de la noche diamantina" fue dedicado[48] a la memoria del poeta mexicano y gran amigo suyo Ramón López Velarde, quien murió el 19 de junio de aquel año. Como lo recuerda Fernando Vallejo, el zacatecano iba a visitar a Arenales al Palacio de la Nunciatura, "aterrado, como quien va a visitar al demonio"[49]. El segundo, "Elegía de Sayula", inicialmente titulado "Canción del día fatigado" cuenta sobre un recorrido en el que acompañó al gobernador del estado de Jalisco a la ceremonia de apertura de una obra vial. Algunos de sus versos:

[...]

II

Esta tierra es muy suave, muy tibia, nada estéril,
y la fecundan largos ríos de dolor.
Arando, arando, iban cantando unas canciones,
y yo pensé en Romelia y en su imposible amor.
Aquí la luz es tan radial, tan tónica, tan clara,
como eres tú, Romelia: como Guadalajara[50].

Este poema fue dedicado a más de uno en el transcurso de su vida. Primero, al arriba mencionado gobernador; años más tarde al comunista cubano Rubén Martínez Villena; y luego, en 1928, en el diario colombiano *El Espectador* al intelectual mexicano José Vasconcelos, quien le dio una mano a su llegada a México.

Pasaron muchos años antes de regresar a su segunda patria en 1930. Pese al tiempo transcurrido, hay algo que nunca dejó de latir en él: siguió apoyando las causas perdidas y denunciando las injusticias. Ejemplo de ello es su amistad con Julio Mella, joven revolucionario comunista cubano que luchó contra la presidencia déspota de Gerardo Machado, a quien había conocido años antes. Cuba, que logró su independencia

---

47   García Aguilar, E. (inv., sel. y pról.). (2009). *Porfirio Barba Jacob. Escritos mexicanos*. México: Fondo de Cultura Económica.

48   Nota de autor: esta dedicatoria aparece solo en algunas ediciones del poema.

49   Vallejo, F. (1982). *Barba Jacob el mensajero*. México: Séptimo Círculo. P. 167.

50   Barba Jacob, P. (1937). *La canción de la vida profunda y otros poemas*. Manizales: Imprenta Departamental. P. 79.

a finales del siglo XIX, era gobernada por regímenes impuestos por los norteamericanos, siempre tras bambalinas en las decisiones del país. La isla, gran productora de azúcar, manjar que deleitaba al mundo occidental, no era dueña de su propia riqueza.

Mella fue un destacado líder estudiantil; tras crear el Partido Marxista Leninista Cubano agitó las calles de La Habana luchando contra Machado. El presidente respondió con violencia y luego procedió con engaños: Mella fue acusado falsamente de poner una bomba, y llevado a prisión por ello. Primero desde los periódicos y luego con su firma, Barba Jacob buscó la libertad de su amigo, de quien dijo en un homenaje póstumo hecho en 1931: "... su nombre tenía el valor simbólico de una bandera revolucionaria, sobre todo para los estudiantes de La Habana y para los obreros de esa ciudad..."[51]. La escritora mexicana Elena Poniatowska recuerda la batalla del antioqueño junto a otros intelectuales por la libertad del isleño:

> Rubén Martínez Villera entregó una carta al presidente Machado pidiéndole que fijara fianza a los presos. Hasta a los delincuentes comunes se les otorga libertad bajo palabra. Firmaban Juan Marinello, Porfirio Barba Jacob, de paso por Cuba, Enrique Roig de Leuchsenring, Enrique J. Varona y Manuel Márquez Sterling, quien años antes intentó salvar a Madero en México[52].

La carta tuvo efecto: sumada a una huelga de hambre del prisionero, este logró franquear las rejas, pero sabía que su vida corría peligro. Entonces huyó de Cuba y deambuló por Centroamérica hasta llegar a Ciudad de México, donde conoció a su gran amor, la fotógrafa italiana Tina Modotti, quien lo vio morir en una de esas calles en 1929. Allí también exhaló su último aliento nuestro poeta colombiano, quien el día del fallecimiento de Mella escribió en su memoria un sentido homenaje. Los dos extranjeros dejaron esta vida cobijados por el mismo cielo.

Devolviéndonos algunos años en la vida de Barba Jacob, este regresó a México gracias a que el embajador de ese país en Cuba, Adolfo Cienfuegos y Camus logró convencerlo de retornar al país de sus amores. Los periódicos acogieron sus textos y así pudimos ver aquellas letras incisivas en las ediciones vespertinas de *Excélsior* o en la revista *Así* –donde, por cierto, el fotógrafo Leo Matiz fue recibido años después–. Allí fueron también publicados una y otra vez sus poemas, a los que cambiaba de vez en cuando una palabra o un soneto, buscando la absoluta perfección.

---

[51] *Op. Cit.*

[52] Poniatowska, E. (1992). *Tinísima*. Ciudad de México: Era.

Sus textos fueron descritos por el escritor mexicano Alfonso Reyes como "la mejor prosa periodística de la lengua española"[53] y aunque su columna "Perifonemas" fue un faro para la labor informativa y crítica de América, él veía su trabajo como una mera forma de ganarse el sustento. Sin importar qué tanto publicara, siempre le hacía falta dinero para sostener su vida bohemia de marihuana, alcohol y una declarada homosexualidad que molestaba a aquella sociedad de raigambre católica. Sus comportamientos, a veces tan estridentes como sus palabras, comenzaron a alejarlo de los pocos amigos que tenía, y la enfermedad empezó a doblegarlo.

En 1928, Contemporáneos, grupo de vanguardia y renovación del campo intelectual (principalmente en poesía), publicó su *Antología de la poesía mexicana moderna* (1928), firmada por Jorge Cuesta. Esta visibilizaba y encumbraba en el canon a los poetas jóvenes denigrados por la intelectualidad oficial nacional y quienes, independientemente de su vinculación a escuelas, estéticas o ideologías, tenían el mérito suficiente para ser considerados como representantes de la producción mexicana. Con esta antología instituían la idea de que "la literatura que importa es, precisamente, la que no aspira a definir la nación" y se convierten en "la primera contranarrativa de la nación desde el campo literario"[54]. Cuesta incluyó en ella a Barba Jacob: "Por el espíritu de las influencias que ha recibido, Ricardo Arenales es un poeta de México"[55] cuya obra "prende en los ritmos más puros la exasperada voz de su dolor"[56], según Bernardo Ortiz de Montellano, otro poeta del grupo. Uno más de ellos, Gilberto Owen, señaló: "de entre los ásperos breñales que rodean a aquel pueblecito andino surgió el delirio verbal más alto, más violento y más rico que se haya oído en América"[57] y lo definió como un poeta "en quien la palabra se goza a sí misma, y se posee a sí misma, para engendrar la palabra, que a virginal suena siempre, en milagro de perpetua concepción"[58].

Este magnífico creador, excéntrico y oscuro, murió en Ciudad de México en 1942 a causa de una tuberculosis y rodeado de sus vicios, en

---

[53] Vallejo, F. (1982). *Barba Jacob el mensajero*. México: Séptimo Círculo.
[54] Sánchez Prado, I. (2006). *Naciones intelectuales: la modernidad literaria mexicana de la constitución a la frontera (1917-2000)*. Tesis. Universidad de Pittsburgh. Recuperado de https://tinyurl.com/y3tfo3ep P. 78.
[55] Cuesta en Charry Lara, F. (1985). *Poesía y poetas colombianos*. Bogotá: Procultura. P. 35.
[56] *Ibíd.*
[57] *Ibíd.* P. 36.
[58] *Ibíd.*

un lúgubre cuarto del Hotel Sevilla. Espacio reconocido como lugar de encuentro de grandes maestros, por allí pasaron en los días de parranda y agonía del casi difunto antioqueño Alfonso Reyes, José Revueltas y Octavio Paz, entre muchos otros. Cuando el alcohol se terminaba, solo lo acompañaban su "hijo adoptivo" y un cura que le dio la extremaunción para abrirle las puertas del cielo con el nombre de su bautizo: Miguel Ángel Osorio.

El día de su entierro en aquel suelo, dos escritores mexicanos ofrecieron sentidas palabras de despedida en el Cementerio Español: el poeta Enrique González Martínez y Alfonso Reyes. Sus restos fueron traídos a Colombia por Carlos Pellicer en 1945. En la biografía que escribió sobre el poeta colombiano, Vallejo se conduele de la muerte de Barba Jacob, quien falleció sin poder gozar de su fama y, mucho menos, dimensionar la magnitud excelsa de su obra.

Un político mexicano y el orgullo de un continente

Del norte llegó en 1930 José Vasconcelos, poco tiempo después de su derrota en las elecciones presidenciales. Para aquel año, el filósofo, escritor y político mexicano ya era conocido como el Maestro de la juventud de América por su labor de alfabetización y educación, al punto que el intelectual Alfonso Reyes se refirió a él como un hombre "que dejó en la conciencia nacional algo como una cicatriz de fuego, una presencia imperiosa, ardiente, que ni la muerte puede borrar"[59]. Fue invitado por Eduardo Santos, entonces ministro de Relaciones Exteriores, y la Federación de Estudiantes Colombianos, a quienes había inspirado con su carta a la juventud del país, escrita en 1923 para el Congreso de la Juventud Colombiana. En ella dice:

> Confío mucho en ustedes, porque hay en Colombia un rancio espíritu castellano que obrará prodigios. El afán con que ustedes han cuidado la pureza del idioma es una garantía de que poseen ese orgullo propio sólo de las razas creadoras[60].

Tras su derrota en las urnas, Vasconcelos asumió una postura aún más franca y crítica sobre el Gobierno mexicano y uno de sus principa-

---

[59] Vargas, R. y Guzmán Urbiola, X. (Inv.). (2010). *José Vasconcelos. Iconografía.* México: FCE. P. 14.

[60] Vasconcelos, J. (1950). "Carta a la juventud de Colombia" en *Discursos 1920-1950*. México: Ediciones Botas.

les aliados, Estados Unidos. Por esa razón, el escritor boliviano Alcides Arguedas, quien ejercía como ministro plenipotenciario[61] de Bolivia en Colombia, le hizo llegar una carta en la que le aconsejó que, cuando arribara al país, debía medir sus palabras sobre la nación del norte, pues el recién elegido presidente liberal Enrique Olaya Herrera era afecto a "lo yanqui" y tenía relaciones financieras con Wall Street. Frente a la advertencia de su amigo diplomático, Vasconcelos se cuestionó:

> No entendía yo, en definitiva, el porqué de aquel aviso que me limité a agradecer. ¿Y qué me importaba que los amigos que iba a hacer en Colombia, y los que ya tenía, fuesen liberales o fuesen conservadores? En todo caso, yo estaría más inclinado a los que más distantes se hallasen de Washington[62].

La narración de Vasconcelos en *El proconsulado* sobre su visita a Colombia continúa con su desembarco en Barranquilla, ciudad a la que arribó mareado hasta la coronilla, "más muerto que vivo", y donde los jóvenes aduaneros, tras reconocerlo, corrieron a auxiliarlo. Su anfitrión en la ciudad fue Luis Enrique Osorio, dramaturgo, director y músico bogotano a quien el mexicano había conocido diez años atrás en el estreno de la obra *El amor de los escombros*, de autoría del creador teatral. Allí surgió una amistad que se tradujo, entre otras cosas, en la creación de la Alianza Unionista de la Gran Colombia, una liga de juventudes que pretendió, mediante pactos y coaliciones, el restablecimiento de los países liberados por Simón Bolívar.

En la casa de Osorio, Vasconcelos compartió algunas noches con destacados representantes del mundo cultural de la ciudad, y recuerda que "en ningún otro sitio me iría después tan bien como en Barranquilla"[63]. Como él mismo lo relata, de esos encuentros salieron proclamas y declaraciones sobre la importancia de iniciar a la juventud en un nacionalismo sin rencores faccionales, que tuviera en cuenta a todas las clases y la unión de estas, para que no fuera "Colombia en lo cultural una Colonia yanqui" que ignorara "los valores de su propia estirpe"[64].

Durante su estadía en Cartagena le dieron a probar "deliciosos manjares como el arroz blanco seco y cocido en agua de coco"[65] y fue recibido

---

[61] Agente de segunda categoría en una misión diplomática, que se sitúa por debajo del cargo de embajador.
[62] Vasconcelos, J. (1946). *El Proconsulado*. México: Ediciones Botas. P. 378.
[63] *Ibíd*. P. 380.
[64] *Ibíd*. P. 384.
[65] *Ibíd*. P. 386.

por los periodistas que deseaban conocer su opinión sobre el nuevo Gobierno. Dio conferencias y habló con los jóvenes, admirado de ellos porque "no hay en Colombia el hábito de agachar la cabeza y resignarse a la injusticia". Paseó por el Corralito de Piedra durante la noche y conoció la iglesia de San Pedro Claver, el barrio negro y el castillo de San Felipe de Barajas.

Su padrino colombiano le escribía con frecuencia, ávido de noticias sobre su periplo por las ciudades de la costa. Vasconcelos relata que una de las cartas que recibió de Santos le dio el derecho a viajar a Medellín en la Compañía de Aviones[66], por cuenta de *El Tiempo*. Sobrevoló el río Magdalena, impactado por lo que vio desde el hidroplano:

> Grandioso escenario que involuntariamente trae al recuerdo, lo que hemos leído de los primeros exploradores hispanos, y enseguida, la Epopeya de la Independencia. Tierras que ya tienen con los conquistadores y con Bolívar, Sucre, Santander, una saga y un orgullo[67].

Llegó al departamento de Antioquia, aterrizó en Puerto Berrío e hizo el resto de su recorrido en tren. En la capital antioqueña fue recibido por la Federación Local de Estudiantes, entre los cuales se encontraba el joven Gilberto Alzate Avendaño[68] a quien Vasconcelos recuerda así: "El que me allanó obstáculos, me acompañó a cada momento; congregó en torno mío un grupo de bravos muchachos que, a semejanza de los venezolanos[69] de Barranquilla, se hicieron mis aliados, mis correligionarios en la causa de América"[70]. Aprovechó la ocasión para visitar al expresidente conservador Carlos Eugenio Restrepo[71]

---

[66] Nota de autor: en la narración de su viaje Vasconcelos afirma que la empresa es alemana, por lo que puede suponerse que se refiere a la Sociedad Colombo-Alemana de Transportes Aéreos (Scadta), fundada en 1919 y cuyo vuelo inaugural Barranquilla-Puerto Berrío se realizó el 9 de septiembre de 1920.

[67] *Ibíd.* P. 392.

[68] Nota de autor: con veinte años de edad, el manizaleño aún no había empezado su carrera política. Décadas más tarde fue embajador de Colombia en España, senador y secretario del Partido Conservador. En la actualidad es considerado uno de los líderes políticos conservadores más importantes.

[69] En la capital del Atlántico se encontró con un grupo de estudiantes refugiados que venían de Venezuela.

[70] *Ibíd.* P. 394.

[71] Nota de autor: Vasconcelos se mostró siempre abierto al diálogo con personas de todas las facciones políticas, pues consideraba esencial "superar el conflicto del liberalismo y conservatismo, en favor de un nacionalismo generoso y constructivo". *El Proconsulado.* (1946). México: Ediciones Botas. P. 399.

quien pasaba en Medellín los últimos años de su vida. Sobre esta tierra, Vasconcelos afirmó:

> Desde el balcón de mi hotel, por la mañana, disfrutaba un aire cargado de fragancia. A orillas de un río de aguas escasas, cruzado por un puente cantan los ramajes de unos fresnos lustrosos. El ambiente en lo exterior recuerda la provincia mexicana, pero los pobladores son diferentes. Se llaman, a sí mismos, los de Antioquía, los judíos de Colombia. No lo son en realidad ni por la sangre, ni por el carácter. Su raza es alta, fuerte, colorada, muy ibérica. Y el extranjero no ha podido suplantarlos porque trabajan duro y bien[72].

Al irse de la Ciudad de la Eterna Primavera y dejar atrás a sus jóvenes amigos, sintió que despedía en ellos

> a una Colombia futura, que sin pasar el largo calvario mexicano, sabrá superar el conflicto del liberalismo y conservatismo, en favor de un nacionalismo generoso y constructivo. Y dentro de él, como savia, el catolicismo de nuestros padres y no las sectas de los conquistadores nuevos[73].

Vasconcelos cuenta que desde Medellín llegó en tren a Bogotá. Primero atravesó el Magdalena para luego sobrevolar cañones, ceibas, palmeras y serranías que conforman un paisaje en el que se embebió. Llegó al "balneario de moda, Girardot" y partió luego hacia la capital colombiana, donde lo recibieron el escritor antioqueño Baldomero Sanín Cano[74] y Eduardo Santos. Estos le dieron la bienvenida y le mostraron una ciudad que se recogía entre los nogales y el tranvía, y donde la lucha entre conservadores y liberales proveía suficiente material para noticias y análisis en los periódicos. Sobre la urbe, el visitante no se guardó ningún halago: "(Eduardo Santos) Me subió a su automóvil abierto, y lentamente, para no fatigar a los de a pie, consumamos el ingreso triunfal en la antigua y letrada ciudad, orgullo de un Continente"[75]. Relata el mexicano que pasó los días pronunciando conferencias y cenando, acompañado por Santos, con los más altos representantes de la cultura y la política colombiana.

En la capital recorrió lo que hoy se conoce como el centro histórico de la ciudad. Visitó las iglesias y sobre algunas de ellas dijo: "Son, en lo

---

[72] *Ibíd.* P. 394.
[73] *Ibíd.* P. 398.
[74] Nota de autor: sobre el intelectual, Borges afirmó alguna vez haber leído sus artículos en el diario argentino *La Nación*, y su libro *La civilización manual*.
[75] *Ibíd.* P. 401.

exterior, menos suntuosas que las nuestras, pero están bien conservadas, no han sido saqueadas"[76]. Describió la Plaza de Bolívar como "de estilo clásico, hermana con el barroco de un templo antiguo"[77], y a la ciudad como llena de "rincones y plazoletas de sobrio encanto". Uno de sus más significativos recuerdos fue –¡quién lo creyera!– el de la papa chorreada acompañada con chicha de maíz. Un grupo de estudiantes lo llevó de paseo a las afueras de la ciudad hasta el Salto del Tequendama, del que nos dejó la siguiente descripción: "La excursión resultó espléndida. Sublime panorama es la caída que precipita las aguas de la sabana (…). Los muchachos (…) daban sensación de optimismo. En sus pechos generosos se hallaba el porvenir de la estirpe"[78].

Partió de la ciudad, a la que colmó una vez más de sentidos elogios: "La Atenas americana repite un viejo decir, a propósito de Bogotá, y es raro que uno de estos proloquios deje de encerrar verdad. Atenas ha sido Bogotá (…). El culto de la idea, el cariño por todo lo que es juego del espíritu, caracterizan a la noble ciudad…"[79]. Para el educador, además de la riqueza arquitectónica que supo apreciar en toda su magnitud, "lo que más vale de Bogotá es la extraordinaria sensibilidad literaria, la finura mental de su pueblo"[80].

En el recorrido rumbo a su siguiente destino, Tunja, se detuvo en el monumento a la batalla de Boyacá, como "homenaje justiciero a las brigadas (…) sin las cuales no hubiera triunfado militarmente la Independencia del Sur"[81], y que para él evocó la leyenda bolivariana, pivote sobre el cual se alzó su propia filosofía. Una vez en la ciudad, esta le pareció "más bien árabe, con sus muros de pocos vanos, sus torres cuadradas, terrazas y cúpulas en el estilo de las 'Mil y Una Noches'"[82].

Vasconcelos ya había vivido el fragor de la costa, atravesado la helada cordillera y sobrevivido al frío del altiplano cundiboyacense. Ahora se aventuraba hacia el centro-occidente para retornar al que llamó clima tropical de una ciudad como Ibagué (departamento del Tolima), de la que destacó el cultivo del tabaco y los colegios. Allí departió con un descendiente del escritor vallecaucano Jorge Isaacs, raíz del "abolengo de la

---

[76] *Ibíd*. P. 406.
[77] *Ibíd*.
[78] *Ibíd*. P. 405.
[79] *Ibíd*. P. 420.
[80] *Ibíd*.
[81] *Ibíd*. P. 411.
[82] *Ibíd*. P. 413.

gloria literaria". Sobre el autor romántico creador de *María*, una de las obras más importantes de la literatura hispanoamericana del siglo XIX, afirmó:

> De origen judío, pero con verso y bien arraigado familiarmente en la región, es todavía Jorge Isaacs el intérprete del Cauca y su orgullo, junto con uno o dos poetas que aún viven (...) El primero que dió forma a la sensibilidad criolla a la raza nuestra[83].

El viajero relata cómo siguió su ruta hacia el occidente, donde "la vida y el carácter obtienen incremento de generosidad"[84]. Atravesó los cafetales y la selva virgen para deleitarse con las aves, las ceibas y las orquídeas, "la variedad del Universo multiplicado de la flora". Visitó Manizales, Cartago, Buga y Palmira, para continuar con la "novísima y próspera" Cali, y la "orgullosa y tradicionalista" Popayán.

En esta última –capital del departamento del Cauca, al que admiró como "extenso valle prolongado como una hamaca tendida de Norte a Sur"–, lo recibió el poeta colombiano Guillermo Valencia, de quien dijo: "Es sabio Valencia en filosofía, en sociología y se mantiene al tanto de lo que se hace o intenta hacer en todo el Continente. Con nadie me sentí en Colombia más de acuerdo"[85]. En un recorrido por la Ciudad Blanca, a la que definió como orgullosa y tradicionalista, el mexicano encontró que "sobre la ciudad pesa la melancolía del aislamiento que crean las altas montañas"[86].

A lomo de mula atravesó la cordillera Central por la Hoya del Patía, entre los departamentos de Cauca y Nariño hasta llegar a La Unión (en este último departamento). Allí, en un libro dedicado a las firmas de los visitantes a la alcaldía, lo invitaron a escribir algunas palabras como homenaje a otro prócer de la independencia en las campañas del sur y compañero de Bolívar en su gesta, el mariscal Antonio José de Sucre. Más al sur aún, en Pasto y cerca de la frontera con Ecuador, Vasconcelos visitó el templo del Sagrado Corazón y encontró que la "catedral barroca del dieciocho, eleva sobre muros robustos naves hermosas"[87]. Tras un recorrido de 83 kilómetros visitó el reconocido santuario de Las Lajas, situado en el cañón del río Guáitara y narró el momento especial que

---

[83] *Ibíd.* P. 433
[84] *Ibíd.* P. 423.
[85] *Ibíd.* P. 439.
[86] *Ibíd.* P. 440
[87] *Ibíd.* P. 454.

nace de la unión de la religión y el arte, donde según él, "una unción llena de poesía y de creencia pervade todo el ambiente"[88]. Culminó su visita a Colombia en Ipiales, ciudad que describió con sentido afecto.

Con los dedos fríos en "la más cordial provincia de la tierra colombiana", José Vasconcelos finalizó un recorrido de varias semanas que, desde el azul Caribe hasta la vasta cordillera andina, se extendió por la amplitud de una geografía física y afectiva que recordaría toda su vida.

De su segunda visita en la década de los cincuenta se encuentra una pintoresca imagen publicitaria en la revista *Cromos* de noviembre 24 de 1951. Se trata de un aviso publicitario en el que se ve al mexicano sosteniendo un vaso de cerveza. Debajo, una nota de su puño y letra:

> He encontrado en Colombia una cerveza tan buena como las mejores en México: la Bavaria. El uso de cerveza aleja al público de abuso de las bebidas fuertes; por lo mismo me parece recomendable, aparte de que su sabor hace más agradables las comidas[89].

El mensaje termina diciendo: "Las más distinguidas personalidades confirman lo que el pueblo sabe: Bavaria es una bebida sana y agradable"[90]. De manera festiva, Vasconcelos dejó el país con un recuerdo que hoy permanece en tantas páginas que vale la pena recordar.

---

[88] *Ibíd*. P. 455.
[89] Revista *Cromos*, noviembre 24 de 1951. "Don José Vasconcelos dice de Bavaria".
[90] *Ibíd*.

Primer interludio

El hombre que nació con el siglo

Germán Arciniegas fue uno de los hombres que narró a Colombia e hizo una admirable recopilación de su historia, por lo que es considerado una de las mentes más extraordinarias de nuestro continente. Nacido el 6 de diciembre de 1900 en Bogotá, desplegó sus habilidades en varias áreas del conocimiento, pues fue historiador, escritor, diplomático, político y abogado.

Reconocido por ser un gran pensador, de la talla del mexicano Alfonso Reyes o el argentino Jorge Luis Borges, fue llamado Hombre de las Américas y Colombiano Universal. Analista de nuestra historia, sus libros hacen un recorrido por la independencia, sus grandes héroes, causas y consecuencias, y fue icónico por sus ensayos y textos de análisis. Su vasta obra, sin embargo, no queda ahí; durante sus 99 años de vida transitó los caminos políticos de nuestro continente y comprendió los sufrimientos de los países hispanoamericanos. Logró describir con profundidad la americanidad –y las varias Américas que existen–, estudió nuestros pueblos y así contribuyó a la definición de nuestra identidad como naciones.

Desde muy joven tuvo contacto con la intelectualidad americana; con tan solo veinte años, intercambiaba misivas con el político e intelectual mexicano José Vasconcelos[91]. La más conocida fue titulada "Carta a la juventud de Colombia", escrita por el oaxaqueño como respuesta a la petición de ofrecer algunas palabras para el Congreso de la Juventud Colombiana (citado previamente), discurso con el que, como se señaló

---

[91] Nota de autor: cabe aquí resaltar que la obra de Arciniegas no era desconocida para los mexicanos: el Fondo de Cultura Económica publicó en México *Este pueblo de América* en 1945, para su colección "Tierra Firme".

previamente, instó a los jóvenes a luchar por el futuro de su país y a ponerse manos a la obra para controlar su destino.

Sostuvieron amistad durante años, e incluso el bogotano fue invitado al Tercer Congreso Interamericano de Filosofía de la Universidad Nacional Autónoma de México (UNAM) que tuvo lugar en la capital de ese país y que fue organizado por el intelectual. Este recibió a Arciniegas en enero de 1950 para luego llevarlo a un recorrido por el Zócalo y el centro histórico.

Su profunda admiración por Vasconcelos es expresada de forma permanente en su obra; un ejemplo son sus palabras con las que se refiere a él en el artículo "De la novela modernista a la novela americana":

> Compañero de Pancho Villa fue José Vasconcelos (1882-1959), el maestro, amigo de la sabiduría (filósofo), de curiosidades orientales (escribió los *Estudios indostánicos*), y con un talento de novelista que se impone en sus libros autobiográficos como el *Ulises criollo* y en la propia *Historia de México*. Vasconcelos salió de las experiencias de la revolución a ser el más grande animador de la cultura de su tiempo[92].

Puede afirmarse que una de las relaciones que marcó el curso de Arciniegas y, de paso, el de nuestras letras, fue la que se forjó entre este y otro gran ensayista: Alfonso Reyes. De su amistad han sido rescatadas veintisiete misivas del colombiano y veinticuatro del mexicano, publicadas en ese país hace algunos años; además, en el archivo de cartas de la Biblioteca Nacional de Colombia se encuentra una gran cantidad de estas joyas, que consulté para este libro. Al leerlas encontré que su historia epistolar nació, además de la profunda admiración mutua, por la invitación hecha al autor de *Sol de Monterrey* para escribir en algunas de las publicaciones que estaban a cargo del colombiano.

Ejemplo de ello es la primera correspondencia que intercambiaron, remitida por Arciniegas con ocasión del aniversario veinticinco del diario *El Tiempo*, en la que hizo una invitación a Reyes:

> Tanto el doctor Santos como yo, y cuantos aquí forman parte de la redacción, tenemos un deseo especialísimo en que usted nos honre con una página suya. Para nosotros sería un gran placer el que usted entrara a este diario como a su propia casa[93].

---

[92] Arciniegas, G. (1989). *El continente de siete colores*. Bogotá: Santillana. P. 425.

[93] Robb, J. W. (1983). "Notas. Alfonso Reyes y Germán Arciniegas. Corresponsales e hispanoamericanistas afines". En: *Thesaurus*. Tomo 38, no. 2. Recuperado de https://tinyurl.com/y2gcgyu4

En el texto, fechado el 13 de diciembre de 1935, el colombiano comenta que su par le envió un libro, acto de amabilidad al que no había podido responder debido a la dificultad para terminar su obra. La carta finaliza con: "Su devoto admirador de siempre. G. A.".

La siguiente misiva viene de Alfonso Reyes, quien le agradece la invitación a participar en la *Revista de las Indias* y en *El Tiempo*, y termina así:

> Espero que esta carta le llegue antes de su salida, y espero que me dé noticias de su vida y trabajos y, donde quiera que vaya, siempre lo acompañarán los mejores votos y los más afectuosos recuerdos de su amigo[1].

Tras recibir los textos del mexicano, Arciniegas le respondió el 20 de noviembre de 1939: "Pero ha de saber usted que yo quiero la Revista más que a una hija, y salto de contento cuando veo que el nombre suyo va a figurar de nuevo en el índice de la cubierta"[2]. En estas líneas se hace casi tangible la admiración mutua, aún en su forma de hablar tan formal y poco íntima.

Los autores se vieron por primera vez en 1941 en el hotel Sevilla-Biltmore de La Habana, encuentro del que queda un membrete como recuerdo. De aquella época hay una misiva que muestra el conocimiento de Reyes respecto a la literatura de nuestro país:

> Le agradezco ante todo el precioso obsequio de Los septembrinos y José Asunción Silva, y lo felicito cordialmente por este último que ya he leído y donde he aprendido muchas cosas al par que me he deleitado. Don Guillermo Valencia me contó hace años en Río de Janeiro que Silva se había quedado asombrado del frío valor de Gómez Carrillo cuando el náufrago (sic) del "Amérique". Veo que el matiz es otro, y como usted dice muy bien, no hay avenimiento posible entre la frivolidad y la desesperación. Me atrevo a pedirle alguna noticia sobre el manuscrito perdido de Silva: La estética de los aromas[3].

Su relación se hizo más profunda cuando Arciniegas lo invitó a vincularse a un proyecto de la Universidad de Chicago con *Visión de*

---

[1] Biblioteca Nacional de Colombia. Carta de Alfonso Reyes a Germán Arciniegas. Colecciones de Archivos. Germán Arciniegas. 24 de junio de 1940.

[2] *Ibíd.*

[3] Biblioteca Nacional de Colombia. Carta de Alfonso Reyes a Germán Arciniegas. México, 24 de junio de 1940. Colecciones de Archivos. Germán Arciniegas.

Anáhuac. Aunque el proyecto no prosperó a causa de una serie de compromisos, el intercambio de mensajes continuó. En 1949 el colombiano visitó México y allí se encontró con su gran amigo en su residencia, hoy llamada Capilla Alfonsina. Antes de partir, se despidió así:

> Me voy tan enamorado de México –aunque parezca exageración– como cuando lo vi casi por primera vez en su Visión de Anáhuac. Y me llevo la envidia y la alegría de su biblioteca y de verle trabajando tan estupendamente en ese rincón incomparable. Mil gracias por la tarde inolvidable que me proporcionó en su casa[4].

Llegada la década de los cincuenta, Reyes sufrió un ataque cardiaco que lo obligó a hacer más lento el paso; debió manejar sus proyectos con más calma, y así se lo explicó a su amigo: "No me pida que yo intervenga activamente. Estoy enfermo, cansado y agobiado de obligaciones. Pero no lo abandonaré"[5]. Por fortuna, su salud tomó un segundo aire y entonces pudo asistir en septiembre de 1956 al Congreso Interamericano por la Libertad de la Cultura; allí se reunió con el bogotano y también con Rómulo Gallegos, Benjamín Carrión, Guillermo de Torre y John Dos Passos, entre otros. Las siguientes cartas, ya más íntimas y afectuosas, están colmadas de agradecimientos por parte de ambos.

El 27 octubre de 1956 aparece esta maravillosa misiva:

> Acabo de leer su último artículo sobre mi interesante personita (...). ¿Cómo se las arregla usted para ser tan inteligente, tan bueno y tan afectuoso? ¡Y qué manera de escribir, cada vez más ágil y directa! Y es que escribe usted con todo su temperamento, y ha alcanzado el don de la expresión cabal. Ventajas de la precocidad, porque el arte es largo y la vida breve. Pero dejémonos de vulgaridades: un largo y estrecho abrazo — ¡y ya! Suyísimo[6].

Su amistad también estuvo llena de peticiones insólitas: Reyes solicitó a Arciniegas que lo ayudara a desenmascarar a un homónimo colombiano que estaba escribiendo y sacando ventaja de su nombre. En algunas cartas, siempre impregnadas de cariño, hablan de dinero y

---

[4] Robb, J. W. (1983). "Notas Alfonso Reyes y Germán Arciniegas. Corresponsales e hispanoamericanistas afines". *Thesavrvs*. Boletín del Instituto Caro y Cuervo, tomo XXXVIII, n.° 2. Recuperado de https://tinyurl.com/y2gcgyu4 P. 382.

[5] *Op. Cit.*

[6] Robb, J. W. (1983). "Notas Alfonso Reyes y Germán Arciniegas. Corresponsales e hispanoamericanistas afines". *Thesavrvs*. Boletín del Instituto Caro y Cuervo, tomo XXXVIII, n.° 2. Recuperado de https://tinyurl.com/y2gcgyu4

pagos; unas cuantas están escritas a máquina y otras a mano, otras tantas con el logo del oaxaqueño, una ciudad entre las montañas que se convirtió en su sello personal.

En sus últimas epístolas hay una que resulta particularmente conmovedora, en la que Reyes, sintiendo que se acerca al final de sus días, dice:

> América Mágica me trae su recuerdo y su buena compañía, mientras yo sigo defendiéndome con este corazón rebelde. Qué alegría leerlo, cuánta cosa aprendo y cuánto bien me hacen todas esas ráfagas vitales que siempre cruzan su estilo tan vivo, tan saludable, tan noble. Gracias por todo, querido Germán. Lo envidio mucho: quisiera estar en Roma, quisiera... quisiera tantas cosas, pero comienzo a pensar que ya no son para mí. Un estrecho abrazo con mi gratitud y mi admiración (¿y por qué no he de decir la palabra?)[7].

La correspondencia entre estos pensadores finalizó con el fallecimiento del mexicano, no así la maravillosa relación que establecieron en vida. Al morir Reyes, fue publicado un homenaje póstumo en *Cuadernos de las Américas* titulado "Débito a Alfonso Reyes", "uno de nuestros más estimados colaboradores y miembro sobresaliente del Consejo de Honor de Cuadernos". El archivo de la Biblioteca Nacional ha luchado por preservar el legado del maestro quien, como el bogotano, "participó prominentemente en la formación de una Sociedad de Amigos de Alfonso Reyes en la Capilla Alfonsina, México, D. F., en febrero de 1962"[8].

En las cartas que el colombiano cruzó con Alicia Reyes, nieta del autor de *Ifigenia cruel*, y actual directora de la Capilla Alfonsina, es plausible su intención de ayudar al respecto. En una de ellas, fechada en 1972, le dijo:

> Su carta me llenó de alegría y agradezco de corazón sus palabras cariñosas, así como su participación para nuestro boletín cuyas páginas están siempre a sus órdenes. La lucha es ardua, pero todo es poco para el abuelito más lindo del mundo. Papá se une a mí para enviarle un saludo afectuoso. El corazón de su Alicia Reyes[9].

---

[7] Biblioteca Nacional de Colombia. Carta de Alfonso Reyes a Germán Arciniegas. Colecciones de Archivos. Germán Arciniegas.

[8] *Op. Cit.*

[9] Biblioteca Nacional de Colombia. Carta de Alicia Reyes a Germán Arciniegas. Colecciones de Archivos. Germán Arciniegas.

En 1978 se dirigió a él con un afecto aún mayor: "Recibí la hermosa reseña que hizo usted de mi 'genio y figura de Alfonso Reyes'. No tengo palabras para agradecerle esa maravillosa sorpresa"[10].

Al recorrer la donación hecha por Arciniegas a la Biblioteca Nacional en Bogotá, llego a la letra R y encuentro las dedicatorias en *Filosofía Helenística*, donde le dice: "Al siempre admirado y querido G. A.", o en *El suicida* en una de cuyas páginas el otro escribe: "¿Acepta esta vejez rejuvenecida? Su A. R.".

Durante los últimos cincuenta años, los colombianos crecimos con una enciclopedia de clásicos de solapa roja con la que disfrutamos de *La Ilíada* de Homero y otros títulos; en su portadilla aún nos encontramos con "la colaboración de prominentes escritores de diversos países", entre quienes se encontraban los dos autores. Al cumplir 95 años, el colombiano fue reconocido por el Premio Internacional Alfonso Reyes como un homenaje a su obra y su valor para las letras mexicanas.

Además del afecto que los unía, existía una profunda paridad intelectual entre ellos. Como lo plantea James Willis Robb:

> De las múltiples facetas de la obra de Alfonso Reyes como ensayista, hay una –la de ensayista histórico-interpretativo sobre el tema de América– en que sentimos una cordial afinidad entre Reyes y el ensayista colombiano Germán Arciniegas. Los grandes ensayos de Reyes de evocación del descubrimiento de América y de preocupación por su destino futuro –*Visión de Anáhuac* (1917) y los de *Última Tule* (1942)– encuentran una resonancia de hermandad espiritual y estética en ciertos libros de Arciniegas de temas afines como *El estudiante de la mesa redonda* (1932), *Biografía del Caribe* (1945) y *Amérigo y el Nuevo Mundo* (1955)[11].

Para el ganador del Premio Internacional Alfonso Reyes en 1978, no puede hablarse de superioridad de uno sobre otro, y tampoco considerarse que hubo una influencia mutua. Más bien, se trata de entenderlos como pensadores afines "en el genio original de cada uno"[12], correlación que se revela, por ejemplo, en las citaciones recíprocas. En el texto "Tierra y espíritu de América" publicado en el diario *El Nacional* de México en 1941, Reyes menciona el artículo "La geografía vista desde

---

[10] *Ibíd*.

[11] Willis Robb, J. (1964). *Imágenes de América en Alfonso Reyes y Germán Arciniegas*. Separata *Humanitas*. Anuario del Centro de Estudios Humanísticos de la Universidad de Nuevo León, n.º 5.

[12] *Ibíd*.

las ramas de los árboles", publicado por Arciniegas en la *Revista de las Indias* el mismo año, e incluso responde a algunas de las cuestiones que se plantea el bogotano sobre la geografía natural[13]; igual ocurre con "Tres reinos de México"[14], donde también lo citó respecto a sus análisis de la Geografía Humana. Por su parte, sobre la obra del autor de *Atenea política*, Arciniegas señaló lo siguiente:

> Tal Alfonso Reyes (1889 -1959), a quien nunca nada le rompió el hilo de la gracia. A partir de su México, en donde halló la región más transparente del aire, fue maestro en todas las literaturas, desde la griega hasta las de América en nuestros días. Fue sutil para hacer los deslindes humanísticos, y poeta que se ha olvidado un tanto por la riqueza de su obra en prosa que va llevando en sus obras completas volúmenes que ya se acercan a la veintena, y pasarán de treinta. Se pensó siempre en él para un premio Nobel, que si Suecia no le concedió, sus amigos de América le reservaron[15].

La relación de Arciniegas con México no culmina aquí. Encontramos rastros de Agustín Yáñez en su visita a Bogotá en agosto de 1974 en una dedicatoria de su libro *El contenido social de la literatura latinoamericana*. En ella dijo al autor de *Nueva imagen del Caribe:* "A mi amigo y querido Germán Arciniegas. Doctor de América, ciudadano de Roma: urbi et orbe, con crónico afecto. A. Y". En el libro *Arciniegas de cuerpo entero* de Juan Gustavo Cobo Borda hay una reseña del mexicano sobre *Este pueblo de América*, libro del bogotano publicado originalmente en *Revista de América* en 1946:

> Con ser un libro de visión general, sucinta, posee atisbos esenciales que forzosamente habrán de tenerse en cuenta por quienes de hoy en más escudriñen el tema inquietante del hispanoamericanismo, cuyo interés alcanza día por día mayor vigencia en el mundo[16].

Otro descubrimiento interesante es la relación epistolar entre Octavio Paz y Arciniegas. De regreso a los archivos de la Biblioteca Nacional de Colombia, hay dos misivas que así lo muestran. La primera fue remitida por el autor de *La llama doble* el 11 de enero de 1963 desde Nueva Delhi, donde trabajaba como embajador. En ella agradeció al

---

[13] Reyes, A. (1941) en Reyes, A. (1996). "Los trabajos y los días". *Obras completas de Alfonso Reyes. IX*. México: FCE. P. 237.

[14] Reyes, A. (1958). *Obras completas de Alfonso Reyes. VIII*. México: FCE. P. 106.

[15] Arciniegas, G. (1989). *El continente de siete colores*. Bogotá: Santillana. P. 458.

[16] Cobo Borda, J. G. (1987). *Arciniegas de cuerpo entero*. Bogotá: Planeta.

bogotano por una pregunta que le hizo sobre una colaboración para su revista *Cuadernos*, a la que Paz respondió:

> Mi opinión, tanto por mi lejanía cuanto por la dispersión de la vida literaria hispanoamericana, tiene que limitarse forzosamente del panorama mexicano. A mi juicio la mejor novela publicada en México, en 1963 (y en muchos años) es *Los recuerdos del porvenir* (el título no es afortunado) de Elena Garro. Espero que no vea nada personal en mi opinión. Se trata en verdad de una novela excepcional. Tengo entendido, por lo demás, que no soy el único en pensar así. Supe, indirectamente, que a Borges y a Bioy Casares (que la leyeron en manuscrito) les había encantado [...]. Precisamente ayer, al abrir su carta, recibí Rayuela, de Julio Cortázar. Aún no la he leído, ni será difícil que lo haga en los próximos días; es un libro de más de 600 páginas [...]. Cortázar es uno de los novelistas más importantes de Hispanoamérica y yo lo admiro desde hace mucho [...]. Gracias por la publicación de mi poema[17].

Semanas después hablaron sobre la cultura india y Paz lo conectó con escritores jóvenes mexicanos para que fueran colaboradores en *Cuadernos de París* en un número especial sobre su país. En una misiva posterior, feliz por los resultados obtenidos gracias a su ayuda, le dijo: "Celebro que le hayan enviado colaboración los amigos mexicanos. Me ha dado mucho gusto saber que le han enviado cosas que valen la pena"[18].

Otro rastro con el que me topé fue la correspondencia con el poeta, dramaturgo, escritor y diplomático mexicano Rodolfo Usigli, quien maravillado por una conferencia que dio Arciniegas, quiso que este fuera publicado en *Cuadernos Americanos*, prestigiosa revista de su país. Se dirigió así al editor en junio de 1965:

> Según tuve el gusto de informar a usted en carta anterior, estuvo unos días en Oslo el Dr. Germán Arciniegas y pronunció una conferencia destinada a explicar a los hispanistas escandinavos algunos aspectos de nuestra América, que me pareció de considerable interés. Germán suspende su publicación, y pensando que su plática merece aparecer en *Cuadernos Americanos*[19].

---

[17] Biblioteca Nacional de Colombia. Carta de Octavio Paz a Germán Arciniegas, 11 de enero de 1963. Colecciones de Archivos. Germán Arciniegas.

[18] Biblioteca Nacional de Colombia. Carta de Octavio Paz a Germán Arciniegas, 20 de mayo de 1963. Colecciones de Archivos. Germán Arciniegas.

[19] Biblioteca Nacional de Colombia. Carta de Rodolfo Usigli a Jesús Silva, 8 de junio de 1965). Colecciones de Archivos. Germán Arciniegas.

Dado el gran aprecio del bogotano hacia esta revista, en 1952 publicó con aquella –también– editorial un gran libro de ensayos titulado *Entre la libertad y el miedo*. Con Usigli mantuvo una relación epistolar cercana y afectuosa.

Arciniegas amó su continente, tanto que jamás dejó de escribir sobre este. En particular, México tuvo un valor trascendental en la edificación de su obra y fue tema recurrente en su trabajo intelectual: desde Cuauhtémoc, Sor Juana Inés de la Cruz y Agustín de Iturbide, pasando por Benito Juárez y la Revolución mexicana, hasta llegar a la comida típica y el arte de ese país, su pensamiento fue de gran importancia para las letras de aquella nación.

El mexicano que amó a Bolívar o la segunda independencia que nunca fue posible

"En ninguna otra parte tengo las raíces tan hondamente echadas como en Colombia".

Carta de Carlos Pellicer a Germán Arciniegas.
México, 12 de marzo de 1946

El Ateneo de México fue fundado en 1909 como proyecto de renovación y reconstrucción intelectual del país. Como herencia del trabajo realizado por los ateneístas, el entonces presidente Venustiano Carranza (1917-1920) designó a algunos representantes de la Federación de Estudiantes de México para recorrer varios países suramericanos y llevar la voz del proyecto de reedificación cultural que se proponía desde el país del norte. El ideal que subyacía a esta idea era, a través de la creación o consolidación de grupos de estudiantes, unificar América Latina para distanciarla del anquilosado pensamiento poscolonial y promover –¿por qué no?– una segunda independencia, ahora no de reyes, coronas y territorios, sino de identidad. Se trataba, en fin, de crear entre todos el verdadero sentido de lo que somos.

El responsable de unir a la desorientada y desunida masa estudiantil colombiana[20] fue el poeta tabasqueño Carlos Pellicer. Siendo un joven

---

[20] Lozano y Lozano, J. "Carlos Pellicer y Cámara". Revista *Azul*, vol. 1 N.º 5, 26 de octubre de 1919 en Zaïteff, S. (Ed.). (2002). *Correspondencia entre Carlos Pellicer y Germán Arciniegas*. México: Conaculta.

de veinte años, arribó a Bogotá a finales de 1918 y prolongó su estadía hasta 1920, con el objeto de crear una agrupación similar en la tierra del café. Así lo describió su compatriota Juan José Arreola:

> Apenas adolescente, ya está en Colombia y en Venezuela tomado posesión de los paisajes y de los hombres que serán los futuros temas de su poesía. Sus amores de juventud, y de toda la vida, son ya Bolívar y los Andes, Morelos y el Valle de México, el Amazonas, Uxmal y el Tequendama[21].

Mientras cursaba sus estudios en el Colegio Mayor del Rosario y aprendía de su profesor, monseñor Rafael María Carrasquilla, entró en contacto con la joven intelectualidad de la capital, entre ellos Germán Arciniegas y Germán Pardo García[22]. Ambos, seducidos por la propuesta carrancista de la que Pellicer era portavoz y apasionado capitán, se hicieron grandes amigos del mexicano. Así lo recuerda el profesor de literatura en la Universidad de Calgary, Sergei Zaïtzeff:

> Rodeado de jóvenes cultos y talentosos, Pellicer se entregó totalmente a la causa estudiantil y junto con Arciniegas logró establecer una Asamblea de estudiantes. En Colombia Pellicer descubrió su vocación americanista y se dedicó con fervor a promover los valores de su país y a luchar por el acercamiento entre México y Colombia[23].

Primero instalado en el hotel de la familia Martí y luego en una buhardilla del Edificio Liévano, este último fue su hogar transitorio y punto de encuentro de un nutrido grupo de intelectuales que pensaban en una América Latina más grande y vigorosa. Eran los días en que se dejaba retratar por el maestro Gustavo Arcila Uribe. En largas tertulias conversaba con Juan y Carlos Lozano, Augusto Ramírez Moreno, los poetas Luis Vidales, León de Greiff y Rafael Maya (a quien llamaba afectuosamente Conde Arrobas). Este último lo recuerda ágil, vibrante y sorpresivo, de efusivo temperamento, dinamismo y exquisita bondad.

----

[21] Arreola, J. J. (1960). Carlos Pellicer [acetato]. UNAM.

[22] Nota de autor: Pardo García hizo parte del grupo Los Nuevos, también integrado por José Umaña Bernal, Rafael Vásquez, Juan Lozano y Lozano, Alberto Ángel Montoya y Octavio Amórtegui. Este último fue un escritor, poeta, cuentista y dramaturgo nacido en Bogotá y quien, hacia los años sesenta, se radicó en México hasta su muerte en 1991. Allí publicó los libros *Nubes de antaño 1940 - 1960* (La Impresora Azteca, 1961), con 500 ejemplares, *Cuando regresan los caminos* (La Impresora Azteca, 1962) y *Sangre votiva* (Finisterre, 1968).

[23] Zaïtzeff, S. "El joven Arciniegas a través de su correspondencia con Carlos Pellicer". *Revista de la Universidad de México*, no. 595, agosto de 2000. Recuperado de https://tinyurl.com/y4tulyp3

Atesoró su amistad, pues aquel joven estudiante tabasqueño lo inició "en los secretos de la joven poesía mexicana de esos días"[24], leyendo juntos a Ramón López Velarde, Julio Ruelas y Jaime Torres Bodet[25].

Desde la ventana de su guarida (así la llamaban él y sus compinches) vio la estatua de uno de sus grandes héroes, el Libertador Simón Bolívar, cuando se celebró el primer centenario de nuestra independencia, y cuyo bicentenario se festejó en 2019. Al Grande Hombre le dedicó numerosos versos como este:

> [Oh escultor desta América], el hondo corazón
> de las veinte Repúblicas atentas a tu brazo
> para mostrarle al mundo tu milagro de Amor[26].

Pellicer hizo un conjunto de textos que describieron América Latina en sus territorios geográficos, pero también en la lucha de su historia descarnada y cruda. Una historia de libertad que debía continuarse con la loca fe de triunfar, palabras que puso en boca de Bolívar en el poema "Romance de Pativilca". Su afinidad con las ideas del prócer venezolano lo impulsó y dio sentido a su empresa educativa, pues comprendía la importancia de los estudiantes de este lado del continente: "América necesita grandemente de su juventud" dijo, retomando las palabras de José Enrique Rodó. En su entusiasmo por Bolívar coincidió con su compatriota, el poeta, periodista y diplomático José Juan Tablada, reconocido como el iniciador de la poesía moderna mexicana, y quien llegó a Bogotá en 1919 como secretario de la Legación de México en Colombia. Vinculados por su interés por el paisaje y la pasión bolivariana, Tablada fungió como maestro cuya influencia y aguda crítica dieron la forma inicial a la estética de Pellicer.

La ciudad y sus noches lo inspiraron. Las campanas de la Catedral Primada, melancólicas, también merecieron algunos versos:

> Campanas de las ocho y media
> sobre la catedral de Bogotá,
> me ponéis el reloj en la Edad Media
> poniéndome a rezar[27].

---

[24] Revista *Cromos*. "El poeta Rafael Maya revelado por sí mismo". 1957.

[25] Nota de autor: a mis manos llegó el libro *Rubén Darío. Abismo y cima* (Letras Mexicanas, 1966), dedicado por Bodet al abogado y periodista Roberto García Peña, "con los muy cordiales recuerdos de su amigo", el 29 de enero de 1967 en México.

[26] Pellicer, C. (2013). "A Bolívar". *Obras. Poesía*. México: FCE. P. 50.

[27] *Ibíd*. "Preludio". P. 72.

Mientras vivió en Bogotá produjo una obra profusa, de la que destacan poemas como "Cuatro estrofas" y "Homenaje a Amado Nervo". Nunca se reservó su admiración por José Asunción Silva y en una carta a José Gorostiza le cuenta que su admirado poeta estaba siendo olvidado en el cementerio de los suicidas.

A causa de la altura y el malestar que esta trajo consigo, Tablada debió trasladarse a La Esperanza (departamento de Cundinamarca). Pellicer fue a visitarlo y, de paso, recorrió los paisajes cundinamarqueses y boyacenses que luego pintó (como lo señalaría Juan Lozano y Lozano en su artículo "Carlos Pellicer y Cámara"[28]) en algunos de sus escritos:

> Lo mismo que frente al Tequendama
> Cuya catarata pasó por mis propias arterias,
> Ante ti el motor de mi ser centuplica
> La libertad heroica de sus ansias
> Y enciende la voz del olvido
> Sobre sus horas trágicas[29].

Maravillado con el encanto natural del lago de Tota (Boyacá), dijo:

> Si mojara mis manos en el lago
> me quedarían azules para siempre.
> El paisaje es más claro
> y hay una dulce paz, conmovedoramente[30].

Así plasmó su recuerdo de Iza:

> Y así bajo la cordillera
> se apostó febrilmente como la primavera.
> [...]
> Sus mujeres y sus flores
> hablan el dialecto de los colores[31].

A su regreso a Bogotá, y "con el propósito de fomentar la cultura mexicana en Colombia, Pellicer hizo llegar a la Asamblea[32] (obsequio de

---

[28] "Carlos Pellicer y Cámara". Revista *Azul*, vol. 1 N.º 5, 26 de octubre de 1919 en Zaïteff, S. (Ed.). (2002). Correspondencia entre Carlos Pellicer y Germán Arciniegas. México: Conaculta.

[29] Pellicer, C. (2013). "Iguazú". *Obras. Poesía*. México: FCE. P. 68.

[30] *Ibíd.* "Apuntes coloridos". P. 47.

[31] *Ibíd.* "Recuerdos de Iza". P. 47-48.

[32] Se hace referencia a la Asamblea de Estudiantes.

la Universidad de México) libros de literatura"[33] entre los cuales había tres textos de Genaro Estrada y, en mayor cantidad, de la gran poeta Sor Juana Inés de la Cruz. Colaboró en varios medios colombianos en los que hizo reseñas sobre sus amigos o sobre quienes admiraba. Un ejemplo es su análisis del poema "La tristeza de Goethe" del payanés Guillermo Valencia; sobre este afirmó: "Ha sido capaz de repetir su bizarrería y esplendidez técnicas"[34].

Pese a su arraigo en Colombia, en 1920 Carranza le asignó la misión de crear el germen de nuevos grupos estudiantiles en otros países. Instalado en Caracas, extrañaba la fría capital y así se lo hizo saber a su gran amigo Germán Arciniegas en una carta fechada el 12 de abril de 1920: "Pero el dolor de haber dejado a mi ciudad de Bogotá, me perseguirá siempre. Divina Bogotá de mi alma. Ciudad de mis mejores amigos! Volveré pronto"[35].

En los años siguientes, persiguiendo su sueño de una América unida, acompañó a José Vasconcelos en su recorrido por el sur del continente; visita Brasil, Argentina, Uruguay y Chile. En sus cartas a Germán Arciniegas le describió con interesante detalle todas las situaciones que vive en aquel periplo. Retornó a su país natal, donde publicó sus primeros libros, en dos de los cuales se encuentran algunos de los poemas que escribió sobre Colombia (*Colores en el mar* de 1921 y *Piedra de sacrificios* de 1924). Retomó sus viajes y visita Europa entre 1925 y 1929; allí intercambió correspondencia con el poeta tolimense Germán Pardo García[36], quien le hizo explícito su deseo de visitar México, lo que terminó concretándose en febrero de 1931, cuando Pellicer ya estaba de regreso allí. El colombiano planeaba una estancia corta pero terminó estableciéndose en ese país hasta su muerte en 1991[37]. Fueron años de una muy cercana y afectuosa amistad entre los dos, producto de la cual

---

[33] Zaïtzeff, S. (Ed.). (2018). *Correspondencia entre Carlos Pellicer y Germán Arciniegas*. México: Conaculta. P. 17.

[34] *Ibíd*. P. 83.

[35] *Ibíd*. P. 30.

[36] Esta correspondencia fue recopilada en el libro *Un encanto extraño. Cartas de Germán Pardo García a Carlos Pellicer (1920-1970)*, con compilación, prólogo y notas de Serge I. Zaïtzeff, publicado en 2018 por la Universidad Autónoma de Nuevo León.

[37] Durante su tiempo en México, Pardo García publicó varios libros con las editoriales Cvltura, T. G., S. A. (cuyo proceso de edición estuvo a cargo de él mismo); Imprenta Veracruz (*Antología poética* de 1944, con prólogo de sus compatriotas Andrés Holguín y Javier Arango Ferrer); y Cuadernos Americanos (*Acto poético* de 1953).

surgieron los poemas "Melodía en fa" y "Al poeta colombiano Germán Pardo García":

> Germán, octubre azul, tuyo, sereno,
> presencia y poesía de ti dora.
> México timbra tu profunda hora
> y del nopal hostil haces pan bueno.
>
> [...]
>
> Germán, toma este cielo mexicano
> que de un ángulo empuño hasta tu mano
> y te lo doy ¡octubre azul, tuyo y tan mío![38]

Este le correspondió con los versos de "A Carlos Pellicer":

> En tu amistad abierta cual tu mano,
> dejo este libro de acres esculturas,
> altísimo poeta que maduras
> en tus sienes el trigo mexicano.
>
> [...]

Pellicer también mantuvo una relación literaria y epistolar con otro colombiano, este nacido en Bogotá: Germán Arciniegas. Al ensayista e historiador le dedicó el poema "IX" de su libro Piedra de sacrificios y "Unos sonetos a Germán Arciniegas":

> [...]
>
> Te releo en estos días escondidos,
> convalecientes. Bogotá encendidos
> nuestros programas veinteañeros crecen.
>
> Una montaña de amistad. Qué hermosa
> –a pesar de pesares que entremecen–
> es esta tarde que olvidé a la rosa.

El autor de *América tierra firme* publicó en 1932 *El estudiante de la mesa redonda*, en algunas de cuyas ediciones se incluye una carta que le envió José Vasconcelos. El último capítulo de esta obra está dedicado "a Carlos Pellicer, a los veintiuno, a los *Pétalos Mustios*". En la sección introductoria de *El continente de los siete colores* incluyó el poema "Toda,

---

[38] Schneider, L. M. (Ed.). (2013). *Carlos Pellicer. Obras*. Poesía. México: FCE. P. 318.

América nuestra" de Pellicer, como homenaje a la obra poética de su amigo. A finales de los años treinta pidió colaboración al mexicano para su *Revista de las Indias*, de la que hicieron parte otros grandes escritores de ese país como Alfonso Reyes y Octavio Paz.

Pasaron 26 años antes de su regreso como parte de la delegación que trajo los restos de Porfirio Barba Jacob[39]. Retornó con menos quimeras pero con mayor fuerza como verdadero poeta y recorrió Medellín, Bogotá y Cali. En la capital colombiana fue invitado por Arciniegas a dar un recital poético el 22 de enero de 1946 donde "sus amigos lo festejan y él elogia la obra de León de Greiff, Germán Arciniegas y Germán Pardo García"[40]. En 1949 el bogotano viajó a México por primera vez y se encontró con todos los amigos que había cultivado durante años, entre ellos Pellicer. Como se lo relató alguna vez el intelectual bogotano a Juan Gustavo Cobo Borda, Pellicer cumplía sagradamente con una tradición que al autor de *Nueva imagen del Caribe* le producía inmenso agrado:

> Él hacía todos los años un gran pesebre, una natividad, y le ponía objetos y muñecos precolombinos, cosas de paja, de tela e incluso caballitos de cerámica que había comprado en Ráquira, que le gustaban muchísimo; por esas cosas también se fue forjando una gran amistad[41],[42].

En 1959 el autor de *Cuerdas, percusión y alientos* hizo su tercer y último viaje a Colombia. En una carta a Arciniegas, escrita desde Bogotá, le dijo: "Volver a Colombia es para mí cosa entrañable [...]. El otro día pasé un rato largo con el presidente, y le sugerí con el mayor respeto, que adquiriera lo que queda de la casa Vázquez Ceballos y rehabilitarla con un plan agradable"[43]. El mandatario al que se refiere es Alberto Lleras

---

[39] Nota de autor: en el artículo "Primera lección de Colombia", publicado en el n.° 8 (ene.-feb.-mar. de 1947) de la *Revista Trimestral de Cultura Moderna* de la Universidad Nacional de Colombia, el escritor guatemalteco exiliado en México Luis Cardoza y Aragón cuenta que León de Greiff "decíame hace pocos días que vio el mar por primera vez hace un año, cuando fue a México a recibir los restos de Barba Jacob. En su juventud, León escribió un bello poema al mar. Hoy, que lo conoce, no podría hacerlo mejor. Pero se trata de un poeta".

[40] Zaïtzeff, S. (Ed.). (2002). Correspondencia entre *Carlos Pellicer y Germán Arciniegas*. México: Conaculta. P. 20.

[41] Cobo Borda, J. G. Comunicación personal, 2017.

[42] Nota de autor: en su texto "Las artes en la colonia española" del libro *El continente de siete colores*, Arciniegas hace una breve referencia a los nacimientos montados por el poeta mexicano, que son incluso visitados por gente de todo el mundo (P. 189).

[43] *Op. Cit.* P. 126.

Camargo; Vázquez Ceballos era un importante pintor colombiano en la época colonial. Esto demuestra su enorme conocimiento sobre el arte nacional.

Como muchos, Pellicer dejó ir la utopía; pasaron los años y fueron muriendo sus maestros Vasconcelos, Reyes y Henríquez Ureña. Su amor por Colombia permaneció intacto y, en los últimos años de su vida en Ciudad de México, recibía a quienes lo visitaban vestido con una ruana boyacense[44]. Cuando le preguntaban de dónde provenía aquella prenda, él les contaba con un dejo nostálgico sobre el Tequendama, las flores de Iza y el azul de la laguna de Tota que inmortalizó en sus letras.

---

[44] Para profundizar en la relación de Pellicer con Colombia, recomiendo el coloquio "Pellicer 100 años", una conversación entre Santiago Mutis Durán y Eduardo Arcila Rivera, llevada a cabo en la librería del Fondo de Cultura Económica (Bogotá) el 25 de diciembre de 2018. Disponible en: https://libreriasiglo.com/noticias-eventos/ver/137-coloquio-pellicer-100-anos.html

# Segunda parte

El "milagro mexicano" y un estallido cultural imparable

Mientras en Europa las décadas de los treinta y los cuarenta traían consigo violencia y miseria a causa de los grandes conflictos bélicos de la época, varios países latinoamericanos florecieron económicamente y recibieron a los migrantes que huían desde el otro lado del océano.

En pleno auge económico, Uruguay y Argentina fueron abastecedores ante la escasez europea producto de las guerras, y se tornaron en grandes exportadores de cereales y carne. Su industria vigorizada, una moneda fuerte y un elevado PIB las ubicaban entre las naciones más prósperas del mundo.

Más arriba en el mapa se dio el "milagro mexicano", etapa de crecimiento económico sostenido generada por acelerados procesos de industrialización, que trajo consigo inmensos beneficios sociales y culturales para ese país. Tras las crisis de los periodos 1913-1916 y 1929-1932, su economía se volcó hacia el sector interno y comenzó un periodo de desarrollo sostenido que se prolongaría hasta los años ochenta: creció el PIB, el valor del aparato productivo se duplicó y, aunque el incremento de la inflación redujo el poder de compra real, esto fue compensado por el aumento de la ocupación, la migración hacia las ciudades y los cambios a oficios mejor remunerados[1]. Además:

> La demanda de técnicos y especialistas producto del desarrollo del país, la diversificación de las tareas sociales a resolver por el Estado posrevolucionario y el crecimiento de los aparatos estatales tuvieron grandes efectos sobre la modernización y la expansión del sistema

----
[1] Aparicio, A. (2010). "Economía Mexicana 1910-2010: Balance de un Siglo". Facultad de Economía de la Universidad Nacional Autónoma de México. Recuperado de www.economia.unam.mx/profesores/aaparicio/Econom%C3%ADa.pdf P. 7.

educativo, universitario y cultural. Se establecieron nuevas disciplinas científicas e institutos de investigación y se crearon centros para la producción y el fomento de las manifestaciones culturales en sus diversas formas [...]. Requiriendo para esto especialistas y no encontrándolos en el mercado de trabajo, tuvo que convertirse en un estado promotor de la educación, la ciencia y la cultura[2].

De manera específica, en el ámbito cultural, ante la disminución del comercio entre continentes a causa de la Primera Guerra Mundial –factor que impactó en la importación de libros–, la infraestructura editorial, ahora en mejores condiciones respecto a décadas anteriores, condujo al despegue de la producción de revistas literarias, así como de editoriales que nacían o ampliaban y diversificaban su producción.

Desde mediados de los años cuarenta empezó a gestarse, además, la transición de una cultura predominantemente rural, con las huellas frescas de la Revolución mexicana y una preocupación tangible por las problemáticas de las comunidades indígenas y campesinas, marginadas y explotadas, a otra que miraba hacia lo urbano, con un tinte cosmopolita y de indagación existencial por los temores, preguntas y angustias del sujeto individual. Las manifestaciones artísticas, claro, no fueron ajenas a esa transformación.

Agotadas las formas estéticas de las primeras décadas del siglo XX, numerosos artistas jóvenes sentían la necesidad de explorar otras realidades a través de nuevos formatos y lenguajes, con una dimensión más universal y en diálogo con otras culturas, pues

> sentían fatigada la estrecha senda nacionalista y encontraban el ambiente irrespirable. La época de "cerrazón" había alcanzado su ápice y entraba en crisis: se anunciaba el sucesivo momento de "apertura". El regodeo en lo propio se había exacerbado. La tan cantada vuelta a lo propio, aventura indudablemente provechosa en su momento..., había desembocado en un estrecho callejón sin salida[3].

El catalizador de este proceso fue, sin duda, un fenómeno de carácter político que abrió los horizontes a nuevos intereses intelectuales, ahora más amplios y universales. Bajo la presidencia de Lázaro Cárdenas

---

[2] Zapata Galindo, M. (2003). "Modernización, poder y cultura: cambios en la relación de los intelectuales mexicanos hacia la política, el gobierno y el Estado". *Revista Awal* n° 27-28. Revues Plurielles. Recuperado de www.revues-plurielles.org/_uploads/pdf/10_27_25.pdf P. 194.

[3] Manrique, J. A. (1981). El proceso de las artes 1910-1917. En *Historia general de México*, vol. 2. México: El Colegio de México.

y Manuel Ávila Camacho, México recibió con generosidad los dos tipos de oleadas migratorias provenientes de Europa: los españoles exiliados a causa de la Guerra Civil[4], y los ciudadanos de otros países que huyeron durante y después de la Segunda Guerra Mundial.

En el caso puntual de España, desde 1931, tras la proclamación de la Segunda República Española, venía dándose un acercamiento político entre ambos países "propiciado, en gran medida, por la afinidad ideológica y los vínculos personales existentes entre importantes sectores de la clase dirigente de ambas naciones"[5]. Según el documento *Las relaciones entre España y México 1810-2010*, esta cercanía fue más allá de las esferas oficiales y se extendió a amplios sectores de la sociedad de ese país. Un ejemplo de esta afinidad es la Operación Inteligencia, proyecto liderado por el presidente Lázaro Cárdenas en cabeza de Daniel Cosío Villegas, que se propuso llevar de forma temporal a México a destacados científicos e intelectuales españoles cuyo trabajo había sido interrumpido por la Guerra Civil[6].

El Ministerio de Estado español promovió en México "la difusión de los libros publicados en España, estableció una red de asociaciones culturales de carácter mixto y facilitó los intercambios académicos e

---

[4] Nota de autor: la cifra aproximada de 20 000 refugiados españoles que llegaron a ese país entre 1939 y 1950 no resultaría significativa en un país que, según el censo de 1940, contaba con 20 millones de habitantes. Sin embargo, "se puede afirmar que si el exilio fue importante para México es por razones que no tienen que ver con la cantidad, sino con las características de esta emigración (…). Profesionales, catedráticos, maestros, intelectuales y artistas significaban el 58,34 % del sector (…). Los refugiados se desprendieron básicamente de los sectores más modernos de la sociedad española, en términos económicos, y más ilustrados, en términos de conocimientos". Pla Brugat, D. "La presencia española en México, 1930-1990. Caracterización e historiografía". *Migraciones y Exilios,* 2-2001, p. 157-188. Recuperado de https://tinyurl.com/yyfcrnr8 P. 163 y 165.

[5] Sánchez, A. y Pérez, P. (s. f.). Las relaciones entre España y México 1810-2010. Real Instituto Elcano. Recuperado de https://tinyurl.com/y66aqmnk P. 25

[6] Nota de autor: bajo la presidencia de Manuel Ávila Camacho, con el decreto presidencial del 21 de enero de 1941 se reafirmó el compromiso de recibir en suelo mexicano, "sin distinción de sexos y edades, de cualquiera filiación política o religiosa, a todos los españoles" [*Memoria de la Secretaría de Relaciones Exteriores, septiembre de 1940 - agosto de 1941,* México, SRE, 1941, p. 153-157 en Sola Ayape, C. (2016). De Cárdenas a Echeverría: los 12 puntos de la política exterior de México hacia la España de Franco (1936-1975). *Foro Internacional,* vol. 56 n.° 2 México abr. / jun. 2016. Recuperado de https://bit.ly/2FhJvew]. Posteriormente, en 1945, se acordó la constitución del Gobierno de la República Española en el Exilio, radicada en Ciudad de México hasta su traslado a París en 1946. Matesanz, J. A. (1999). *Las raíces del exilio: México ante la Guerra Civil Española,* 1936-1939. México: El Colegio de México y UNAM. P. 32 y 91.

intelectuales a través de distintos programas de cooperación bilateral"[7]. Ya desde los años veinte, por iniciativa de Contemporáneos y su revista, publicaciones como la *Revista de Occidente* (fundada en 1923 por José Ortega y Gasset) facilitaron la divulgación de la producción literaria española en América y viceversa, promoviendo la lectura de autores españoles como los de la generación del 27.

Cabe aquí señalar que el escritor, poeta y ensayista mexicano Alfonso Reyes, uno de los intelectuales mexicanos más destacados del siglo XX, y quien ocupó puestos diplomáticos en España, también contribuyó a crear las condiciones para el posterior recibimiento de los exiliados de ese país, pues se relacionó con muchos de los intelectuales que luego llegarían a México. Esto, sumado a la publicación de una serie de artículos en los que enfatizaba en la idea del "papel protagónico que España debería tener con respecto a América"[8], también fue dando forma a las disposiciones que facilitaron la apertura del campo literario a los recién llegados. El sistema de fuerzas y relaciones intelectuales continuaba así una gradual transformación gracias a las intervenciones de Reyes, cuya legitimidad y reconocimiento le dieron peso en el campo literario mexicano.

Figuras como el cineasta surrealista Luis Buñuel, los pintores y artistas gráficos Remedios Varo y Vicente Rojo, los escritores Rafael Alberti, Max Aub, León Felipe, Luis Cernuda, Pedro Garfias, Juan Rejano, Jomí García Ascot, María Luisa Elío y María Zambrano, la dramaturga María Luisa Algarra y el traductor y editor Joaquín Diez-Canedo, entre una larga lista de intelectuales, fueron acogidos por México durante décadas y se configuraron como parte esencial del campo cultural de esa nación.

Autores de diversos ámbitos de las artes –al igual que profesionales y estudiantes de otras áreas del conocimiento– provenientes de otros países europeos, también se incorporaron a los espacios de producción cultural mexicanos. Fue el caso de los surrealistas franceses Marc Chagall (pintor de origen bielorruso), Benjamin Péret (poeta) y Alice Rahon (pintora y escritora); el austriaco Wolfgang Paalen (pintor) y la inglesa Leonora Carrington (escritora y pintora), también surrealistas.

----

[7] *Ibíd.* P. 29.

[8] Novoa Portela, María. "Breve historia del exilio literario español en México (1939-1950)". *Sémata: Ciencias Sociais e Humanidades*, vol. 24: 415-434, 2012. Universidad de Santiago de Compostela. Recuperado de www.usc.es/revistas/index.php/semata/article/view/1102 P. 428.

Aquella nueva patria, la de los exiliados, se fue convirtiendo en un espacio libre en un mundo marcado por el fascismo y la muerte. Todos querían conocer su cultura, sus murales, su arte, sus colores.

El ataque a Pearl Harbor en diciembre de 1941 llevó a Estados Unidos a involucrarse en la épica guerra que se peleaba lejos de casa. El Coloso del Norte orientó gran parte de sus esfuerzos y recursos hacia el conflicto bélico, generando un vacío que México fue llenando de alguna manera, colmando con obras magistrales la necesidad de artes que tenía Latinoamérica. Los tocadiscos de lejanos pueblos colombianos enclavados en la cordillera central dejaron de reproducir las notas de Carlos Gardel para inspirar a los enamorados con vinilos que contenían las voces de Agustín Lara y Javier Solís. En las proyecciones de cine que hacían menos largas y aburridas las noches de las ciudades remotas de nuestro país, las películas del lejano oeste fueron reemplazadas por las de Jorge Negrete, Pedro Infante y María Félix, aquella mujer de cuerpo renacentista que se convirtió en icónico objeto de deseo de los jóvenes de la época.

Así, mientras el celuloide era usado en Estados Unidos con fines bélicos, en México siguió siendo utilizado para el cine, con el que enamoró al continente. Contó sus historias de amor y despecho, se mostró en blancos y negros, nos regaló rancheras y corridos que llegaron hasta estos parajes de América Latina.

De regreso a los españoles, la idea del historiador mexicano Daniel Cosío Villegas de crear una institución que abriera sus puertas a pensadores españoles y de su propia tierra, se hizo realidad por acuerdo presidencial el 1 de junio de 1938; así, fue creada la Casa de España. Esta pasó a convertirse en el Colegio de México el 16 de octubre de 1940 –cuando Alfonso Reyes era presidente de la institución– como centro de estudios e investigaciones humanistas y de las Ciencias Sociales.

En los años siguientes, numerosos artistas exiliados se vincularon a la institución, dejando producciones que dieron cuenta no solamente de su postura frente a la Guerra Civil sino, además, sus novedosas visiones sobre asuntos mexicanos, aportando a la divulgación de nuevas ideas y técnicas para la investigación.

El legado de los españoles se evidenció en las producciones que dejaron en los centros culturales, además de haber establecido colegios, corporaciones y asociaciones culturales como el Ateneo Español de México (1949); la fundación de editoriales como Xóchitl, Uteha, Era, Ediapsa, Patria, Grijalbo, Séneca y Joaquín Mortiz; la creación de revistas literarias y culturales como *España peregrina* (1940), *Romance* (1940-1941),

Ruedo Ibérico (1942), *El Pasajero* (1943), *Sala de Espera* (1948-1951), *Litoral* (1944), *Las Españas* (1946), *Ultramar* (1948), *Clavileño* (1948) y *Presencia* (1948); y la colaboración en revistas como *Letras de México* (1937-1947), *Taller* (1938-1941), *Tierra Nueva* (1940-1942), *Cuadernos Americanos* (1942-...) y en los suplementos culturales de *El Nacional* (1947-...) y *Novedades* (1949-...).[9]

Podría afirmarse que estaban dadas las condiciones para aquel momento de "apertura" de las artes del que habla el escritor e historiador Jorge Alberto Manrique. Así, en 1950 cobraron fuerza las corrientes derivadas del Estridentismo y el grupo Contemporáneos, en contravía al discurso nacionalista que había impregnado las producciones en las primeras décadas del siglo XX. En la literatura mexicana de la segunda mitad del siglo se plantean tópicos tratados bajo nuevos conceptos,

> esencialmente urbanos y más acordes con esa hasta entonces incipiente clase media, cuyos anhelos e intereses, sin embargo, cobran cada vez más fuerza en la escena nacional (…). El ámbito cultural del país se vería enriquecido por una serie de libros que, por una parte, clausuraban una gama de preocupaciones que desde la novela de la Revolución habían marcado a la literatura mexicana y, por otra, abrían el abanico de intereses hacia preocupaciones distintas, esencialmente urbanas y cosmopolitas[10].

Este despertar se hizo palpable en un estallido de publicaciones seriadas de tinte cultural que pululaban por todo el suelo mexicano. Fue, en pocas palabras, una explosión intelectual nacida en los años cincuenta y que vino a cobrar fuerza en los sesenta. Surgieron publicaciones como *Comunidad, Coatl, Sísifo, Letras de Ayer y de Hoy, Revista de Bellas Artes, La Palabra y El Hombre, Diálogo*, el suplemento "México en la Cultura" del diario *Novedades* (diseñado por el artista Vicente Rojo), *El Espectador* (revista creada por Luis Villloro, padre de Juan Villoro), la mundialmente conocida *Revista Mexicana de Literatura* (fundada por Carlos Fuentes) y la revista *Medio Siglo*, que dio nombre a una generación que reunió a muchos de los jóvenes que serían los futuros maestros de la literatura latinoamericana.

---

[9] Martínez, J. L. (2018). Españoles en el exilio. *Enciclopedia de la Literatura en México*. Recuperado de http://www.elem.mx/estgrp/datos/77

[10] Pereira, A., Albarrán, C., Rosado, J. A. y Tornero, A. Casa del Lago Juan José Arreola. *Enciclopedia de la Literatura en México*. Centro de Estudios Literarios CEL (IIFL-UNAM). Instituto de Investigaciones Filológicas IIFL (UNAM) de la Universidad Nacional Autónoma de México UNAM. Recuperado de https://tinyurl.com/y2slcrl2

Se trata, por supuesto, de la generación del Medio Siglo, la generación de la *Revista Mexicana de Literatura*, la generación Destrozada o la generación de la Insolencia, dentro de la que emergió, con enorme poder, la generación de la Casa del Lago[11]. En ella surgieron y/o se consolidaron Inés Arredondo, Julieta Campos, Emmanuel Carballo, Salvador Elizondo, Carlos Fuentes, Sergio Galindo, Juan García Ponce, Jorge Ibargüengoitia, Sergio Pitol, Jaime García Terrés, Juan José Arreola, Marco Antonio Montes de Oca, Rosario Castellanos, Jaime Sabines, Carlos Pellicer y Vicente Leñero, entre muchos otros[12]. Vale resaltar que la Enciclopedia de la Literatura en México incluye al colombiano Álvaro Mutis entre sus miembros.

Los autores que la integraron compartieron una noción común sobre lo que consideraban debían ser las artes –y, por supuesto, la literatura–, una disposición a la crítica no solo de la cultura nacional, sino de la cultura más allá de sus fronteras, y una necesidad de opinar y exponer libremente, por fuera de las versiones oficiales y eludiendo la censura.

Obras como *Pedro Páramo* de Juan Rulfo, *El laberinto de la soledad* de Octavio Paz, *La X en la frente* de Alfonso Reyes y *Confabulario* de Juan José Arreola, por citar algunas, representaron la gran ruptura que puso a la literatura en otro panorama. Cabe anotar que, aunque *Pedro Páramo*, el segundo libro de Rulfo, se desarrolla en el México rural posterior a la Revolución, lo hace con un tono de desencanto que "vivifica el idioma de los mexicanos y extrema y renueva un proceso narrativo"[13]. El jalisciense emergió en un campo literario en el que se abandonaba casi por completo la tradición novelística rural posrevolucionaria

---

[11] Nota de autor: la Casa del Lago fue construida en 1908 en las márgenes del lago menor del Bosque de Chapultepec, como sede del Automóvil Club, luego de la Secretaría de Agricultura y Fomento, la Comisión Nacional de Irrigación y la Dirección de Estudios Biológicos. Ya en 1954 pasó a ser centro cultural, con la dirección de Juan José Arreola, incentivando "la inquietud artística mediante talleres, cursos y seminarios de libre acceso [...] así como apoyar y producir diversas manifestaciones culturales de calidad, tales como teatro, cine, exposiciones de artes plásticas, literatura, música, danza, entre otras". Pereira, A., Albarrán, C., Rosado, J. A. y Tornero, A. "Casa del Lago Juan José Arreola". *Enciclopedia de la Literatura en México*. Centro de Estudios Literarios CEL (IIFL-UNAM). Instituto de Investigaciones Filológicas IIFL (UNAM) de la Universidad Nacional Autónoma de México UNAM. Recuperado de https://tinyurl.com/y2slcrl2

[12] Nota de autor: en su libro *La imaginación y el poder*, Jorge Volpi hace un análisis crítico de la estructura del poder cultural en aquella época, cuyos tres "capos de la mafia" fueron Carlos Monsiváis, Octavio Paz y Carlos Fuentes.

[13] Monsiváis, C. (2010). *Historia mínima. La cultura mexicana en el siglo XX*. México: Colmex. P. 408.

y la producción literaria terminaba de abrirse al humanismo universalista, pero sus actos de producción fueron posibles bajo la forma de un proyecto incompatible con lo que se escribía en la época. Como lo señala Monsiváis: "De un tajo, Rulfo libera a la narrativa mexicana de la imposición de un realismo unívoco [...]. La novela rural adquiere diversificaciones existenciales"[14] y presenta al público mexicano una visión regional del mundo, que adquiere en su prosa una inédita altura estética[15].

Tanto la poesía como la narrativa y la dramaturgia asumieron nuevas formas estéticas (otro tipo de narrador, un lenguaje moderno), además de otros temas que antes no habían sido tratados. La producción literaria fue desarrollándose hasta desembocar en la gran novela de la capital mexicana, *La región más transparente*, de Carlos Fuentes. Este fue el germen del *boom* como una gran revolución que llevó la literatura latinoamericana a todo el mundo.

Un nuevo mercado de bienes simbólicos emergía, a medida que los escritores se iban liberando, económica y socialmente, de la tutela de las élites y de sus valores éticos y estéticos, y también a medida que aparecieron instancias específicas de selección y de consagración propiamente intelectuales, como lo fueron El Colegio Nacional, El Colegio de México, el FCE, las revistas literarias, etc. Tras el debate nacional vs. universal, quienes estaban a favor de esta última postura ideológica y estética, fueron desplazándose hacia el polo dominante del campo. La integración de los exiliados españoles abonó el terreno para una práctica literaria universalista con la que Mutis y G. M. se sintieron cómodos y a la que aportaron su propio capital intelectual... aunque aún no lo sabían.

Fueron estas condiciones políticas, sociales y culturales del México de entonces las que llamaron la atención de los dos escritores colombianos para considerar instalarse allí. A ese campo literario llegaron en 1956 y 1961, respectivamente, donde había en juego una apuesta por transformar los espacios de producción cultural y ellos, tanto como otros artistas, estaban dispuestos a apostar su capital intelectual.

Décadas atrás y de formas diferentes, ambos escritores se habían acercado a ese país. Un joven G. M., quien por aquel entonces cursaba los últimos años de su bachillerato en el Liceo Nacional de Zipaquirá, cayó

---

14 *Ibíd*. P. 408.

15 Rama, Á. (1982). *Transculturación narrativa en América Latina*. México: Siglo XXI. P. 43.

rendido frente a los encantos del cine mexicano. Pero no fue solamente el séptimo arte lo que lo acercó a los prodigios de esas tierras. Carlos Martín, rector del colegio y destacado poeta colombiano integrante del movimiento Piedra y Cielo, hizo una prueba al estudiante cataquero sobre lo que había leído. Al finalizar, le habló de un autor que el futuro nobel no conocía: Alfonso Reyes. Sin esperarlo, G. M. fue introducido en la obra de un escritor de talla mayor:

> Él me preguntó si había leído La experiencia literaria, un libro muy comentado de don Alfonso Reyes. Le confesé que no, y me lo llevó al día siguiente. Devoré la mitad por debajo del pupitre en tres clases sucesivas, y el resto en los recreos del campo de fútbol. Me alegró que un ensayista de tanto prestigio se ocupara de estudiar las canciones de Agustín Lara como si fueran poemas de Garcilaso, con el pretexto de una frase ingeniosa: "Las populares canciones de Agustín Lara no son canciones populares". Para mí fue como encontrar la poesía disuelta en una sopa de la vida diaria[16].

Sin embargo, no fueron estos dos escritores los únicos colombianos que se sintieron llamados por la amplitud del campo cultural mexicano. Desde comienzos del siglo XX, otro tipo de artistas vio en aquel país la posibilidad de ampliar y enriquecer su producción. Con la ventaja de hablar el mismo idioma y teniendo una serie de referentes que sentían cercanos, varios artistas se aventuraron a abrirse un espacio de reconocimiento fuera de su país.

En las salas de cine bogotanas, 2 600 metros más cerca de las estrellas, otro joven visionario cataquero se deleitaba con las obras del cine mexicano. A Leo Matiz la película *Allá en el rancho grande* le reveló parte de su futuro. Desde joven le dijeron que sería un buen pintor y así empezó a acercarse a las artes. Sin embargo, su gran habilidad estaba en el dibujo y enfocó su talento hacia lo que estaba de moda en los periódicos de la época: la caricatura. Encomendándose al suicida santo del lápiz, Ricardo Rendón, empezó a crear una línea propia.

Aunque los trazos sobre el papel le dieron cierto reconocimiento en publicaciones como *La Nación, La Prensa y El Heraldo* (Barranquilla), *La Voz del Magdalena y El Estado* (Santa Marta) y además lo llevaron a hacer exposiciones individuales de su trabajo en el Café Excelsior, la Asociación Cooperativa de Empleados del Magdalena y el Teatro Variedades (todos en Santa Marta) entre los años 1933 y 1937, esto no le bastaba y decidió trasladarse a Bogotá.

------

[16] García Márquez, G. (2002). *Vivir para contarla*. Bogotá: Norma.

En la capital colombiana lo recibió el entonces director del diario *El Tiempo*, Enrique Santos Montejo, Calibán, quien le regaló una cámara y lo invitó a trabajar como reportero gráfico. En los ratos de ocio que le dejaba su labor como fotógrafo para aquel diario, además de *El Espectador* y la revista *Estampa*, pasaba sus tardes en los teatros de la ciudad asistiendo a las muchas películas mexicanas que deleitaban al público. En una de aquellas funciones entendió que su porvenir estaba en otro suelo y decidió entonces migrar al norte. Pasó por varias ciudades de Centroamérica en un largo recorrido hecho a pie, exponiendo dibujos, caricaturas, fotografías y pinturas, hasta llegar a México el 20 de agosto de 1940, día en que León Trotsky fue asesinado.

Ya en la capital de ese país se encontró con un poeta casi moribundo: Porfirio Barba Jacob, desquiciado incurable, le presentó la cultura local. Los vicios y la belleza que embriagaron a tantos artistas arrastraron también al fotógrafo recién llegado; los días se volvían noches en la bohemia mexicana y Matiz se veía envuelto por su encanto impredecible. Recuerda al santarrosano como aquel hombre que vestía de luto y quien le dio el mejor de los consejos: "Vete a los cafés, oye y observa y dibuja"[17]; gran lección para un futuro maestro del lente.

El fotógrafo, con sus credenciales aún calientes como reportero gráfico de *El Tiempo*, logró en julio de 1941 –recién llegado– exponer en el Palacio de Bellas Artes bajo el título "Foto y dibujos". Como lo indica la invitación al evento –cuidadosamente guardada por Matiz en un cuaderno de recortes que luego obsequió a su madre–, este fue organizado por la Dirección General de Educación Extraescolar y Estética de la Secretaría de Educación Pública y la Legación de Colombia en México. La tarjeta invitaba a

> la inauguración de la Exposición de Pinturas[18], Esculturas y Grabados de Artistas Colombianos Residentes en México. La ceremonia se efectuará en las Galerías del Palacio de Bellas Artes, a las 11 horas del domingo 20 de julio de 1941, día en que se conmemora el CXXXI de la proclamación de Independencia de Colombia. El poeta chileno Pablo Neruda llevará la palabra en el acto inaugural[19].

---

[17] Flórez Góngora, M. Á. "¡Leo Matiz va, no espera!" en Cea, B., Fernández, M. y Matiz, A. *Leo Matiz. El muralista del lente. Siqueiros en perspectiva*. México: Museo del Palacio de Bellas Artes, Secretaría de Cultura de México y Fundación Leo Matiz. P. 18.

[18] Nota de autor: sobre la pintura en Colombia cabe destacar el libro de Gabriel Giraldo Jaramillo, titulado *La pintura en Colombia*, del Fondo de Cultura Económica (México, 1948).

[19] Nota de autor: este cuaderno de recortes es un documento inédito.

De esta también hicieron parte Julio Abril, Luis Alberto Acuña, Juan Sanz de Santamaría y Rómulo Rozo.

Durante sus primeros años en aquel país trabajó con las revistas *Hoy*, *Nosotros* y *Así*; a esta última llegó por recomendación de Barba Jacob y en ella colaboró en 87 números, de mayo de 1941 a noviembre de 1945. Sin embargo, como lo recuerda el curador de arte Eduardo Márceles Daconte, fue con las fotografías que tomó tras su ingreso encubierto a la cárcel de Mazatlán, con autorización del Ministerio del Interior, "donde realizó un reportaje gráfico sobre las condiciones de los reclusos, que se ganó el reconocimiento de la prensa mexicana y con ello su aceptación en los círculos más exigentes del país"[20].

El 14 de enero de 1942 murió su poeta amigo, dejándolo con una sensación de orfandad. Como homenaje, tomó una foto a la máscara mortuoria hecha por Rodrigo Arenas Betancourt al maestro. El negativo original de esta se encuentra en la Fundación Leo Matiz como símbolo de una generación de nacionales que buscó hacer arte lejos de sus fronteras, en un país hermano que siempre extendió sus brazos a los foráneos.

Para Matiz aquellos fueron años de intensa producción que le trajeron fama internacional. En 1942 se acercó a ese amor que había alcanzado a vislumbrar en un cine bogotano; fue seducido por su deseo de ser actor, pero al intentarlo se dio cuenta de que los micrófonos lo asustaban. Optó entonces por ponerse del otro lado de la cámara y trabajó como fotógrafo de rodaje con el apoyo de Gabriel Figueroa y Manuel Álvarez Bravo. Su labor con la foto fija se constituyó en una forma de acercarse al sueño del cine, y allí aprendió a manejar la luz. Trabajó en las películas *El circo*, *La virgen que forjó una patria*, *Lo que va de ayer a hoy*, *El puente del castigo*, *Nuestros maridos*, *Las cinco advertencias de Satanás* y en la estadounidense *Fiesta brava*. Con su cámara captó a personajes icónicos como Dolores del Río, Janice Logan, Cantinflas, Esther Williams, Gloria Marín, Fernando Soler, María Félix –con quien entabló una gran amistad– y Luis Buñuel. A este último le mostró las fotos de los marginados de la ciudad, material que inspiró al director español para crear su película *Los olvidados*.

En 1943 llevó a cabo la exposición "Tipos y costumbres de México" con el apoyo del escritor Jorge Zalamea, embajador de Colombia y autor de *El gran Burundún-Burundá ha muerto*. A propósito de este, vale la

---

[20] Márceles Daconte, E. "El día que conocí a Leo Matiz en Nueva York". *El Espectador*, 31 de marzo de 2017. Recuperado de https://tinyurl.com/n3j84ac

pena destacar que sus dieciocho años de residencia en aquel país lo llevaron a escribir un texto prodigioso y cargado de afecto hacia esa patria, que llegó a sentir como suya:

> Dieciocho años es corto tiempo para conocer a México, para comprenderlo y amarlo. Tan variado es su paisaje, tan fabulosa su historia, tan profusa su expresión artística, tan esquiva y honda el alma que se fraguó en los siglos para recibir la herencia de cien encontradas castas. Para el corazón precipitado y el ávido entendimiento, llegar a México es como penetrar en una intrincada selva, resonante de muchas voces: insinuantes unas, amenazadoras otras, capciosas, tiernas, brutales, melancólicas, altaneras, maliciosas, enamoradas las que van alzándose a cada paso del forastero para disputarse su atención y atraerlo al recodo más placentero o más oscuro y escondido. La sola presencia física de México, de la tierra mexicana, es ya una sucesión de contrastes. Puede en su raudo el divino Quetzalcoatl pasar de las llanuras desérticas a los valles feraces, de las arenas sitibundas a las selvas henchidas de agua tibia, de las sierras calcinadas a los montes nevados, de las tierras del agua escondida a las comarcas de los lagos, de los llanos en que sólo prosperan el cacto y el esparto a las hondonadas de la cordillera en que se multiplican los frutos y una suave brisa menea la hojarasca de árboles que compiten en utilidad y belleza[21].

Volviendo a Matiz, su obra siguió apareciendo en los periódicos y su labor fue tan destacada que en 1945 se le reconoció con el premio a mejor reportero gráfico de esa nación por su "sentido artístico y humano, poco practicado en el medio" y por su labor que "relata hechos de la vida [...] que se desarrollan y terminan en el punto preciso..."[22].

En la bohemia pasada por tequila, hablaba sobre su patria con los coterráneos que iba encontrando en el camino. En los bares fraternizó con los escultores boyacenses Rómulo Rozo y Julio Abril, y con el escritor Manuel Zapata Olivella, quien actuó en varias películas como

---

[21] Zalamea, J. "Como umbral: una remembranza. Presencia de México" en: Jurado Valencia, F. (comp.). (2002). *México en la poesía colombiana. Posadas.* Bogotá: Universidad Nacional Autónoma de México y Universidad Nacional de Colombia. P. 13.

[22] Antonio Rodríguez citado por Monroy Nasr, R. en González, M. y Esquivel, M. Á. "Lenguajes y presencias, Leo Matiz y David Alfaro Siqueiros" en Cea, B., Fernández, M. y Matiz, A. *Leo Matiz. El muralista del lente. Siqueiros en perspectiva.* México: Museo del Palacio de Bellas Artes, Secretaría de Cultura de México y Fundación Leo Matiz. P. 36.

Canaima, junto a Jorge Negrete, y que en los malos momentos, fungió como su médico. Conoció a futuros maestros de la literatura mexicana como Elena Garro y Efraín Huerta... Supo bien rodearse de los mejores. Todo esto acrecentaba su fascinación por aquella tierra que no era solo un país, sino toda una gran civilización. Por ello, afirmó alguna vez: "Es que México tenía hasta pirámides".

También tuvo contacto con la pintura mexicana a través de Frida Kahlo y los muralistas Diego Rivera, José Clemente Orozco y David Alfaro Siqueiros (quien años después le causaría uno de sus dolores más grandes), a quienes fotografió de forma magistral. Es particularmente memorable el estudio que hizo a Diego Rivera donde este aparece bailando y con su familia tomando el sol; allí emerge Frida, con pelo muy corto y su belleza desenvuelta. Hay registros de un Orozco amistoso pero de ademanes adustos, haciéndose dueño de la cámara en sus espacios de trabajo, sin dejar que la ausencia de su mano izquierda lo restringiera. A Siqueiros se le ve jugando frente a la cámara, calmado y divertido, en una traviesa cercanía.

En una joya inédita del maestro, un libro de recortes de periódico que hizo para su madre, en el que conserva algunos fragmentos de sus logros, hay un grupo de fotos donde se le ve junto a Rivera y Orozco. Tomada de *El Tiempo*, la nota dice: "El maestro José Clemente Orozco acompañado de Leo Matiz, un buen amigo suyo, y quizá el único colombiano a quien distinguió con su estimación". Al final de la hoja hay una foto de ambos con esta dedicatoria: "A mi amigo Leo Matiz. J. C. Orozco" acompañada por una caricatura donde aparecen los dos, hecha por el cataquero.

Siqueiros le pidió a Matiz trabajar juntos en un gran mural para celebrar la Revolución mexicana. Este decidió apoyarlo haciendo algunas fotos en estudio y en espacios abiertos que luego entregó al pintor, entre ellas una muy memorable de Siqueiros en ropa interior enseñando a los modelos cómo debían posar, y la de un perro rabioso que el artista replicó en *El tormento de Cuauhtémoc* (1950), hoy en el Palacio de Bellas Artes.

El proyecto representaba para ambos la posibilidad de fusionar técnicas de composición, iluminación y perspectiva de las dos artes; el mexicano también se vería favorecido, pues trabajar sobre las fotografías de Matiz le permitía obviar el uso de modelos y contar con una serie más amplia de elementos visuales.

Por asuntos laborales, el colombiano viajó a Estados Unidos. Aunque uno y otro se comprometieron a dar los respectivos créditos del uso del material, a su regreso, meses después, Matiz se encontró con una exposición del muralista en varias de cuyas obras vio lo que consideró un claro plagio de sus fotos, por lo que decidió denunciarlo públicamente. Como respuesta, fue acusado de ser un peón del gobierno norteamericano que buscaba destruir el arte mexicano pues lo subestimaba. Recibió tantas amenazas que debió refugiarse en la embajada de Colombia y terminó abandonando, a los veintisiete años, su México amado sin llevar nada consigo; se vio obligado a buscar trabajo lejos de su tierra adoptiva, y justo cuando se encontraba en el momento más prolífico de su carrera. Gracias a su contrato con la revista estadounidense *Selecciones* del Reader's Digest pudo conocer otras regiones del continente, siempre con un gran vacío en su corazón.

Para celebrar el centenario del natalicio del maestro, México llevó a cabo una serie de homenajes en destacados espacios del arte y la cultura locales como lo es el Antiguo Colegio de San Ildefonso. Sin embargo, el más significativo fue el realizado en el Palacio de Bellas Artes, que buscó reconciliar la obra fotográfica de Matiz con el trabajo de Siqueiros, y así hacer un reconocimiento justo al aporte del primero a la pintura mural mexicana. Alejandra Matiz, hija del cataquero y presidenta de la Fundación Leo Matiz, lo expresó así:

> Mi padre utilizó la fotografía como una herramienta artística para este trabajo conjunto con Siqueiros, la cual le permitió al pintor experimentar con los recursos y métodos de enfoque propuestos por el fotógrafo, y controlar de esa manera con mayor precisión las concepciones de sus bocetos pictóricos a partir del documento fotográfico, que enriquecieron de manera definitiva las posibilidades expresivas y de composición de los murales[23].

Su experiencia de México, internarse en la manufactura del cine que tanto admiraba, conocer de cerca el muralismo y sus creadores, rodearse del colorido de una cultura diversa, e impregnarse de la riqueza del legado maya y azteca y de una historia de revueltas populares, fueron para Matiz "una fuente de creación plástica y libertad existencial"[24], al estimular su imaginario visual y perfeccionar "su deseo pictórico en la

---

[23] Matiz, A. Comunicación personal, 2017.

[24] Flórez Góngora, M. Á. "¡Leo Matiz va, no espera!" en Cea, B., Fernández, M. y Matiz, A. *Leo Matiz. El muralista del lente. Siqueiros en perspectiva*. México: Museo del Palacio de Bellas Artes, Secretaría de Cultura de México y Fundación Leo Matiz. P. 20.

composición de sus imágenes"[25], colmadas de símbolos e iconografías alusivas a un sentir nacional rural que se veía desintegrado a causa de una industrialización arrolladora. Se incorporó rápidamente a la dinámica artística de una vanguardia latinoamericana que tomaba cada vez más fuerza y le representaría el aprendizaje de una concepción cinematográfica de la reportería y, con ello, una mejor construcción visual de historias, como él mismo lo afirmó. De igual manera, su trabajo en las revistas ilustradas mexicanas, que seguían el modelo del fotoperiodismo europeo y estadounidense de los años cuarenta –donde el fotógrafo ganaba autonomía, se liberaba de los estereotipos y las imágenes solemnes, y establecía una mayor comunicación con los lectores–, también nutrió su mirada y su lenguaje, haciéndolos más ricos.

Un encargo de la revista *Life* le permitió regresar a Bogotá para cubrir la IX Conferencia Panamericana, inaugurada el 30 de marzo de 1948. Tiempo después, el 9 de abril, estalló el Bogotazo; aquel día, como gran coincidencia, había concertado una cita con Jorge Eliécer Gaitán, quien le iba a presentar a un joven cubano que estaba de visita; se trataba de Fidel Castro. Pese a ser asaltado en medio de los desmanes y sufrir el robo de su cámara, pidió una prestada y con ella tomó la foto icónica del caudillo liberal ya fallecido, en la camilla de un hospital. Un año después, la prensa internacional lo reconoció como uno de los diez mejores fotógrafos del mundo.

Su mentalidad, siempre un paso más allá, lo llevó a fundar una de las primeras galerías de arte en Colombia en la que expuso por primera vez el joven Fernando Botero en 1951, quien luego se convirtió en gran maestro del pincel. Ya radicado en Colombia, recibió una llamada en una mañana de sábado; una voz fuerte y profunda le propuso trabajar en la compañía Esso haciendo reportajes sobre el petróleo y el río Magdalena. Álvaro Mutis recuerda así su experiencia con Matiz:

> Durante varios años trabajamos juntos. Leo prestaba sus servicios de fotógrafo profesional al departamento de relaciones públicas que yo dirigía en una empresa petrolera norteamericana instalada en Colombia. Juntos viajamos por casi todo el país, recogiendo testimonios gráficos de la actividad de la empresa en los diversos campos de su especialidad: refinación, transporte y venta de productos derivados del petróleo. Dormimos en campamentos en medio de la selva, en hoteles de mala muerte de pueblos perdidos de la cordillera, en bungalows para huéspedes de las refinerías, al borde del mar, a

[25] *Ibíd.*

orillas del Magdalena, en rincones ocultos del Valle del Cauca, o de los dos Santanderes[26].

En aquellos viajes bajo los misteriosos sonidos de la selva tropical colombiana, Leo le habló a Mutis sobre la belleza de México, tan diversa, tan encantadora. Con no pocas palabras le describió el arte y las formas de esa tierra como una semilla que lo enamoró. Fue tan cercana su relación, que el fotógrafo le pidió a Álvaro ser el padrino de bautismo de su hija Alejandra. El escritor rememora: "A Leo Matiz le debo las primeras imágenes intensas, inteligentes e inolvidables de México, país para mí desconocido entonces pero que me atraía poderosamente por sus pinturas, sus paisajes, sus poetas, su vasta tierra llena de sorpresas"[27]. Lo que nunca pensó al verlas es que aquella sería la tierra donde viviría hasta su último respiro.

En los archivos hay un sinnúmero de fotos que revelan aquella amistad. Pueden verse, entre muchas, a Mutis, García Márquez y Leo en la XVII edición del Festival de Cine y Cultura de América Latina; en otra, Mutis, Matiz y Manuel Zapata Olivella se unen en un abrazo afectuoso; y en unas cuantas más el escritor bogotano es el cándido modelo de un estudio fotográfico en Génova. Matiz logró captar las almas de sus fotografiados siempre de forma magistral y dejó un legado de imágenes para placer de nuestros ojos.

La edificación de un mundo literario colombiano dentro y fuera de las fronteras

En los años cincuenta, aunque Colombia no estaba apartado del mundo, lo parecía debido al predominio de una mentalidad conservadora y nacionalista[28] que hacía mella en la producción intelectual. Y es que no era poca cosa el rezago cultural de nuestro país en aquel entonces. El historiador Jorge Orlando Melo da algunas luces sobre lo que sucedía: los sueños de progreso se depositan en los hacendistas, los números y la infraestructura, mientras que

---

[26] Mutis, Á. (1994). "La lección de Leo Matiz" en *El tercer ojo de Leo Matiz*. Bogotá: Ediciones Maga.

[27] *Ibíd.*

[28] Nota de autor: al respecto, Hugo Latorre Cabal, en un ensayo publicado en el n.º 17 de la revista, utiliza dos interesantes conceptos: "insularidad" y "clausura cultural".

otras señales de modernismo inquietan a los tradicionalistas y a los jerarcas religiosos [...]. La prensa y el cine corrompen las costumbres [...]. Por eso se harán tantos esfuerzos por parte de los tradicionalistas para reforzar la religión, expedir una ley de prensa drástica, prevenir al país del contagio liberal y masónico y, a finales de la década, comunista[29].

Frente a este panorama, el poeta y crítico nortesantandereano Jorge Gaitán Durán, con el bagaje de su paso por Europa y Asia, comprendió la imperiosa necesidad de sacarnos del conservadurismo provincial –o, al menos, de denunciarlo–. Se propuso abrir espacios de discusión, debate y reflexión sobre la cultura, el pensamiento y la historia desde una nueva perspectiva de país. Es entonces cuando aparece la revista *Mito*, buscando promover "una transformación radical de nuestra mentalidad y de las concepciones que han regido su desenvolvimiento", creando los espacios para popularizar la difusión de un pensamiento universal, desde que el colombiano pudiera hacer una mirada crítica sobre sí mismo en su ser nacional y con las particularidades de su contexto, reflexionar sobre la situación del país y del mundo y, a la vez, concebirse y reinventarse desde otras miradas, aunque foráneas –algunas de ellas.

En palabras de Cobo Borda y Ruiz: "En torno a las revistas crece y se ramifica el espíritu de aventura; se agudiza la crítica, se multiplican los puntos de vista. Si hay diferentes perspectivas hay escepticismo; si hay escepticismo hay progreso"[30]. Y es que, para la época, algunas revistas como *Mito*[31] y emisoras como HJCK se configuraban como espacios de debate y respuesta crítica con una intención –realmente– modernizadora, en un intento de superación de las posturas unilaterales, elitistas y puramente academicistas. De manera particular, *Mito* fue uno de esos espacios donde lograron visibilidad diferentes puntos de vista sobre los temas del momento, la expresión disidente del pluralismo, y la paulatina –aunque no definitiva– desaparición de las visiones únicas, la exaltación provinciana, y la idea de lo local y lo regional como lo único válido.

---

[29] Melo, J. O. (1989). *Nueva Historia de Colombia*. Vol. III. Bogotá: Editorial Planeta. Tomado de: http://www.jorgeorlandomelo.com/bajar/carlose_marco.pdf P. 2.

[30] Ruiz, J. E. y Cobo Borda, J. G. (selección). (1976). *Ensayistas colombianos del siglo XX*. Bogotá: Instituto Colombiano de Cultura. P. 12.

[31] Nota de autor: como antecedente de *Mito* se encuentran *Pan, Estampa, El Mosaico, Voces, Contemporánea, Revista de las Indias* y *Espiral*, revistas que hablaban sobre temas actuales, y algunas de las cuales incorporaban secciones de cultura o tocaban temas relacionados con esta, sin ser su eje principal.

Esta fue una de las vertientes de la intelectualidad nacional, que optó por edificar y consolidar un campo literario colombiano que permitiera la circulación y promoción de un pensamiento universal, capaz de inspirarse y dialogar con las corrientes que se gestaban en otros lugares del continente y del mundo. Otros, en cambio, viendo la casi inexistencia de un campo literario en Colombia que respondiera a las necesidades de un país que necesitaba cuestionarse y repensarse, optaron por buscar espacios para publicar su obra en países cercanos con un mayor desarrollo social y cultural, que muy posiblemente prestarían oídos atentos a lo que había que decir.

Es el caso del escritor Ignacio Gómez Dávila, nacido en Bogotá en 1917, y quien, en sus novelas, sostuvo una visión crítica de las clases altas del país, su preocupación por mantener las tradiciones conservadoras y su resistencia a las ideas modernizadoras, además de poner de relieve las luchas sociales, la desigualdad y la fragmentación social consecuencia del Bogotazo y La Violencia. Para él, Colombia era "el país más atrasado del orbe", donde no existía la "verdadera novela"[32] pues los intereses estilísticos y políticos se encaminaban hacia otros géneros.

Viendo en México un país que también se encontraba en una transición del campo a la ciudad, con todos los fenómenos y problemáticas que esto trae consigo pero, además, mucho más amplio y abierto a nuevas voces, se instaló en ese país, donde publicó sus tres libros más importantes: *El cuarto sello* (Galatea, 1951), *Viernes 9* (1953) y *Por un espejo, oscuramente* (Unión Gráfica S. A. 1956). Se dice que el primero de ellos[33] fue adaptado al cine y dirigido por el mexicano Chano Urueta, con el título *El cuarto cerrado*.

Sin importar si se hace dentro o fuera del país, el arte siempre busca una manera de manifestarse, abriéndose paso entre las fisuras, y siendo fisura, a veces como voz calmada; en otras, como grito estridente. Este fue el caso de la revista *Mito*.

- - - - - - - - - - - -

[32] Gómez Dávila en Umaña Cuéllar, C. (2016). "El interesante y curioso caso de Ignacio Gómez Dávila y *El cuarto sello*: un proyecto de reedición" (tesis de grado). Pontificia Universidad Javeriana. Recuperado de shorturl.at/oEFMV P. 35.

[33] Nota de autor: este y *Viernes 9* fueron reeditados recientemente por la editorial colombiana Laguna Libros.

Cuando la revista *Mito* se hizo realidad

Desde los años cincuenta se dio una extraordinaria explosión literaria en esta parte del continente –no en vano se le denominó época de oro– y México se convirtió en uno de los países más prolíficos en lo que a creación artística respecta. Obras como *El llano en llamas* de Juan Rulfo, *Las buenas conciencias* de Carlos Fuentes y *Libertad bajo palabra* de Octavio Paz, comenzaron a ser leídas y tenidas en cuenta en otros países y por otros autores como referencia para sus propias creaciones.

Estos intelectuales comenzaron a enviar sus textos de juventud a diversas publicaciones literarias internacionales que en aquel entonces tenían gran reconocimiento, como es el caso de la revista argentina *Sur* de Victoria Ocampo, donde escribían genios como Jorge Luis Borges, Adolfo Bioy Casares y Ernesto Sabato. *Sur*, viendo el potencial y la maestría de Paz, publicó su libro *Los signos de rotación*. Por su parte la cubana *Orígenes*, dirigida por el poeta José Lezama Lima y de la que hicieron parte Eliseo Diego, Fina García Marruz y Cintio Vitier, publicó textos maravillosos de Fuentes. *Mito*, nacida en nuestro país, también hizo un gran aporte difundiendo textos de los más destacados pensadores de aquellas décadas, dando un empujón a la cultura literaria colombiana y latinoamericana.

A comienzos de la década de los cincuenta los colombianos fueron testigos de la llegada de la dictadura de Rojas Pinilla, la despedida de Gabriel García Márquez a su exilio en Europa y el cierre del diario *El Espectador*. Vinieron los años en que la ciudad amplió sus horizontes literarios a través de las letras de la revista *Mito*, fundada por Jorge Gaitán Durán y de la que hicieron parte poetas como Eduardo Cote Lamus, Fernando Charry Lara[34] y Álvaro Mutis.

Carlos Fuentes lo recuerda así: "Yo había editado en los años cincuenta una revista mexicana de literatura que se correspondía, en Bogotá, con la mítica revista *Mito*"[35]. Para el escritor mexicano esta publicación representó la oportunidad de empezar a contar con un espacio perma-

. . . .

[34] Nota de autor: Fernando Charry Lara fue varias veces a México pues sentía profundo afecto por aquel país. Fue amigo personal de casi todos los poetas mexicanos de la época como Alí Chumacero y Efraín Huerta entre otros, así como de los españoles exiliados como Luis Cernuda, quien residió allá durante años.

[35] Discurso de Carlos Fuentes durante la jornada inaugural del IV Congreso Internacional de la Lengua Española. Cartagena de Indias, 26 de marzo de 2007. Recuperado de https://tinyurl.com/y4lott8u

nente para sus escritos, siendo un joven de tan solo veintisiete años. En ella presentó al público textos sobre cine, literatura y política. Deleitó además a los lectores con el cuento "Por boca de los dioses" (1955), una reseña de *Pedro Páramo* (n.º 8, 1956), "El otro tiempo", capítulo de *La muerte de Artemio Cruz* (1960) que apareció dos años antes de la edición de esta magnífica novela, y una reseña hecha por Cecilia Laverde en el número 30 de 1960 (con portada diseñada por Alejandro Obregón) sobre su libro *Las buenas conciencias*, obra que vio la luz en 1959.

De esta manera, *Mito* gestó una de las grandes relaciones del *boom* latinoamericano; en sus páginas Fuentes leyó por primera vez los cuentos de G. M., futuro gran amigo a quien conocería en México en 1962. Otro interesante colaborador fue el escritor Alfonso Reyes, cercano amigo de Porfirio Barba Jacob, Germán Arciniegas y, por supuesto, de Jorge Gaitán Durán, quien lo invitó a hacer parte del comité patrocinador de la revista desde su fundación. Allí fue publicado en el número 10 su artículo "Arma virumque" sobre la labor de la creación literaria; y en la edición 28 Hugo Latorre Cabal refiere una serie de anécdotas bajo el título "Alfonso Reyes" en las que narra cómo, según el mismo Reyes, este debía a los colombianos su

> decisión profesional hacia las letras. En efecto, el mexicano le había contado en un encuentro que se llevó a cabo en 1958 cómo libreros colombianos habían tenido que pedir más copias de su primer libro, Cuestiones estéticas, que en México había tenido una escasa recepción, y sobre cómo Barba Jacob había escrito elogiosos ensayos en los inicios de su carrera[36].

Estos, sin embargo, no fueron los únicos escritores mexicanos que aportaron a la revista; de ella también hizo parte el futuro premio nobel Octavio Paz[37]. Su relación literaria con nuestro país comenzó gracias a la gran amistad que sostuvo con el poeta colombiano Jorge Gaitán Durán[38], a quien calificó como "uno de los espíritus más despiertos y originales

---

[36] Biblioteca Nacional de Colombia y Ministerio de Cultura. "Alfonso Reyes. (1914 - 1988)". Colección "La historia que se convirtió en *Mito*. 1955 - 1962". Biblioteca Nacional de Colombia y Ministerio de Cultura. Recuperado de https://tinyurl.com/yywh95d4

[37] Nota de autor: el epígrafe del poema "Precedentes de la Philips" de María Mercedes Carranza presenta unas palabras de Paz ("Como en los cuadros de Turner, / donde la luz piensa").

[38] Nota de autor: el epígrafe del poema "Siesta" del libro, incluido en el libro *Si mañana despierto* (Ediciones Mito, 1961) de Gaitán Durán cita unas palabras de Octavio Paz.

de la nueva literatura hispanoamericana"[39]. Su afecto se hizo evidente en la publicación en *Mito* de varios artículos como "Verso y prosa" y "Un himno moderno" (números 6 y 36 respectivamente). Algunos escritores colombianos hicieron reseñas sobre la obra de Paz:

> Gaitán Durán publicó un comentario de su libro *El arco y la lira*, en la edición de octubre de 1956, y en agosto de 1957 aparece una reseña de *Las peras del olmo* escrita por Fernando Charry Lara, quien ya lo había mencionado en su artículo 'Tres poetas mexicanos' publicado en octubre del año anterior. Finalmente, Guillermo Sucre escribió una reseña sobre los poemas 'Entrada en materia', en la edición de diciembre de 1961 y 'Noche en claro', en enero de 1962[40].

También se hizo tangible en el libro –de publicaciones *Mito*– llamado *Sade. Textos escogidos y precedidos por un ensayo*, dedicado por el colombiano a Paz, y en la edición en 1959 de *Agua y viento*, la única obra del mexicano publicada en nuestro país, con solo 250 ejemplares. Sobre *Mito*, Paz afirmó:

> Una de las revistas por las que aún circula un poco de aire fresco –y otros saludables venenos– es *Mito*, la valerosa y valiosa revista fundada por el poeta Jorge Gaitán Durán. Valiosa, aunque desigual, porque en cada número se puede leer, por lo menos, un texto memorable. Valerosa porque Gaitán Durán, uno de los espíritus más despiertos y originales de la nueva literatura hispanoamericana, partidario del riesgo intelectual, no ha vacilado en publicar algunos documentos ejemplares y explosivos, como "El diálogo entre un sacerdote y un moribundo" de Sade y la "Historia de Edelmira B.", testimonio atroz de la sexualidad hispanoamericana[41].

Aquí cabe resaltar la publicación de la separata *La fuente oscura* del editor, diplomático, ensayista, cronista, traductor y poeta mexicano Jaime García Terrés, que fue ilustrada por la artista bogotana Feliza Bursztyn. Otros extranjeros que participaron en esta revista fueron

---

[39] Paz, O. (1994). "Los hospitales de ultramar". En *Obras Completas*. 2ª Ed. Tomo 3. México: Fondo de Cultura Económica. P. 354.

[40] Biblioteca Nacional de Colombia y Ministerio de Cultura. "Octavio Paz. (1914 - 1988)". Colección "La historia que se convirtió en Mito. 1955 - 1962". Biblioteca Nacional de Colombia y Ministerio de Cultura. Recuperado de https://tinyurl.com/y4sc9tzd

[41] Varios autores. (s. f.). "Testimonios". En: *No pudo la muerte vencerme. 50 años de ausencia Jorge Gaitán Durán*. Cúcuta: Corporación Cultural Biblioteca Pública Julio Pérez Ferrero.

Alejandra Pizarnik, Juan Rulfo, Julio Cortázar, Alejo Carpentier, Jorge Luis Borges, Vicente Aleixandre, Jorge Guillén, Luis Cernuda y Juan Goytisolo, colmando las páginas con la literatura más moderna que se estaba produciendo en el continente[42]. El poeta mexicano José Emilio Pacheco lo expresó así:

> *Mito* cumplió varias responsabilidades: puso al día una cultura colombiana (y no sólo colombiana) aquejada de provincianismo; reanudó los vínculos con el resto de Hispanoamérica y con España; recogió lo mejor de la propia tradición; (…) reunió a grupos de críticos notables y por si todo lo anterior no bastara, afirmó en definitiva la idea de que ninguna revista literaria puede considerar ajenos a su ámbito los grandes problemas nacionales y la política internacional[43].

El ilustre huésped de Lecumberri

"Yo, en México, trato de dejar alguna huella en la memoria de mis amigos mediante el truco de narrar las gestas y tribulaciones del Gaviero. Poca cosa creo conseguir por este camino pero ya ningún otro se me propone transitable".

Álvaro Mutis. *Tríptico de mar y tierra*

El amor de Álvaro Mutis por la poesía nació en su juventud cuando, mientras cursaba el bachillerato en el Colegio Mayor de Nuestra Señora del Rosario, el poeta colombiano Eduardo Carranza lo hizo un seguidor acérrimo del género. Junto a Carlos Patiño publicó en febrero de 1948 su primer título, *La balanza*, que contó con un tiraje de tan solo 200 ejemplares. Mutis contaba con algo de risa que es uno de los libros colombianos que más rápidamente se agotó en las librerías, pues sus ejemplares llegaron a los puntos de venta el 8 de abril, para ser consumidos al día siguiente por el fuego del Bogotazo. Pese a esto, los borradores y algunos ejemplares sobrevivieron y circularon entre sus amigos y conocidos, hasta llegar a reconocidos poetas y críticos como Aurelio Arturo, Alberto Zalamea, Hernando Téllez y Eduardo Carranza, quienes hicieron elogiosas reseñas

----

[42] Nota de autor: en una entrevista que hice a Álvaro Castillo, reconocido librero colombiano, este afirmó sobre la revista: "Fue un fenómeno literario de verdad muy importante, una revista trascendental para Colombia y para muchos escritores de América Latina, que publicaron en ella por primera vez. Eso es lo más importante de *Mito*".

[43] *Op. Cit.*

en periódicos y revistas como *Semana* y *El Tiempo*, lo que llevó a Mutis a ser incluido en la generación de Los cuadernícolas.

El autor rememora sobre su segundo libro que "en 1953 apareció en la Editorial Losada, en su colección 'Poetas de España y América', dirigida por Alberti, mi libro *Los elementos del desastre*"[44]. Durante los primeros años de la década de los cincuenta se desempeñó como jefe de Relaciones Públicas de la multinacional petrolera Esso en Colombia. En dicho cargo pudo manejar un jugoso presupuesto que le permitió catapultar muchos proyectos culturales como la emisora HJCK y aportar a la publicación de obras de varios artistas locales. Además, dirigió la revista *Lámpara* de la que hicieron parte Marta Traba, Fernando Botero y Leo Matiz. Para el escritor bogotano, "buena parte del dinero sirvió para promover quijotadas de la cultura". Esto muestra cómo, desde su juventud, el bogotano ya empezaba a constituirse en mecenas de otros artistas en el campo cultural colombiano, gesto que repetiría en México, lo que le constituiría una forma de poder y consagración.

Pese a sus buenas intenciones, la forma en que manejó los dineros no fue vista con buenos ojos por parte de los directivos de la compañía, quienes decidieron tratar el caso desde el ámbito legal:

> Tan pronto comenzó el juicio en mi contra –recuerda Mutis–, mi hermano y mis amigos más cercanos –Álvaro Castaño Castillo, Casimiro Eiger y Santiago Salazar Santos, entre muchos otros– se ocuparon de ajustar todos los detalles para que abandonara el país en el menor tiempo posible. A las doce horas de tomada la decisión ya estaba en Medellín, donde me esperaba otro gran amigo, Luis de Zulueta, con la conexión lista para volar a Panamá y posteriormente a Ciudad de México, que era el sitio que había escogido para mi exilio[45].

El 24 de octubre de 1956 arribó al entonces Distrito Federal. Había conocido la ciudad tres años antes y así la recuerda cuando llegó a quedarse a vivir ahí:

> En aquella época los volcanes, dotados de una aura mágica, ofrecían un espectáculo maravilloso, como telón de fondo del Valle de México. En las grandes avenidas parecía no caber un árbol más; tras ellos, en el Paseo la Reforma, se levantaban casas de noble estilo que

---

44 Cobo Borda, J. G. (1998). *Para leer a Álvaro Mutis*. Bogotá: Planeta.

45 Quiroz, F. (2013). *El reino de que estaba para mí. Conversaciones con Álvaro Mutis*. Bogotá: Mondadori.

le daban un carácter europeo al corazón de la ciudad. También sus restaurantes hablaban de un mundo de gentes refinadas que supo atraerme de inmediato[46].

Llevaba consigo 6 000 dólares que le entregó su hermano en el último momento y dos cartas de su amigo Luis de Zulueta destinadas a dos amistades suyas, Luis Buñuel y Luis de Llano; con ellas se abrió paso en aquellas nuevas tierras. Este último lo recibió en su oficina en Televisa y tras leer la carta, lo enlazó con Augusto Elías, dueño de una agencia de publicidad, quien lo contrató de inmediato. Este lo conectó con el productor de cine Manuel Barbachano Ponce, en cuya empresa, Telerevista, trabajó posteriormente como promotor de producción y vendedor de publicidad para los informativos. Conociendo la actividad literaria de Mutis, Barbachano lo invitaba a las reuniones de la compañía donde se discutían guiones y proyectos cinematográficos. Así conoció a Luis Buñuel.

En los contactos que fue estableciendo con escritores y otros artistas, un nombre se repetía: Octavio Paz. Mutis decidió acercarse a él aprovechando la reciente aparición de una reseña que el escritor mexicano había publicado en 1959 en París sobre su obra. En ella, el autor de *El laberinto de la soledad* elogiaba algunos fragmentos de *Memoria de los hospitales de ultramar*, publicados en *Mito*[47] (en 1958, época en la que el poeta bogotano ya residía en México), así como de la obra *Los elementos del desastre* (Buenos Aires, 1953):

> Por encima de las influencias y de los ecos, o mejor dicho, por debajo, abriéndose paso entre las aguas suntuosas y espesas de esa retórica que viene del mejor Neruda, no era difícil reconocer la voz de un verdadero poeta. Y agrego, un poeta de la estirpe más rara en español: rico sin ostentación y sin despilfarro[48].

Al respecto, recuerda el colombiano: "Tomé alientos para ir a visitarlo. Trabajaba en la Secretaría de Relaciones Exteriores y tenía como asistente a Carlos Fuentes"[49]. Así se conocieron y así continuó la consolidación de

---

[46] Ibíd.

[47] Nota de autor: específicamente "La cascada", en los números 22 y 23 de noviembre-diciembre de 1958. Vale mencionar que en el número 26 de la misma publicación (agosto-septiembre de 1959) es publicada una separata llamada *Memorias de los hospitales de ultramar*: "Apareció con el nombre cambiado, en papel periódico cosido con ganchos y letra mínima, sin índice ni fecha de edición y sin las ilustraciones que le hiciera el pintor Fernando Botero". Mutis Durán, S. (Comp. y ed.) (2011). *Álvaro Mutis. Estación México. Notas 1943-2000*. Bogotá: Taurus. P. 167.

[48] Paz, O. *Puertas al campo*. Seix Barral. Barcelona 1981. P. 108.

[49] Quiroz, F. (2013). *El reino que estaba para mí. Conversaciones con Álvaro Mutis*. Bogotá:

su posición en el campo literario mexicano. Gracias a Paz, escritos suyos aparecieron en el suplemento "México en la Cultura" del diario *Novedades*, uno de los más importantes del siglo XX en ese país. Su amistad perduró hasta la muerte del autor de Libertad bajo palabra en 1998 y así lo recuerda Mutis: "Recae en un amigo generoso, que me acogió en México hace 33 años y concedió a mi obra una atención crítica de una largueza que no acabaré nunca de agradecer lo suficiente y me ofreció su amistad vigilante y calurosa, cuando más la necesitaba"[50]. Cuando aquel ganó el Premio Nobel de Literatura, Mutis le ofreció estas palabras: "... hay que reconocer que nadie como Paz ha logrado en español, en los últimos decenios, una más rica y deslumbrante cosecha"[51]. Además, les dedicó el libro *Caravansary* (1981) a Paz y a su esposa Mari Jo (Marie José Tramini), así como un homenaje publicado en 1990 en el madrileño *Diario 16* cuando el mexicano obtuvo el galardón de la Academia Sueca.

Una tarde en la que disfrutaba de una exposición de Diego Rivera se encontró con Fernando Botero y su esposa, a quienes conocía desde sus años en Bogotá; lo invitaron a mudarse con ellos, oferta que no pudo rechazar. Por su parte, Fuentes lo convidó a una fiesta en su casa, como homenaje al director y poeta español Jomí García Ascot, donde conoció a Juan Rulfo, José Luis Martínez, Juan Soriano y Elena Poniatowska[52]. Ella lo evoca así:

> Las risas se oyen hasta el Paseo de la Reforma. Álvaro Mutis, el poeta colombiano, hace su célebre imitación de Pablo Neruda. Recién llegado de Colombia, todos lo han recibido como el Mesías. Es el salvador de las fiestas. Con Octavio Paz se pasa conversando la noche entera acerca de las relaciones entre la mítica y el porvenir del hombre. También a Paz lo seduce[53].

Mutis, el salvador de las fiestas, ese que alegraba "cuando llega la noche a establecer sus tiendas", tributó gratas palabras a la bebida tradicional mexicana en su poema "Ponderación y signo del tequila": "... nos atisba

---

Random House Mondadori. P. 82.

[50] "El Nobel para Octavio Paz" en: Mutis, S. (compilación, prólogo y notas). (1999). *Álvaro Mutis. De lecturas y algo del mundo* (1943-1998). Bogotá: Planeta. P. 123.

[51] *Ibíd.* "Vigilia y hallazgo en Octavio Paz". P. 125.

[52] Nota de autor: la escritora rememora hasta hoy aquellos encuentros legendarios -a los que no siempre podía asistir pues debía cuidar a su hijo-, y fotos tomadas por Carlos Monsiváis se exhiben en el Museo del Estanquillo.

[53] Poniatowska, E. (1998). *Cartas de Álvaro Mutis a Elena Poniatowska*. México: Alfaguara.

con sus verdes ojos de prudente centinela. El tequila no tiene historia, no hay anécdota que confirme su nacimiento. Es así desde el principio de los tiempos, porque es don de los dioses…"[54].

Aquellos momentos de deleite se vieron prontamente opacados: sus problemas lo alcanzaron hasta el país que ahora lo acogía. Una mañana cualquiera sintió que lo estaban siguiendo; era la policía. Se hizo amigo del detective encargado del caso Esso y así pasaron tres años hasta que un día, mientras estacionaba su carro en la colonia Roma, se le acercaron cuatro policías que lo apresaron. Fue a parar al Palacio Negro de Lecumberri, cárcel construida entre 1885 y 1900, mientras se daba curso al juicio en su contra, en el que se solicitaba su extradición a Colombia.

Tuvo que vivir entre criminales como Goyo Cárdenas, quien había asesinado a treinta y siete mujeres para luego enterrarlas en su jardín, pero también entre intelectuales y activistas como el muralista David Alfaro Siqueiros, acusado de disolución social en su cargo como presidente del Comité de Presos Políticos y la Defensa de Libertades Democráticas. Allí lo visitó, entre otros, Luis Buñuel[55], a quien Mutis calificó como "una compañía muy valiosa":

> Nos habíamos conocido en Telerevista, la compañía de Manuel y Jorge Barbachano Ponce, unos meses antes de mi ingreso a Lecumberri. De inmediato surgió la amistad. Portaba de Colombia una carta de un gran amigo de él y no me atrevía a dársela cuando lo conocí. El día que se la di, Luis casi llora, pero ya había pasado todo. Entonces, me visitaba en la cárcel, pese a la diferencia de edad teníamos una serie de intereses comunes por la literatura y la poesía francesa, el surrealismo, en Benito Pérez Galdos que nos interesaban a ambos. Fuimos entrañables. Él iba a visitarme y además le encantaba el pan que se cocinaba en la cárcel, era de la mejor panadería francesa originada en la época de don Porfirio. Sin embargo, debido a ese pudor típico que poseía, él sentenciaba: "Yo no vengo a verte a ti, Mutis, estoy aquí por las baguettes y croisanes"[56].

---

[54] Mutis, Á. (1997). *Summa de Maqroll el gaviero. Poesía, 1948-1997*. Salamanca: Ediciones Universidad de Salamanca.

[55] Nota de autor: Mutis afirma que *La mansión de Araucaíma* fue escrita con rasgos cinematográficos con la intención de ser llevada al cine por su amigo Luis Buñuel ("Quiero hacer una novela gótica pero en tierra caliente, en pleno trópico", le escribió el poeta), pero el español se enfermó y el proyecto no pudo ser emprendido. Al final, fue Carlos Mayolo quien en 1986 hizo su propia versión en celuloide.

[56] Redacción *Proceso*. (1998). "Elena Poniatowska revive el episodio de Lecumberri al publicar las cartas que le envió el escritor". Proceso. Recuperado de https://tinyurl.com/y4gdve6t

Elena iba con el cineasta, siempre detrás de una historia. En su casa me contó que iba a visitar a los ferrocarrileros huelguistas cuando, de repente

> escuché una voz que decía: "Elena de otra crujía". Él comandaba toda la crujía, que era un conjunto de celdas que estaban organizadas como vagón de tren. Me acerqué y nos saludamos y al final me pidió que le trajera libros en francés, Marcel Proust. Quería un libro de una editorial muy bella, La Pléyade, y yo se los llevé[57].

La autora asistió alguna vez a una obra de teatro hecha por los internos y, al ver la magia indescriptible de su creación, entrevistó a todos aquellos que tenían una historia tras los barrotes. Bajo la oscuridad de las rejas se encontró con el poeta bogotano a quien visitaba los domingos; inicialmente lo hizo con la intención de un reportaje que luego derivó en una estrecha amistad. Así pasó 1958, entre pedidos de libros y luego, cosas más personales. En el libro *Cartas de Álvaro Mutis a Elena Poniatowska* (1998) se encuentran doce misivas escritas por el colombiano desde la cárcel. En una de ellas le dice:

> De veras que me apena haberle tomado este tiempo y todo este espacio, Helena, pero conversar un poco con Usted a través de esta carta me ha hecho muy bien. […] Héléne. Gracias por tu paciencia y que no me olvides en tus oraciones […]. Hasta mañana prozse panie y que seas todo lo feliz que mereces […]. Ojalá vengas pronto. Tu visita me hace bien y cuando vienes dejas aquí una nueva provisión de razones para seguir jalando de esta horrible "carreta fantasma"[58].

Han pasado muchos años desde el encierro de Mutis en Lecumberri. Se sabe que no volvió a ver a Elena sino hasta la publicación de las cartas casi cuarenta años después; se encontraron para hablar largamente y recordar el pasado que dio luz a una maravillosa amistad literaria. Poniatowska cree que su distanciamiento se dio porque ella le recordaba al escritor sus meses de encierro, aquel que lo marcó para bien o para mal.

En una charla informal con su hijo Santiago, hablamos sobre las razones del largo silencio entre su papá y la autora de *La Adelita*. Tal vez jamás se sepa qué pasó, pero él afirma que entre el "poeta y gaviero" y Poniatowska hubo un amor platónico, pues ella incluso lo mencionó en su discurso al recibir el Premio Cervantes. La pregunta seguirá en el aire.

──────────

[57] *Op. Cit.*

[58] Poniatowska, E. (1998). *Cartas de Álvaro Mutis a Elena Poniatowska*. México: Alfaguara.

Tanto en su país como en el extranjero, sus amigos lucharon por su libertad. Gaitán Durán publicó la separata *Memoria de los hospitales de Ultramar* en la revista *Mito* para contribuir a que su poesía no pasara al olvido; Barbachano siguió pagándole su sueldo y puso a su disposición un abogado de la compañía para que ayudara en el caso; y Octavio Paz remitió varias cartas al presidente de la república mexicana pidiendo la liberación del escritor colombiano, una de ellas firmada por Alfonso Reyes, Alí Chumacero y Juan Rulfo, entre muchos otros. La presión de estos fue determinante para la situación futura de Mutis. Este fue un acto de agradecimiento del nobel de literatura hacia el colombiano pues, años atrás él, junto a Hernando Téllez, buscó espacios para publicarlo en Bogotá cuando su obra no era muy conocida. Lo que hace hermosa la anécdota es que en aquel tiempo aún no se conocían. Mutis admiraba la obra de Paz, tanto que desde la cárcel escribió a Elena:

> Lamento lo de Octavio. Hubiera querido verlo y decirle cuánto me gustó su último libro y cuántas cosas vi y gocé en esos poemas que me parecen de lo poco, casi lo único, con lo que podemos contar por ahora en esta Indoamérica tan llena de poetas con "mensaje social" y de socialistas con "hondo sentido poético", pero tan escasa de poetas[59].

Quince meses después de haber entrado al Castillo Negro, Mutis recuperó su libertad, debido a lo infundado del proceso. En octubre de 1960 fue publicado *Diario de Lecumberri* por la editorial de la Universidad Veracruzana, su primer libro editado en el país hermano, en el que recopila ocho textos creados durante el encierro. De estos, cinco relatan historias que lo marcaron durante su tiempo allí. En la primera página, se encuentra el siguiente texto: "Estas páginas reúnen, gracias al interés y amistad de Helena[60] Poniatowska, el testimonio parcial de una experiencia y la ficción nacida en largas horas de encierro y soledad"[61].

---

[59] *Ibíd.*

[60] Nota de autor: en este texto, creado para la publicación del libro, el editor escribe con H el nombre de Poniatowska. Sin embargo, más adelante, en un párrafo escrito por Mutis en su encierro, lo escribe de forma correcta (sin H). Este es: "Hoy han venido Elena y Alberto y les he contado todo esto. Por el modo cómo me miran me doy cuenta de que es imposible que sepan nunca hasta dónde y en qué forma nos tuvo acogotados el miedo, cómo nos acercó durante todos estos días la miseria de nuestras vidas sin objeto [...]. Y si ellos, que están tan hermosamente preparados para entenderlo, no pueden lograrlo, entonces ¿qué sentido tiene que lo sepan los demás?" Mutis, Á. (1960). *Diario de Lecumberri*. Xalapa: Universidad Veracruzana. P. 20.

[61] Mutis, Á. (1960). *Diario de Lecumberri*. Xalapa: Universidad Veracruzana.

En la contraportada, el autor bogotano dice: "Estas páginas reúnen el testimonio parcial de una experiencia y la ficción nacida en largas horas de encierro y soledad. La ficción hizo posible que la experiencia no destruyera toda razón de mi vida"[62].

Resulta casi indiscutible el hecho de que aquel tiempo tras las rejas fue vital para el desarrollo de su obra. Al respecto, el autor de *La nieve del almirante* afirma: "Y es así como durante estos meses de prisión en Lecumberri, he llegado a vivir una especial imagen de Colombia [...], formando una hermosísima secuencia de lugares y climas"[63], imágenes, paisajes y estados que se verían retratados en su obra narrativa posterior. El paso por la cárcel le permitió también descubrir "que lo que antes fuera un haz de recuerdos afincados en una realidad inmediata, sin sentido ni prestigio algunos, ha alcanzado ahora [...] la alta jerarquía de un territorio lírico"[64]. Su trabajo poético se vio enriquecido y además se descubrió a sí mismo como relator, en su perfil como novelista: "... gracias a esa experiencia, tan profunda como real e incontrovertible, he logrado escribir siete novelas que escribí con el título de *Empresas y tribulaciones* de Maqroll el Gaviero [...]. En los treinta años anteriores había escrito únicamente poesía. Este supuesto paso de un género a otro se hizo posible gracias a esa inmersión..."[65]; "Allí se empezó a destilar, a reproducirse, una cantidad de material que se fue convirtiendo en las otras seis novelas" (Mutis en Poniatowska, *La Jornada*). En la cárcel "tomaron forma 'La muerte del estratega', 'Sharaya' 'Antes de que cante el gallo', una primera versión de El último rostro, varios de los poemas que aparecen en Los trabajos perdidos, y el diario"[66]. Aunque evita el tema en el trabajo literario que vino después, el encierro, la desesperanza y la soledad atraviesan parte de su narrativa.

Sobre su vida en México, Juan Gustavo Cobo Borda señaló:

> El exilio en México, compartirlo con Gabriel García Márquez, será clave en su obra. Gracias a él perfila mejor sus "esencias" colombianas, y las características de esa tierra caliente que impregnará sus textos. La nostalgia acentuará su afán de poseer una comarca que

---

[62] *Ibíd.*

[63] Mutis Durán, S. (Compilación y edición). (2011). *Álvaro Mutis. Estación México. Notas 1943- 2000*. Bogotá: Taurus. P. 12.

[64] *Ibíd.* P. 12.

[65] *Ibíd.* P. 138.

[66] Mutis, Á. en Queiroz, F. (2013). *El reino que estaba para mí. Conversaciones con Álvaro Mutis.* Bogotá: Random House Mondadori. P. 98.

sustituya lo perdido y, poco a poco, mediante su escritura, acabará por inventarla y apropiarse de ella. Será el mundo de Maqroll el Gaviero, con mapa propio[67].

La calidad de su obra, sumada a su capacidad de generar simpatía y afecto en quienes lo conocieron, le abrieron un lugar importante en el campo literario mexicano, que lo recibió y apoyó desde el momento en que pisó ese suelo. La crisis que significó su paso por Lecumberri, hecho que incluso movilizó actos políticos por parte de sus allegados, es notorio ejemplo de ello.

Con el paso de los años, Mutis también se fue tornando en figura primordial para las letras de aquel país, tanto que muchos de los nuevos escritores acudían a él en busca de consejos. Pasó así a convertirse en referente cuya influencia en la labor creativa de quienes empezaban a asomarse al mundo literario, fue esencial.

Gran amigo de sus amigos y de quienes no lo eran tanto, el poeta bogotano jamás dudó en ofrecer su apoyo a quienes con talento se movían en las aguas de las artes y la literatura. Su monumental voz de aliento resonaba como fuerza vital incluso en las cartas en las que solicitaba respaldo para alguno de sus conocidos. Sus palabras jamás fueron desoídas; tal era su magnetismo.

Como escritor y editor, de quien el poeta afirmó "es el que más ha hecho por mi obra", su hijo Santiago Mutis señaló lo siguiente: "Quien lo disfrutó mucho, de verdad, fue la generación joven de escritores mexicanos, porque le mostró sus primeras cosas, lo acompañó, lo leyó, tuvo amistad... esa gente, que ahora son viejos como yo"[68].

Ni su fama, ni el tiempo, ni la edad disminuyeron la probidad de Mutis. Su legendario don para confraternizar también encantó a las nuevas estirpes de creadores, para quienes, tal vez sin proponérselo, se convirtió en mentor. Esto lo corroboran el escritor, productor y director cinematográfico mexicano Guillermo Arriaga y el escritor Juan Villoro quienes, bajo la tutela del poeta bogotano, lograron desarrollar una obra portentosa.

En una conversación que Santiago Díaz Benavides y yo tuvimos con Arriaga, este nos contó que, en el ámbito de la literatura, el primero en vislumbrar su capacidad para crear fue el gestor de *Ilona llega con la lluvia*. Tras leer una mañana algunos cuentos escritos por el guionista,

---

[67] Cobo Borda, J. G. (1998). *Para leer a Álvaro Mutis*. Bogotá: Planeta.

[68] Mutis. S. Comunicación personal (junto con Santiago Díaz Benavides). Mayo de 2018.

en la tarde lo llamó para decirle: "Oye, dedícate a esto, compadre. ¡Está muy bien!".

Juan Villoro lo rememora con un dejo de nostalgia:

> Como amigo extraño la solidaridad que mostraba a sus colegas, la calidez, las conversaciones infinitas, sus anécdotas de juventud con García Márquez, sus viajes por toda América Latina, sus romances fantasiosos o reales... todo esto es un acervo maravilloso. Era un gran narrador oral y ¡claro que lo extraño! [...]. Así como Maqroll el Gaviero tiene amigos dispersos en los distintos puertos del mundo, también Álvaro Mutis hacía que la gente se sintiera en casa, aunque viniera de lugares distintos[69].

El afecto de los mexicanos hacia Mutis se vio revertido en numerosas reseñas y notas de prensa que el bogotano hizo sobre la obra de algunos de ellos en diarios colombianos y de ese país. Respecto al "hermoso misterio de (Guillermo) Owen [...], poeta mexicano radicado entonces en Bogotá y casado con una rica heredera antioqueña" y fundador de la librería *1936* (hoy Librería Central), señaló en alguna ocasión:

> Los poemas de Owen aparecían en revistas y suplementos literarios de la época, el de *El Tiempo*, particularmente. Entonces se me figuraron llenos de oscuridad y no logré desentrañar lo que detrás de esas hermosas palabras se escondía[70].

Pasó años y años estudiándolo hasta que esa opacidad se disipó, liberando su belleza. Por otra parte, en un texto titulado "Juan José Arreola recuerda", colma de halagos la obra del autor jalisciense:

> En días pasados tuve la fortuna de asistir a este milagro de recreación deslumbrada y compartida, al escuchar a Juan José Arreola [...], dueño de uno de los más certeros y sabios estilos de cuantos conozco en nuestra América (...), no sin un arduo trabajo de años de meditación y diálogo con los clásicos [...]. Sólo quien se ha debatido, como el caso de Arreola, con sus propios demonios y con los ajenos; sólo quien regresa de hondos abismos y fragosos socavones, puede rendir cuentas de su vida y de los seres y lugares que la designan, con tal inteligente eficacia literaria [...][71].

---

[69] Villoro, J. Comunicación personal. Julio de 2018.

[70] Mutis, Á. *Desde el solar*. Ministerio de Cultura-Universidad Nacional de Colombia. 2002. Bogotá. P. 145.

[71] Mutis, Á. (1999). *De lecturas y algo del mundo*: (1943-1998) (selección de Santiago Mutis). Bogotá: Seix Barral. P. 55.

El autor de *Farabeuf o la crónica de un instante* también recibió elogiosas palabras por parte de Mutis: "La aparición de un libro de Salvador Elizondo constituye siempre una noticia grata y un alivio al gris panorama que nos asfixia"[72].

De igual manera, su amigo Juan Rulfo fue depositario de sentidas palabras del autor de *Amirbar*. Para Mutis, aquel era "un hombre inteligentísimo y con ninguna de las debilidades de los intelectuales famosos, de una gracia enorme"[73]. Además, se refirió a él como

> ... el narrador genial y el amigo discreto, gentil y siempre bien informado, cuya sola presencia es ya un raro ejemplo de amable compostura y malicia sazonadas con la sobria inteligencia de quienes han aprendido a sólo decir lo esencial [...]. Lo veo, cargando en ambos brazos libros de las más variadas especies, sonriente el rostro y caminando por las vetustas calles de Salamanca, como un estudiante más o como un joven asistente de cátedra; él, que lleva sobre sus hombros la más honda, sin duda, la más valiosa y vasta visión de los secretos arcanos de su tierra y de su gente. Hermoso y aleccionador contraste, bellísimo ejemplo de auténtica y gallarda modestia, de saber milenario y secreto. Es por ello que sólo de él podemos decir hoy día, sin temor a caer en hiperbólico criollismo, que nos hallamos ante un clásico[74].

También se refirió con halagos a artistas mexicanos como los pintores Vicente Rojo, Carmen Parra, Gabriel Ramírez Aznar, Juan Berruecos y Vicente Gandía, la fotógrafa Paulina Lavista, el compositor Mario Lavista, y los poetas Elva Macías y Alberto Blanco, entre muchos otros.

Maqroll como personaje y su obra, en general, han sido también referenciados por autores mexicanos. Para Juan Villoro:

> Maqroll ofrece una curiosa mezcla de perfiles aventureros; un héroe de Salgari que sigue un destino de Conrad, un hombre lleno de pasado pero no de infancia [...]. Algo lo marcó en su pasado mítico, nunca sabremos qué, ni hace falta[75].

---

[72] Mutis Durán, S. (comp. y ed.). (2011). *Álvaro Mutis. Estación México. Notas 1943 - 2000*. Bogotá: Taurus. P. 86.

[73] Ayén, X. Comunicación personal de Xavi Ayén con Álvaro Mutis en Ayén, X. (2019). *Aquellos años del boom*. Bogotá: Penguin Random House Mondadori.

[74] Mutis, Á. (1981). Con Rulfo en Salamanca. *El Espectador* en Mutis Durán, S. (comp. y ed.). (2011). *Álvaro Mutis. Estación México. Notas 1943-2000*. Bogotá: Taurus. P. 86.

[75] "El metal imaginario. Una lectura de Amirbar" en: Mutis, S. (ed.). (1993). *Tras las rutas de Maqroll el gaviero. 1988-1993*. Bogotá: Instituto Colombiano de Cultura. P. 187.

Pese a haber ingresado al campo literario mexicano como poeta, Mutis logró posicionarse en este escenario también como prosista que profundiza en las indagaciones sobre el sentido de la existencia y el pesimismo ante el presente, nombrando "el universo marcado por el caos, por el derrumbe, por la incertidumbre de futuro"[76], valiéndose de la metáfora del mar, el río y el agua como flujo constante y disperso hacia la búsqueda de la identidad. Pese a la raigambre nostálgica respecto a su tierra natal, presente en algunos de sus textos, para el investigador Gabrielle Bizarri:

> Por lo menos en apariencia, ni Maqroll ni su autor se muestran mínimamente interesados por el problema de la identidad autóctona y de lo específico hispanoamericano: la búsqueda que les pertenece parece referirse más bien a una concepción universal de la existencia, válida para todos los hombres[77]

En una época que se acerca al auge de la inmediatez, la velocidad de la información, la tecnología, los medios masivos y, con esto, la ausencia de interioridad (temas también tratados por Mutis en la conferencia pronunciada en la Casa del Lago en 1965 titulada, justamente, "La desesperanza").

Mutis produjo una obra poética que entró en diálogo con el trabajo de escritores del género ya legitimados como Octavio Paz, coincidiendo en su apuesta, de marcada influencia surrealista, por "el poema de naturaleza irracional y arbitraria"[78], ajustándose además a las expectativas de algunos lectores que ya venían acercándose a la poética y la narrativa de la pérdida y la desesperanza de "un mundo en disolución y disgregado", y a una estética "alejada del ánimo declamatorio y convencional de la generación de sus maestros"[79].

Después de su llegada a México y antes de obtener el Premio Cervantes en 2002, publicó treinta y dos obras entre poesía y narrativa, logrando

---

[76] Barrera, T. (1999). "Álvaro Mutis o la poesía como metáfora". *Anales de Literatura Hispanoamericana*, no. 28. Universidad de Sevilla. Recuperado de https://tinyurl.com/y6ke3n5a

[77] Bizarri, G. (2002). "La recuperación de la novela de aventuras en la narrativa de Álvaro Mutis: ¿descubrimiento de nuevos caminos míticos o jocosas refracciones de la posmodernidad?". *Anales de Literatura Hispanoamericana*, Vol. 31. Universidad de Pisa. Recuperado de https://tinyurl.com/y3x2v3vb P. 291.

[78] *Op. Cit.* P. 300.

[79] Robledo Cadavid, J. F. (2017). "Álvaro Mutis, poeta insular: su poesía en la tradición colombiana". *Cuadernos de Literatura*, vol. XXI n.º 41, enero-junio. Recuperado de https://tinyurl.com/yyt9vg3o P. 299.

consolidarse como referente en su condición de crítico, tutor, novelista y poeta, y se convirtió él mismo en una instancia de legitimación y consagración para los nuevos autores. Escribió para los diarios *Unomásuno* (su propia columna llamada "Bitácora del reaccionario" y el suplemento cultural "Sábado"), *El Sol de México, Excélsior; Novedades* (suplemento "México en la cultura") y *Así es* (suplemento "Amirbar") y las revistas *S.nob* (de Salvador Elizondo), *Vuelta y Plural* (fundadas y dirigidas por Octavio Paz), *Artes de México y Revista de la Sociedad Mexicana de Arquitectos*. Tradujo poemas de Aimé Césaire y Valéry Larbaud para la *Revista mexicana de literatura*; prologó libros sobre Francisco Cervantes, Vicente Gandía, Vicente Rojo, Antonio Souza, Arnaldo Cohen, Juan Soriano y Luis Cardoza y Aragón, y libros de autoría de Francisco Cervantes, María Luisa Elío, Vicente García Riera, Víctor Flores Olea, Guillermo Sheridan, Francisco González Martínez, Bárbara Jacobs, Roger von Gunten, María Elisa Laguna y María Laura Sierra, Carmen Parr, Rodrigo Rivero Lake, Wimer del Valle, Aleix, Armando Jiménez, Elva Macías, Patricia Arriaga, Carlos Prieto y la edición francesa de México Insurgente de John Reed. En México obtuvo los premios Xavier Villaurrutia de Escritores para Escritores y el Premio de la Crítica Los Abriles por su libro *Los emisarios*; participó en el Festival Internacional de Poesía de Morelia; fue el encargado de las palabras de inauguración en la Jornada Internacional Carlos Pellicer; pronunció conferencias en la Casa del Lago; fue presentador de *Encuentros*, programa de la cadena Televisa dedicado a entrevistas con escritores. Fue además el primer autor hispanoamericano en recibir los tres premios más importantes otorgados a una obra completa: Príncipe de Asturias, Reina Sofía y Cervantes de Literatura en Lengua Castellana. Fue reconocido con otros premios en Colombia, Italia y Francia.

De acuerdo con Octavio Paz, Mutis es uno de los que inaugura el comienzo de la nueva poesía hispanoamericana contemporánea, como una vanguardia silenciosa y discreta que llevó al género hacia un cambio esencial.

Para dimensionar su obra y comprender el valor de esta para las letras mexicanas –y latinoamericanas–, fue Carlos Monsiváis quien mejor la describió:

> Por asociación de la memoria, la obra de Mutis suele remitir al énfasis versicular de Neruda y St. John Perse [...]. En su poesía, Mutis se aparta del énfasis narrativo, y se propone contar, cantar, describir la grandeza de esa batalla última, la del idioma que nunca es el mismo porque lo renuevan las combinaciones de palabras (nadie se adentra dos veces en el mismo poema de modo igual) y el modo en que los

temas son de principio a fin, de fin a principio, el desencadenarse de las imágenes [...]. La épica de Álvaro Mutis es, de modo estricto, la de las metáforas que rodean y encumbran a los personajes [...], la de la voz única que no ensalza los poderes de la Historia, sino los de la poesía. Al leer a Mutis se perciben la educación furiosamente literaria, el placer por la vitalidad de la poesía, la conciencia del fluir del tiempo como registro de los símbolos y las palabras, y el registro de la muerte, metáfora fundacional, sentido del viaje[80].

No solo los autores de aquel país disfrutaron de su compañía y aprendieron bajo su patrocinio. El escritor y periodista colombiano Fernando Quiroz, quien compartió dos semanas en México con el poeta bogotano para la creación de su libro *El reino que estaba para mí. Conversaciones con Álvaro Mutis* (1993), lo recuerda así:

Mutis será más grande cada vez, y cada vez más la gente irá descubriendo su valor inmenso. Es entretenido y profundo al mismo tiempo [...]. Sus novelas de alguna manera son la traducción de su poesía; muchos de los temas que desarrolló en sus novelas, los había desarrollado antes en su obra lírica. Nos dejó dos cosas fundamentales: una mirada profunda de la Colombia rural y su gente, y una capacidad enorme para explorar el alma del hombre[81].

El bogotano decidió quedarse en México hasta el final de su vida, sin olvidar nunca su origen. En su casa tenía árboles tan colombianos como su alma y su olor al salir al patio lo transportaba a aquella patria que había dejado atrás.

Llevarse el alma en la maleta

En la década de los sesenta nuestros escritores continuaron instalándose en México con el deseo de embeberse en su cultura. Para G. M. todo comenzó en su infancia, cuando ese país empezó a maravillarlo a través del celuloide, en películas que lo llevaba a ver su abuelo Nicolás Márquez, proyectadas por el visionario Antonio Daconte en el teatro Olympia de Aracataca. Ya en su juventud, publicaba reseñas sobre cine en *El Heraldo* de Barranquilla y en *El Espectador*, en este último bajo el

---

[80] Monsiváis, C. (2007). "Colombia y Mutis". *El País*. Recuperado de https://tinyurl.com/yxckm54z

[81] Quiroz, F. Comunicación personal (junto con Santiago Díaz Benavides). Agosto de 2018.

título "El cine en Bogotá. Los estrenos de la semana". Sin intenciones de dar cátedra sobre el séptimo arte, sus columnas eran, más bien, "una cartilla elemental para aficionados"[82].

Este acercamiento inicial al país que luego amaría, tomó forma definitiva en una habitación en Manhattan (N. Y., EE. UU.), donde vivía con su esposa Mercedes y Rodrigo, su hijo recién nacido. Como juntados por los astros, varios factores se conjugaron para darle el empujón que precisaba para salir de ahí: el primero nació de su necesidad de encontrar un país de habla hispana donde su obra tuviera mayor receptividad, un lugar en el que le fuera posible llevar adelante su vida como escritor, con mejores oportunidades que las que en su momento le ofrecieron Colombia y Venezuela, y sin tener que alejarse hasta el sur del continente o incluso hasta España. Necesitaba, en resumen, un espacio cuyo campo literario fuera lo suficientemente rico, amplio y abierto como para recibirlo y permitirle desarrollarse en las letras. La respuesta a su apuro estaba al sur del río Bravo: en el México del siglo XX

> se habían iniciado la mayor parte de los procesos de la 'búsqueda de identidad' de América Latina, que habían recibido una inyección extraordinaria de refugiados españoles sumamente cultos en los años cuarenta, y se hallaba ahora en el umbral de otro gran momento cultural[83].

El segundo factor fue su deseo de trabajar en el cine, pasión que, como ya se mencionó, nació en su infancia y fue tomando forma con los años. Tras participar en la creación de *La langosta azul* (1954), película experimental surrealista rodada en 16 mm junto a Álvaro Cepeda Samudio, Enrique Grau Araújo y Luis Vicens, y de estudiar cine en Italia, el país de lengua española que le ofrecía mayores posibilidades para seguir encauzando su gusto por el séptimo arte era, indiscutiblemente, México, que estaba en la época dorada de su cinematografía.

---

[82] Nota de autor: G. M. había tenido una experiencia anterior con su propio periódico. Como parte del Grupo de Barranquilla, fue cofundador de *Crónica*, un semanario de 14 meses de existencia, que reflejó el sentir de un grupo de intelectuales que consideraban que "las letras nacionales no podían progresar si no acogían valores foráneos" (leían con fervor a Joyce, Faulkner, Woolf, Hemingway, Sinclair, Caldwell, Borges), admiraban la narrativa americana contemporánea y atacaban a "todas las vacas sagradas del panorama nacional, en la medida que le aparecían como valores meramente domésticos, endiosados solamente por obra y gracia del aislamiento colombiano e imposibles de exportar" (Gilard, J. [s. f.] "El Grupo de Barranquilla". Université de Toulouse - Le Mirail. P. 914 y 925. Recuperado de https://bit.ly/2U8LcDi).

[83] Martin, G. (2009). *Gabriel García Márquez. Una vida*. Bogotá: Random House Mondadori. P. 315.

El tercero y más importante fueron sus amigos. Era impensable comenzar una vida desde ceros, sin dinero y, mucho menos, sin contactos. El primero que lo incentivó a viajar a ese país fue el escritor mexicano Juan García Ponce[84], a quien había conocido en Colombia cuando obró como jurado de un concurso de pintura, y a quien vio de nuevo en su oficina en Nueva York, pues aquel había ganado la beca Rockefeller. El segundo fue su amigo catalán Vicens, con quien compartía tragos en La Cueva[85], y que había decidido migrar a México, fascinado por su vida cultural. El tercero fue el escultor antioqueño Rodrigo Arenas Betancourt, sobre el que en 1955 G. M. escribió una crónica para *El Espectador* titulada "Un grande escultor colombiano 'adoptado' por México". Con el creador del *Bolívar Desnudo* sintió una gran afinidad, pues en él vio el reflejo de sus propios anhelos y búsquedas, viéndose obligado a sortear una y mil dificultades para poder seguir su vocación. El último, no por ello menos importante, fue Álvaro Mutis, a quien llamó desde la capital del mundo "para consultarle su decisión de radicarse en México. Mutis, cada vez más nostálgico de sus amigos colombianos, le dijo que lo esperaba encantado, que allí lucharían todos y harían una piña para salir adelante"[86].

Decidió entonces dejar atrás la deprimente oficina de la agencia cubana de noticias en la que trabajaba, para embarcarse con Mercedes y el pequeño Rodrigo en un largo recorrido de quince días en un bus hacia el sur con solo cuatrocientos dólares en el bolsillo y ninguna certeza sobre lo que vendría después. Los paisajes del sur estadounidense le fueron familiares, pues tantas veces los leyó en las páginas de Faulkner, uno de sus maestros en el oficio. Una vez en Laredo, ciudad ya conocida en películas, pudieron deleitarse con un arroz "amarillo y tierno" como el de su infancia, tan diferente de las desabridas hamburguesas y

---

[84] Nota de autor: sobre él dijo el escritor colombiano R. H. Moreno Durán: "... encarna mejor que nadie esa sutil presencia que sin cesar se desliza entre las sombras de la media noche y el júbilo de la madrugada. Su memoria es la alegría de la escritura en tanto que la subversión de su mirada dibuja el más aleccionador y perdurable de los sueños realizados". Moreno Durán, R. H. (1995). *Como el halcón peregrino*. Bogotá: Santillana-Nuevo Siglo-Aguilar. P. 248.

[85] "Fundada en 1954, es un antiguo bar de cazadores ubicado en Barranquilla, que se volvió famoso por los artistas, escritores, e intelectuales de renombre que lo frecuentaron y visitaron, así como por los numerosos episodios que se vivieron en él. Entre los contertulios más ilustres de La Cueva figuran: G. M., Alfonso Fuenmayor, Álvaro Cepeda Samudio, Enrique Grau, Alejandro Obregón, Cecilia Porras, Rafael Escalona, Nereo López, Marta Traba...". Recuperado de: https://fundacionlacueva.org/nosotros

[86] Saldívar, D. (1997). *García Márquez. El viaje a la semilla*. Bogotá: Alfaguara. P. 403.

malteadas que les ofrecieron durante dos semanas las carreteras del país del norte.

G. M. arribó al entonces Distrito Federal el 2 de julio de 1961, fecha que recuerda a la perfección pues ese día "el cabrón de Hemingway se partió la madre de un escopetazo", como se lo refirió García Ponce en una llamada telefónica. Décadas más tarde, en 1983, el costeño afirmó en su crónica "Regreso a México" que fue justo en ese instante cuando llegó realmente a la capital de ese país, "sin saber muy bien por qué, ni cómo, ni hasta cuándo"[87]. Cabe anotar que el 9 de julio, el suplemento "México en la cultura" del diario *Novedades*, publicó su artículo titulado "Un hombre ha muerto de muerte natural" en el que afirmaba sobre el escritor estadounidense que era un "espléndido ejemplar humano, un trabajador bueno y extrañamente honrado, que quizá se merezca algo más que un puesto en la gloria internacional".

Allí lo recibió su gran amigo poeta, hecho que el creador de *La hojarasca* le agradeció en numerosas ocasiones. Su relación había nacido más de una década atrás; el cataquero lo recuerda así en su discurso de homenaje en el septuagésimo cumpleaños del poeta bogotano:

> Álvaro contó entonces cómo nos había presentado Gonzalo Mallarino en la Cartagena idílica de 1949. Ese encuentro parecía ser en verdad el primero, hasta una tarde de hace tres o cuatro años, cuando le oí decir algo casual sobre Felix Mendelssohn. Fue una revelación que me transportó de golpe a mis años de universitario en la desierta salita de música de la Biblioteca Nacional de Bogotá donde nos refugiábamos los que no teníamos los cinco centavos para estudiar en el café. Entre los escasos clientes del atardecer yo odiaba a uno de nariz heráldica y cejas de turco, con un cuerpo enorme y unos zapatos minúsculos como los de Buffalo Bill, que entraba sin falta a las cuatro de la tarde, y pedía que tocaran el concierto de violín de Mendelssohn[88].

De esa manera nació una amistad que perduró por lustros y se hizo más profunda en sus años en México. El autor de *El otoño del patriarca* viajó a la inmensa ciudad a buscar la inspiración para crear un libro magnífico, su obra maestra, aquella que le permitiría convertirse de una vez por todas en el gran escritor que anhelaba ser.

----

[87] García Márquez, G. (1996). *Gabriel García Márquez. Notas de prensa 1980-1984*. Bogotá: Norma. P. 467.

[88] García Márquez, G. (1993) en HJCK (Ed.). (2007). "Mi amigo Mutis". *Álbum de Maqroll El Gaviero*. Bogotá: Alfaguara. P. 30.

Los primeros años fueron duros para G. M. y su familia. A su llegada los acogió el poeta bogotano en un apartamento en la calle Mérida, próximo al lugar donde trabajaba, esto mientras Mercedes se recuperaba de algunos malestares físicos. Más tarde, Mutis los trasladó a la colonia Anzures; allí, recuerda G. M.: "Teníamos un colchón doble en el suelo del dormitorio grande, una cuna en el otro cuarto, y una mesa de comer y escribir en el salón, con dos sillas únicas que servían para todo"[89].

Sin trabajo –pese a las numerosas gestiones de sus amigos– y con deudas que se acumulaban, sobrevivió con los ingresos ocasionales que le generaban sus colaboraciones en la *Revista Universidad de México* y los comentarios que hacía sobre literatura colombiana en Radio Universidad, dirigida en aquella época por Max Aub, miembro de la generación del 27 y quien, como tantos otros de dicho movimiento, llegó a México huyendo del régimen franquista. Tan francas eran sus notas, que el embajador colombiano llegó a quejarse por considerar que iban en contra de las letras nacionales. Ante lo que creyó sería el final del único trabajo que había conseguido en seis meses, G. M. recibió preocupado la llamada de Aub a su despacho; sin embargo, el autor de *Las buenas intenciones* le dijo que, si su programa era como lo había señalado el diplomático, "debe ser muy bueno".

El tiempo no se detenía y el creador de Macondo se vio obligado a realizar oficios que, aunque rentables, de ninguna manera le resultaban satisfactorios. La necesidad de llevar dinero a su casa le hizo aceptar un cargo como director de las revistas *La Familia* y *Sucesos para Todos* (ambos de propiedad de Gustavo Alatriste, a quien conoció a través de Mutis), publicaciones que abundaban en temas "para las mujeres", chismes e historias de crímenes. G. M. buscó darle un giro a *La Familia* incluyendo rimas de Rubén Darío, García Lorca, Machado y Nervo, curiosidades históricas y geográficas, y artículos sobre literatura.

Ante una cultura que en sus inicios consideró hermética, tan lejana a su amado Caribe, y sintiendo que no lograba "un modo convincente y poético" de escribir los muchos libros que le faltaba crear, consideró seriamente la posibilidad de irse. Preocupado, Mutis lo llevó a ver el mar.

La historia de este viaje se inicia unos años antes cuando el bogotano, preso en Lecumberri, pidió a todos sus amigos que le enviaran textos

---

[89] García Márquez, G. (1980). "Breves nostalgias sobre Juan Rulfo" en Campbell, F. (Selección y prólogo). (2003). *La ficción de la memoria. Juan Rulfo ante la crítica*. México: Era. P. 449.

para leer en sus infinitos ratos de ocio; la cuota del costeño fueron los borradores de *Los funerales de la Mamá Grande*. Elena Poniatowska, asidua visitante de Mutis durante su estancia en "El Palacio Negro", se los solicitó en calidad de préstamo para volver, días después, a confesarle avergonzada que los había extraviado[90]. Por fortuna, G. M. logró reconstruir todos los cuentos, parte esencial de su equipaje cuando arribó al Distrito Federal.

Después de quince meses de reclusión, el 20 de octubre de 1960 Mutis publicó el libro *Diario de Lecumberri* con la Universidad Veracruzana, donde resume su experiencia de encierro y soledad. Así conoció a Sergio Galindo, fundador y primer director de la editorial quien, dos años más tarde, recibió los relatos reescritos del costeño y decidió publicarlo.

Aquel afortunado viaje al puerto permitió dos cosas: la entrega de los manuscritos a Galindo, lo que trajo consigo la publicación del primer libro de G. M. en México, que vio la luz en abril de 1962; y el reencuentro del autor de *La hojarasca* con el hechizo del mar, tan parecido al suyo, gracias a lo cual sintió que podía quedarse en ese país.

Ese mismo año, con *La mala hora*, G. M. resultó ganador del Premio Esso de Novela que se entregaba en Colombia. Los ejecutivos de la multinacional enviaron el libro a España, donde la Imprenta Luis Pérez intervino la obra, cambiando los localismos por un español "refinado". Publicada en diciembre, el autor consideró la edición una "parodia" y la desautorizó. Solo se sintió conforme con la versión que la editorial mexicana Era entregó al público en 1966.

Mutis le fue esencial no solo por haberlo invitado y recibido en la que sería su nueva patria, o por aquel viaje a Veracruz. Lo fue también porque lo introdujo a la intelectualidad mexicana, apoyándose en la publicación de sus primeros libros. Lo acercó a escritores de la talla del guatemalteco Augusto Monterroso y los mexicanos Carlos Fuentes, Salvador Elizondo, Octavio Paz, Juan José Arreola, Jaime García Terrés, Fernando Benítez, Elena Poniatowska y Juan Rulfo, a pintores como Vicente Rojo, y a artistas vinculados al mundo del cine como Emilio García Riera, José Luis González de León, José de la Colina, Alberto Isaac, Luis Alcoriza y Arturo Ripstein.

---

[90] Nota de autor: en su libro *Aquellos años del boom*, el investigador español Xavi Ayén afirma que, en una entrevista a Poniatowska, ella, contrario a lo que se ha dicho y repetido, le comentó: "Yo no perdí el manuscrito de *Los funerales de la Mamá Grande* de Márquez, sencillamente porque jamás lo tuve en mis manos. Le dije a Gabo: '¿Por qué andas diciendo esa pendejada?', y me respondió: 'Es igual. Tú di que sí, Elenita, tú di que sí'". P. 377.

Sin restar importancia a los mencionados, debe reconocerse que la pareja española Jomí García Ascot-María Luisa Elío fue clave en estos años en los que G. M. logró consolidarse como escritor. Adinerados y con excelentes contactos, significaron para el costeño un gran apoyo. Todos recuerdan con agrado las fiestas ofrecidas por la dupla, en las que no solo se divertían alrededor del alcohol, sino que además discutían y retroalimentaban sus creaciones.

Por invitación de los García-Elío, García Márquez asistía los fines de semana a la filmación de la película *En el balcón vacío*, basada en una serie de relatos creados por la escritora pamplonesa. Ese fue su primer acercamiento al cine mexicano, que alcanzaría su punto más alto con la adaptación a la pantalla grande de su cuento "En este pueblo no hay ladrones", en 1965, con la dirección de Alberto Isaac.

En una entrevista que hice a la periodista mexicana Susana Fischer, quien lo conoció en aquella época, me contó que G. M. no tenía dinero en aquel entonces:

> Luis Alcoriza[91] le regalaba los paquetes de hojas blancas para que pudiera escribir. Cuando iba a almorzar le daban un itacate[92] para que se la llevara a su casa. Gabo amaba las fiestas; siempre fue muy musical, tenía que haber buena música en la casa de los amigos que lo rodeaban. De agradecimiento, años después le regaló a los Alcoriza las primeras copias de imprenta de *Cien años de soledad*. Iba a estas reuniones y leía las páginas escritas; se volvía día de fiesta con cada capítulo. Gabo tenía una mentalidad mágica; así vivía y así pensaba, como la mayoría de los colombianos porque solo en Colombia pasan estas historias. Era simpático y agradable; a la primera oportunidad llamaba el trío, los mariachis, ponía especialmente una de sus canciones favoritas: "Nube viajera"[93].

Aunque coqueteaba con el cine y de vez en cuando publicaba algunos relatos, seguía sintiendo que algo faltaba en su recorrido literario. Entonces llegó una revelación que lo llevaría a crear *Cien años de soledad*:

> Álvaro Mutis subió a grandes zancadas los siete pisos de mi casa con un paquete de libros, separó del montón el más pequeño y corto, y me dijo muerto de risa –¡Lea esa vaina, carajo, para que aprenda! Era *Pedro Páramo* [...] desde la noche tremenda en que leí

---

[91] Director de cine, guionista y actor mexicano de origen español.
[92] Colación de tortillas, ají y fríjoles.
[93] Fischer, S. Comunicación personal. Abril de 2017.

> La Metamorfosis de Kafka [...] había sufrido una conmoción semejante. Al día siguiente leí *El llano en llamas*, y el asombro permaneció intacto[94].

Mutis también rememora aquella anécdota:

> Cuando llegó Gabo a México le llevé un ejemplar de *Pedro Páramo* y le dije: "Lea esto y no joda". Lo leyó esa noche, lo acabó en un día y estaba asombrado: "Esto es una maravilla". Le di otro tomo entonces, *El llano en llamas*, busqué a Juan y los conecté. Me decía Juan: "¿Para qué trajiste a este amigo que te quiere mucho a este país tan complicado?"[95].

Desde aquel momento la fascinación de G. M. por el escritor jalisciense no se detuvo; incluso podía recitar párrafos completos de *Pedro Páramo*: "Aprendí no sólo a escribir de otro modo, sino a tener siempre listo un cuento distinto para no contar el que estoy escribiendo"[96]. Como lo señala el escritor y periodista colombiano Gustavo Tatis Guerra, "esta confluencia entre vivos y muertos que conversan con la mayor naturalidad, sin distancias de espacio ni tiempo, fue una revelación para García Márquez"[97].

Llegó a conocer al autor mexicano un tiempo después, cuando Mutis los presentó en el matrimonio de un amigo. Eran vistos charlando juntos en encuentros literarios a los que también asistían personajes como el pensador guatemalteco Luis Cardoza y Aragón, los escritores mexicanos José Emilio Pacheco y Ernesto Mejía Sánchez, entre muchos otros.

Su relación con Rulfo no terminó ahí; el cataquero también recuerda: "Carlos Velo me encomendó la adaptación para el cine de otro relato de Juan Rulfo, que era el único que yo no conocía en aquel momento: *El gallo de oro*"[98]. En labor conjunta con su amigo Carlos Fuentes, produjeron un guion fiel al libro del autor. Igual solicitud les hizo tiempo después Manuel Barbachano Ponce para que hicieran lo mismo con *Pedro Páramo*. Al final, no quiso seguir en el proyecto pues sentía que su propia versión de la obra,

---

[94] García Márquez, G. (1980). *Juan Rulfo. Homenaje nacional.* México: Instituto Nacional de Bellas Artes - Secretaría de Educación Pública.

[95] Ayén, X. Comunicación personal de Xavi Ayén con Álvaro Mutis en Ayén, X. (2019). *Aquellos años del boom.* Bogotá: Penguin Random House Mondadori. P. 219.

[96] García Márquez, G. (2007). "Mi amigo Mutis. Álbum de Maqroll el Gaviero". Bogotá: HJCK – Alfaguara – El Espectador.

[97] Tatis Guerra, G. (2015). *García Márquez. La llave secreta de Melquíades.* Bogotá: Collage Editores. P. 298.

[98] *Op. Cit.*

tras numerosos ajustes, se alejaba de la esencia de aquella. Su respeto por el escritor mexicano era superior a todo.

El tiempo permitió que se conocieran y ocuparan varios espacios en común. En 1965, cuando llegó a las salas de cine la película basada en el cuento del nobel colombiano "En este pueblo no hay ladrones", coincidieron destacados personajes de la cultura latinoamericana como el cineasta español Luis Buñuel, la pintora inglesa Leonora Carrington, los mexicanos José Luis Cuevas, Carlos Monsiváis, Ernesto García Cabral, Emilio García Riera, Alberto Isaac, María Luisa Mendoza y Rocío Sagaón. Por supuesto, Juan Rulfo y el propio García Márquez estaban presentes.

Roberto Burgos Cantor, escritor colombiano nacido en Cartagena de Indias, se refirió así a los vasos comunicantes que generan maravillosas coincidencias en la obra de ambos creadores:

> Cuando Rulfo se enfrenta a esos 50 años de la Revolución mexicana, estaba leyendo lo mismo en el mundo de allá. Lo que me despierta mucha curiosidad es, ¿por qué en Rulfo y en García Márquez la solución supera al realismo? Si tú ves *Pedro Páramo*, esa cosa tan inimaginable, de que todos están muertos pero todos los muertos hablan, desde el que dice: 'Vengo a Comala porque me dijeron…' y en *Cien años de soledad*, que es la gran novela de nuestras guerras civiles, está buscando también una fórmula que yo no llamaría fantasía, sino una fórmula de la poesía, de la imaginación, donde superan este problema del realismo documental, abrupto, de alguna manera moral como una propuesta estética interesante[99].

El autor de *El llano en llamas* no fue el único grande de las letras mexicanas con quien nuestro futuro nobel trabó amistad. Por aquellos días también conoció a otro genio incomparable con quien establecería un poderoso vínculo. Su relación con Carlos Fuentes

> –que es antigua, cordial, y además muy divertida– se inició en el instante en que nos conocimos, por allá por los calores de agosto de 1961. Nos presentó Álvaro Mutis en aquel Castillo de Drácula de las calles de Córdoba, donde toda una generación de escritores, tratando de hacer un cine nuevo, precipitábamos a Manuel Barbachano Ponce en la primera y más gloriosa de tantas ruinas[100].

---

[99] Burgos Cantor, R. Comunicación personal. Diciembre de 2017.

[100] García Márquez, G. "Carlos Fuentes, dos veces bueno". Biblioteca Ayacucho. Publicado el 26 de junio de 1988 en *La Jornada*. Recuperado de https://tinyurl.com/y3tugxgj

Por su parte, el creador de *La región más transparente* lo relata así: "Lo conocí en 1962 en Córdoba 48 y nuestra amistad nació allí mismo, con la instantaneidad de lo eterno"[101], [102].

Su primer encuentro, antes de conocerse personalmente, fue literario. En las páginas de la revista *Mito*, el autor mexicano ya había leído "Monólogo de Isabel viendo llover en Macondo". De hecho, los dos escritores fueron publicados y se leyeron mutuamente en las páginas de esa revista. Luego, Mutis le obsequió *La hojarasca*, libro del cual Fuentes considera "surge el universo creador" del costeño; fue en ese momento cuando comprendió y tuvo conciencia de lo que sería la obra de G. M.

Al respecto, el colombiano señala que no fue poco su asombro cuando, pese al poco alcance que sus libros tuvieron en su tierra natal, al conocerlo, el mexicano le comentó que ya los había leído –y no lo decía nada más por cortesía–:

> El hecho de que Carlos Fuentes las hubiera leído de veras, como pude comprobarlo de inmediato, me exaltó de vanidad; sin embargo, no pasó mucho tiempo para que se me bajaran los humos, pues muy pronto me di cuenta de que la curiosidad de Carlos Fuentes no reconoce tiempos ni fronteras, y que ya desde entonces era imposible sorprenderlo con una novedad de las letras[103].

Algún tiempo después, gracias a la gestión del padre de Artemio Cruz, la *Revista Mexicana de Literatura* entregó a sus lectores algunos de los textos del colombiano, cedidos por Gaitán Durán.

Gerald Martin hace énfasis en el valor que tuvo este encuentro de letras, hecho indispensable para la evolución de García Márquez como escritor, gracias a su vida en México:

> Con tantos intereses compartidos y una vocación común, entre los dos hombres pronto creció una relación estrecha y fructífera para ambos. Claro que García Márquez tenía infinitamente más que ganar. Fuentes no le llevaba sólo varios años de ventaja en cuanto al desarrollo de su carrera, sino que además era mexicano y en la década anterior había creado una asombrosa red de contactos con muchos de los intelec-

---

[101] García Márquez, G. (2007). *Cien años de soledad*. Edición conmemorativa de la Real Academia Española. P. XVII.

[102] Nota de autor: según Gerald Martin, G. M. afirma haberlo conocido en 1961, Eligio García dice que eso ocurrió en 1962, el mismo Fuentes señala el año 1963 y Julio Ortega indica que fue en 1964.

[103] García Márquez, E. (2003). *Tras las claves de Melquíades*. Barcelona: Debolsillo.

tuales más destacados de aquel momento en el mundo –los mundos– donde García Márquez aspiraba a moverse a su antojo. Fuentes podía llevarlo a lugares cuyo acceso estaba vedado a prácticamente cualquier escritor de América Latina, y su generosidad intelectual no conocía rival. Y, por encima de todo, la conciencia latinoamericana de Fuentes estaba a años luz de la de García Márquez, y fue capaz de guiar y preparar al colombiano, aún inexperto y vacilante, para el papel que le tocaría desempeñar en el vastísimo drama literario latinoamericano, que Fuentes, más que nadie, supo prever y del cual sería personalmente responsable[104].

Después de conocerse, la primera demostración categórica de su amistad fue la reseña que hizo Fuentes en 1963 sobre la segunda edición de *El coronel no tiene quien le escriba*, en el suplemento "La Cultura en México" de la revista *Siempre!*, en la que lo colmó de elogios. Así, trabajaron y crearon juntos hasta el punto de apoyar Fuentes a G. M. con el guion de *Tiempo de morir*.

Ya publicada *Cien años de soledad*, sobre ella afirmó el mexicano:

> La liberación, a través de la imaginación, de los espacios simultáneos de lo real es, para mí, el hecho central de la gran novela de Gabriel García Márquez […]. Como Cervantes, establece las fronteras de la realidad dentro de un libro y las fronteras de un libro dentro de la realidad. La simbiosis es perfecta […]. *Cien años de soledad* reinicia, reactualiza, reordena –hace contemporáneos– todos los presentes de una zona de imaginación hispanoamericana que durante mucho tiempo pareció perdida para las letras, sometida a la pesada tiranía del folklore, del testimonio naturalista y de la denuncia ingenua[105].

Fuentes evidencia lo que muchos escritores, lectores y críticos mexicanos consideraron el elemento más valioso de *Cien años de soledad*, construida bajo la influencia que, desde su época en el Grupo de Barranquilla y sus publicaciones en *Crónica*, ejercieron sobre G. M. la literatura estadounidense y europea. Su obra toma distancia de la tradición literaria colombiana y latinoamericana y se abre como "opción contraria a la que es reclamada por los titulares de una presunta literatura nacional y popular"[106] que apunta al descubrimiento no solamente de una forma literaria

---

[104] *Op. Cit.* P. 329.

[105] Fuentes, C. (2011). "12. García Márquez. La segunda lectura" en *La gran novela latinoamericana*. México: Santillana. P. 261, 264 y 228.

[106] Rama, Á. (1982). *La novela latinoamericana 1920-1980*. Bogotá: Procultura. P. 89.

y de una temática sino además "de una oscura relación genética"[107] entre los mundos. Esta obra se constituye en un ejemplo de la operación de transculturación literaria[108] que permitió a G. M. trascender el localismo y el folclor para escribir una obra que crea "un mundo pretérito anterior a la historia, anterior a la muerte"[109] colocado por fuera del tiempo y, a la vez, puesto en "un tiempo compartido por una sociedad, que no pertenece al mito ni a la vida personal, sino a la colectividad, al conjunto de los hombres"[110].

Como lo señala Martin, la "asombrosa red de contactos" del autor de *La silla del águila*, quien llevó al cataquero a numerosas fiestas, tertulias y visitas, se extendió no solo a los mexicanos sino también a muchos extranjeros que residían o simplemente estaban de paso por ese país. Entre ellos, dos chilenos fueron esenciales para nuestro nobel: el primero fue José Donoso, autor de *Un lugar sin límites* e integrante del *boom*; el segundo, el cronista Luis Harss quien, en su libro Los nuestros hizo una recopilación de entrevistas a los grandes escritores latinoamericanos del momento. Gracias a la recomendación del autor de *Aura*, el costeño fue incorporado al selecto listado, en el que no se encontraba inicialmente. Esto, por supuesto, le dio un estatus a G. M. constituyéndose además en un "estimulante acicate" para su carrera.

Aspecto cardinal de su amistad fue la presencia de Fuentes ante la transición vivida por García Márquez: primero, este empezó a dejar atrás sus penurias económicas y su trabajo mercenario en revistas donde no se sentía a gusto, para dedicarse a la publicidad; y segundo, se fue acercando al mundo del cine, de la mano de su amigo. En este proceso, fue en un viaje donde se dio lo que el autor de *Las buenas conciencias* consideró una "transformación".

Con el objeto de renovar su visa, el colombiano debía ir a Acapulco para tomar un barco que lo llevaría a Panamá y lo regresaría con los permisos en la mano. Fuentes lo acompañó varias veces en estos recorridos, y en uno de ellos, como lo recuerda,

> se transformó. Lo miré y me asusté. ¿Qué había ocurrido? ¿Nos habíamos estrellado contra un implacable autobús de la línea México-

---

[107] *Ibíd.* P. 89.
[108] Concepto ampliamente desarrollado por Ángel Rama.
[109] Rama, Á. (s. f.). La narrativa de Gabriel García Márquez. Edificación de un arte nacional y popular. Recuperado de https://tinyurl.com/y2jsyfxg
[110] *Ibíd.*

Chilpancingo-Acapulco? ¿Nos habíamos derrumbado por los precipicios del Cañón del Zopilote? ¿Por qué irradiaba una beatitud improbable el rostro de Gabo? ¿Por qué le iluminaba la cabeza un halo propio de un santo? ¿Era culpa de los tacos de cachete y nenepil que comimos en una fonda de Tres Marías?

Nada de esto: sin saberlo, yo había asistido al nacimiento de *Cien años de soledad* –ese instante de gracia, de iluminación, de acceso espiritual, en que todas las cosas del mundo se ordenan espiritual e intelectualmente y nos ordenan: "Aquí estoy. Así soy. Ahora escríbeme"[111].

G. M. recuerda el hecho con algunas variaciones. Afirma que aquella iluminación o "cataclismo del alma" llegó en un viaje familiar a Acapulco:

> Iba manejando mi Opel, pensando obsesivamente en *Cien años de soledad*, cuando de pronto tuve la primera frase; no la recuerdo literalmente pero iba más o menos así: "Muchos años después, frente al pelotón de fusilamiento, el coronel Aureliano Buendía había de recordar aquella tarde remota en que su padre lo llevó a conocer el hielo". La primera vez que me vino la frase le faltarían uno o dos adjetivos; la redondeé: cuando llegué a Acapulco la tenía completita de tanto que la había madurado entre curva y recta; me senté, la anoté y tuve la certidumbre ya irrevocable de que tenía la novela. Fue como un gran descanso; me quité un enorme peso de encima; el peso de siete años sin escribir una palabra. Íbamos una semana de vacaciones y no aguanté; a los tres días me vine, me senté frente a la máquina, agarré esa frase y sin un plan previo empecé a escribir durante ocho horas diarias, a veces más, y sin detenerme para que no se me fuera la idea. A medida que aumentaban las cuartillas aumentaban también mis deudas[112].

Desde *La casa*, novela que empezó a escribir a sus dieciocho años en la costa colombiana y que jamás fue publicada, ya tenían vida en su cabeza la historia, los personajes y la trama, pero faltaba un elemento clave: el tono. Fue en ese viaje al sur del país donde lo encontró.

En ese instante decidió apostarlo todo, empeñó su carro y más, y abandonó sus trabajos como redactor publicitario y guionista cinematográfico para dedicarse de lleno a la manufactura de *Cien años de soledad*. El dueño de la casa donde vivían extendió el plazo para el pago del

---

[111] *Ibíd.*

[112] Poniatowska, E. (2017). *Ida y vuelta. Entrevistas.* Ciudad de México: Era. P. 275.

alquiler, el carnicero consintió sostener una deuda que llegó a los cinco mil pesos; el barrio completo, solidario ante el escritor y la creación de su obra, le apoyó con un "interés mágico": un halo rodeó la obra desde sus primeras letras en un entorno social que le fue favorable.

El campo literario también fue trascendental en la construcción de este libro. Álvaro Mutis, su esposa Carmen Miracle, Jomí García Ascot y María Luisa Elío no solo le ayudaron a sobrellevar sus deudas y le dieron de comer y beber, sino que además dedicaron muchas noches a escucharlo, lo que le ayudaba a consolidar y dar cauce a sus ideas.

Después de una conferencia pronunciada por Carlos Fuentes en el Palacio de Bellas Artes, Mutis invitó a su casa a varias de sus amistades: al expositor, Rita Macedo, el costeño y su esposa, los escritores mexicanos Elena Garro, Fernando del Paso y Fernando Benítez y los españoles García-Elío. En el recorrido hacia la residencia del poeta bogotano, G. M. empezó a relatar la historia de Macondo y de los Buendía:

> Entre los oyentes del aedo de Aracataca, había uno insaciable, la española María Luisa Elío, quien logró que aquel le contara durante tres o cuatro horas la novela completa. Cuando el escritor le refirió la historia del cura que levita, su oyente salió del encantamiento y le lanzó la primera pregunta de incredulidad: "Pero ¿levita de verdad, Gabriel?". Entonces él le dio una explicación todavía más fantástica: "Ten en cuenta que no estaba tomando té, sino chocolate a la española". Al ver a la oyente subyugada, el aedo de Aracataca le preguntó si le gustaba la novela, y María Luisa simplemente le contestó: "Si escribes eso será una locura, una maravillosa locura". "Pues es tuya", le dijo él[113].

G. M. cumplió su palabra. Meses más tarde, al abrir el libro por primera vez, la pareja de exiliados se encontró con que estaba dedicado a ellos.

Durante los dieciocho meses que dedicó a escribir su libro[114] consultó a médicos, abogados y juntó en su casa cantidades de libros de alquimia, filosofía, medicina y gastronomía. Sabía, sin embargo, que no podía consagrarse a la investigación de los temas que abordaba en su novela, pues aquello le implicaría perder su ritmo de trabajo. Acudió de nuevo a los amigos; a varios de ellos les pidió que, en el plazo máximo de

---

[113] Saldívar, D. (1997). *García Márquez. El viaje a la semilla. La biografía*. España: Santillana. P. 443.

[114] Periodo que tuvo inicio en octubre de 1965, según G. M. y en enero del mismo año, de acuerdo a Vargas Llosa.

una semana, hicieran revisiones exhaustivas de temas específicos como las guerras civiles de Colombia y Latinoamérica, las propiedades de algunas plantas o las pestes medievales:

> Yo le hablaba a José Emilio Pacheco: "Mira, hazme el favor de estudiarme exactamente cómo era la cosa de la piedra filosofal" [...]. Cuando yo llegué en 1961, el grupo que estaba en difusión cultural: Pacheco, Monsiváis, Juan García Ponce, Juan Vicente Melo, y por otro lado, Jomí García Ascot trabajaron para mí. Ahora me doy cuenta de verdad que todos ellos estaban trabajando en *Cien años de soledad*[115].

El escritor, ensayista, crítico literario, editor y periodista mexicano Emmanuel Carballo, codirector con Carlos Fuentes de la ya mencionada *Revista Mexicana de Literatura* e impulsor de la carrera literaria de numerosos escritores fue, precisamente, uno de los que revisó los manuscritos en las entregas a cuotas que le hacía su autor, leyéndolos con fascinación. Su esposa Neus Espresate, una de las dueñas de la editorial Era, fue contagiada por la fiebre de la obra garciamarquiana y se ilusionó con la idea de publicarla, pero se encontró con que G. M. ya había adelantado negociaciones con Sudamericana y, por ende, la publicaría con el sello argentino. Pese a haber publicado previamente con Era[116] (*El coronel no tiene quien le escriba*, 1963) y de la fuerza de editoriales mexicanas como el Fondo de Cultura Económica (FCE), G. M. consideraba que eran Seix Barral (Barcelona) o la editorial argentina las que podían ponerlo a circular en el mercado internacional. De hecho, Sudamericana estaba ahora "mucho más atenta a la literatura del continente americano y a las novedades [...]. Entre las causas de esa ampliación se suelen mencionar una clase media en ascenso, la expansión de la matrícula universitaria, la internacionalización de las corrientes culturales"[117].

La creación de *Cien años de soledad* estuvo rodeada de un misticismo que su autor fue alimentando durante años. Lo que sí se conoce con certeza es la manera en que fue tejiendo una serie de oportunidades con el fin de preparar el mercado para la publicación del libro. Lo primero

---

[115] García Márquez, G. en Poniatowska, E. (2017). *Ida y vuelta. Entrevistas*. México: Era. P. 269.

[116] Nota de autor: esa era todavía la lógica de la edición en un campo literario autónomo que se regía por sus propias reglas: en detrimento de la normal tendencia comercial de una empresa, todavía funcionaba con responsabilidad cultural (Rama, 1982, p. 249).

[117] De Diego, J. L. (s. f.). "La edición en Argentina". Recuperado de https://tinyurl.com/y6ospkrf

fue una lectura en voz alta de sus primeros capítulos en un evento organizado por el Departamento de Cultura del Ministerio de Asuntos Exteriores mexicano. G. M. temía que los halagos de sus amigos fueran producto del afecto y no de una percepción objetiva del libro; le interesaba, por lo tanto, conocer la recepción que este tendría por parte del público. Al ver a los asistentes embelesados ("Realmente la gente estaba como suspendida", afirma), comprendió que iba por buen camino. Lo segundo fue "una operación milimétrica de fechas oportunas, anticipos de capítulos o fragmentos en diversos medios, comentarios de personalidades, distribución adecuada de las librerías, etc."[118]. En esta maniobra lo apoyaron el editor argentino Francisco Porrúa y su agente literaria, Carmen Balcells, quienes buscaron espacios en diversos medios para que fueran publicados avances o fragmentos de la novela. Así se sucedieron las entregas: *El Espectador* (Colombia, mayo de 1966), *Mundo Nuevo* (Francia, agosto de 1966 y posteriormente en febrero de 1967; se vendía en Estados Unidos, Holanda, España, Portugal y casi toda América Latina), *Amaru* (Perú, 1967), *Eco* (Colombia, febrero de 1967), *Diálogos* (México, abril de 1967) y *Primera Plana* (Argentina, mayo de 1967).

Finalizado el manuscrito, el costeño lo envió a Buenos Aires en dos partes, y este llegó a manos de Porrúa. Allí fue publicado en mayo de 1967 por la editorial porteña. Ese fue su *boom* personal y la puerta de entrada al reconocimiento por parte de un país que le dio la mano. Elogiosas reseñas fueron escritas en varios países, principalmente en México. Una de ellas, publicada por el diario *Excélsior*, de autoría de Elena Poniatowska, afirmaba: "Hace años no leíamos un libro tan virginal, tan limpio, tan intocado como *Cien años de soledad* […], es una gran novela, una novela extraordinaria, escrita con un estilo sencillo, directo, conciso, claro…"[119].

Entre los ires y venires de cartas y contratos, ocurrió algo trascendental para su carrera: tras meses de una comunicación meramente epistolar y telefónica con su agente literaria, la española Carmen Balcells, finalmente la conoció en persona. La gestora leridana sorprendió al padre de Macondo con un contrato con el que llevaría a las imprentas estadounidenses sus cuatro libros anteriores, eso sí, con una cifra que al escritor le pareció irrisoria.

- - - - - - - - - - - - -

[118] Zuluaga, C. (2013). "Al final del sur está México" en *Gabriel García Márquez. El vicio incurable de contar*. Bogotá: Panamericana. P. 77.

[119] Poniatowska, E. (1967). "Una novela extraordinaria" en Cobo Borda, J. G. (1997). *Silva, Arciniegas, Mutis, García Márquez*. Bogotá: Biblioteca Familiar Presidencia de la República. P. 483.

Hablando sobre esta época de G. M., el librero y escritor colombiano Álvaro Castillo Granada me dijo:

> Yo creo que García Márquez se sentía en México como en su casa y allá se encontró con amigos y con gente que fue después fundamental para su vida, gente que lo ayudó en su camino de formación y consolidación de su senda como escritor. Encontró el ambiente propicio para escribir *Cien años de soledad*, encontró escuchas atentos que lo acompañaron en ese proceso de creación. Por ejemplo está la pareja de Jomí García Ascot y María Luisa Elío, españoles republicanos exiliados allá; ellos fueron de los escuchas. Y también en México trabajó como publicista, guionista de cine, publicó en el año 62 *Los funerales de la Mamá Grande*, el libro de cuentos en la Universidad Veracruzana; encontró la amistad de toda esa gente. Se encontró con Carlos Fuentes y yo creo que eso fue fundamental[120].

G. M. y Mercedes viajaron a Argentina para encontrarse con los editores y los ávidos lectores que, tras sus primeros quince días en las librerías, habían agotado los ocho mil ejemplares de la primera tirada y se acercaban a dejar en ceros la segunda edición. En algunas librerías de Latinoamérica se hicieron listados de compradores que querían tener de primera mano su ejemplar de la obra.

La fama lo golpeó de frente; no alcanzaba a imaginar el gran revuelo que había ocasionado su libro. Tanta fuerza lo sacudió; sintió la necesidad de seguir caminando pero en latitudes más lejanas, en el Viejo Mundo. Este los recibió con solicitudes para traducir su obra a diversas lenguas y un gran reconocimiento a sus letras, hecho que partiría en dos la literatura de nuestro continente.

Sobre la obra del colombiano, la periodista y escritora guanajuatense María Luisa Mendoza sintetiza, de alguna manera, el sentir de ese país respecto al costeño y su obra:

> México existía unívoco en nosotros sin admitir a nadie más. Aún no entendía adentro, en el alma, lo que entrañaba el ser colombiano, porque todo estaba acoquinado en mi mundo pequeño, familiar y literario: es decir que G. M. lo reveló trayendo su trópico caribeño al leerlo[121].

- - - - - - - - -

[120] Castillo Granada, Á. Comunicación personal. Junio de 2017.
[121] Cobo Borda, J. C. (Selección y prólogo). (1992). *Gabriel García Márquez. Testimonios sobre su vida*. Ensayos sobre su obra. Bogotá: Siglo del Hombre Editores. P. 31.

Fue México la tierra donde se gestó y creció todo. Como lo recuerda Mutis, G. M. encontró allí una "misteriosa y fecunda relación [...], una teoría de señales, de símbolos elocuentes, de sordos y alucinados llamados que fueron derecho a lo más secreto, a lo más cierto de su ser"[122].

Así lo señala Dasso Saldívar respecto a lo que representó México para ambos escritores, pues les ofreció mayores estímulos y posibilidades:

> Aunque con dificultades al principio, lograron empleos estables y bien remunerados, y, lo más importante, un medio intelectual, artístico y literario rico y variado que en ese momento no hubieran encontrado en ningún otro país latinoamericano y menos en Colombia, que seguía siendo uno de los países más cerrados al mundo y al resto de América Latina. México les ofreció una historia, una cultura, una experiencia artística y una literatura más antiguas, sólidas y universales, pues se había enriquecido notablemente con la inmigración de la guerra civil española [...]. Pero es cierto que, sin esos dos o tres años de experiencia en el cine mexicano como guionista, sin el conocimiento minucioso de la obra de Juan Rulfo y sin el apoyo de sus amigos y sin el ambiente laboral que finalmente encontró en México, con toda seguridad la escritura de su novela magna no sólo se hubiera retrasado, sino que tal vez hubiera sido una obra muy distinta. El caso puede ser extrapolable en muchos aspectos a lo que le ocurrió al mismo Álvaro Mutis[123].

La amistad de estos dos, nacida en la Cartagena de 1949, fue precisamente una de las más importantes para la literatura latinoamericana. Más de una década después, México fue el refugio de dos escritores que encontraron un territorio dónde seguir compartiendo su recíproca admiración literaria y su fascinación por el jolgorio y las tertulias. Mutis abrió a G. M. las puertas de un universo cultural inesperado y recorrió con él los caminos de un campo literario que se iba maravillando ante su capacidad creativa. En un ejercicio permanente de lecturas, críticas y retroalimentaciones, alimentaron mutuamente sus obras, creciendo no solo como amigos sino también como escritores[124].

---

[122] Mutis Durán, S. (comp. y ed.). (2011). *Álvaro Mutis. Estación México. Notas 1943 - 2000*. Bogotá: Taurus. P. XVI.

[123] Saldívar, D. comunicación personal. Abril de 2019.

[124] "A G. G. M., esta historia que hace tiempo quiero contarle pero el fragor de la vida no lo ha permitido". Mutis, Á. (1988). *La última escala del Tramp Steamer*. Ciudad de México: Ediciones del Equilibrista.

El cataquero lo definió así en un discurso que leyó durante la celebración del septuagésimo cumpleaños del bogotano:

> Basta leer una sola página [...] para entenderlo todo: la obra completa de Álvaro Mutis, su vida misma, son las de un vidente que sabe a ciencia cierta que nunca volveremos a encontrar el paraíso perdido. Es decir: Maqroll no es sólo él, como con tanta facilidad se dice. Maqroll somos todos...[125].

Desde la otra orilla, el poeta Santiago Mutis Durán rememora la generosidad que su padre prodigó hacia el autor de *La mala hora*: "Ellos construyeron una patria propia donde había una ley escrita que era la ley de la libertad y la integridad". En esto coincide William Ospina:

> ... yo diría que fue definitiva la proximidad de Mutis para el surgimiento de la obra de García Márquez. Ese diálogo entre esos dos colombianos en México fecundó, por supuesto, la obra de ambos y configuró el momento más alto de nuestra literatura, de nuestra inclusión en las corrientes de la época. Gabo fue el gran prosista de lo que llamamos el *boom latinoamericano* y yo diría que Mutis es el poeta del *boom latinoamericano*, si no incluimos a Neruda en él, si lo consideramos más bien un precursor[126].

En una entrevista que hice a Álvaro Castillo, este recordó a Mutis, su vida en México y, sobre todo, su relación con G. M. así:

> Él también, como García Márquez, hizo de México su casa sin renunciar jamás a Colombia. Él decía que en su jardín tenía sembrados unos árboles que le recordaban y lo traían a su tierra. Y nunca dejó de ser anfitrión de los colombianos. Algo que yo creo –hablo de lo que yo sé– es que México era una tierra propicia en ese momento para los inmigrantes, para la gente que quería empezar de nuevo y sobre todo, tenía mucho aprecio y respeto por los intelectuales. No hay que olvidar que allá gran parte de los exiliados españoles republicanos van a hacer su vida y van a hacer una obra fundamental para el desarrollo editorial, científico y cultural... Es que ellos hacían parte de la cultura mexicana; yo creo que la gente los quería y no los consideraba extranjeros. Creo que el punto es ese: sabían que eran extranjeros, pero ellos se hicieron querer por los nacionales[127].

---

[125] García Márquez, G. (1993) en HJCK (Ed.). (2007). "Mi amigo Mutis". *Álbum de Maqroll El Gaviero*. Bogotá: Alfaguara. P. 30.

[126] Ospina, W. Comunicación personal. Junio de 2018.

[127] Castillo, Á. Comunicación personal. Junio de 2018.

Dasso Saldívar coincide con Castillo respecto a las condiciones de posibilidad que les ofreció aquel país:

> Yo creo que de alguna manera México, sus colegas y sobre todo los lectores mexicanos los consideraron siempre como dos mexicanos más. Y no dos mexicanos cualesquiera, sino dos mexicanos colombianos que dieron honra y prestigio al país. Es sabido que García Márquez llegó a ser un escritor inmensamente popular en México y probablemente el escritor más leído entre los mexicanos. También fue amigo y un hombre muy respetado por los presidentes y otros dirigentes mexicanos. Ahora, que Álvaro Mutis y García Márquez hubieran escrito gran parte de su obra en suelo azteca, eso les concedió una filiación terrena, espiritual y artística muy profunda con aquel país, y de ahí también esa aceptación como autores nacionales de sus lectores mexicanos. Y eso a pesar de que siempre conservaron su nacionalidad colombiana y su esencia de hombres y de escritores colombianos. Para decirlo de otra manera: sus experiencias mexicanas, su cultura mexicana, sus logros mexicanos, son vertientes que vinieron a enriquecer lo colombiano en ellos[128].

Xavi Ayén, autor de *Aquellos años del boom*, lo resume de esta manera: "García Márquez creó un puente indestructible entre los dos países. Muchos colombianos (también pintores, etc.) formaron parte de la colonia intelectual colombiana en México"[129].

Sin importar la fama que llegaría con el Nobel, el cataquero regresó a morir al país que lo acogió como suyo. Así lo afirmó él mismo, de la forma más austera y sentida: "Aquí he escrito mis libros, aquí he criado a mis hijos, aquí he sembrado mis árboles"[130].

---

[128] Saldívar, D. Comunicación personal. Abril de 2019.
[129] Ayén, X. Comunicación personal. Abril de 2019.
[130] García Márquez, G. (1996). *Notas de prensa. 1980 - 1984*. Bogotá: Norma. P. 467.

Segundo interludio

Yo también te recuerdo, Gabito

Ella los leyó y escuchó a todos. Cuando los grandes autores estaban creando sus primeras obras y formándose como escritores fue ella quien, con su alma de reportera, iba a entrevistarlos. En los grandes diarios de México eran publicadas esas notas que enamoraron a todos; gracias a su pluma pudimos tener visiones más íntimas y menos decimonónicas sobre escritores como Octavio Paz, Juan Rulfo, Julio Cortázar y Jorge Luis Borges, entre otros. Aquella espléndida mujer que se distinguía por su pelo claro cuando caminaba por Ciudad de México, ejercía la profesión de periodista con el alma, como le gustaba a G. M.; luego se entregó a la literatura y nos mostró otra faceta de su genialidad. Sus libros entran como un buen tequila, suavemente pero con contundencia, siempre quemando algo por dentro.

En abril de 2017 volví por tercera vez a la capital manita para encontrarme con Elena Poniatowska y enterarme de algunos nuevos secretos sobre la relación de México y Colombia. Caminé hasta una hermosa casa que se encuentra cerca de una plaza empedrada al lado de la parroquia de San Sebastián Mártir. Esperé por algunos minutos en la biblioteca, llena de libros firmados por soberbios maestros de la literatura, cada uno perfectamente catalogado. Me recibió con esa memoria prodigiosa que se traduce en sus palabras, entregando momentos memorables de la literatura de hace ya cincuenta años.

El primer tema fue G. M. Elena rememora así su encuentro con él: "Fui al noticiero cinematográfico semanal Televista, un centro televisivo donde se hicieron películas que dirigía Manuel Barbachano Ponce". Al cataquero lo conoció allí, lugar que también acogió a Alfredo Guevara, destacado cineasta cubano fundador del Instituto Cubano del Arte e

Industria Cinematográficos quien, junto a Carlos Velo, G. M. y Fuentes, creó un guion sobre *El Gallo de oro*, obra original de Juan Rulfo. Elena, por su parte, llegó a la televisora a hacer "unas pequeñísimas películas que me pedía Manolo Barbachano con temas como, por ejemplo, el lugar donde nació Sor Juana Inés de la Cruz o sobre Armando Manzanero, y trabajaba así porque en esa época todos éramos jóvenes".

Además de compartir esos espacios de producción creativa, también se dedicaban a festejar. Una de las escenas que más recuerda fue la de García Márquez bailando cumbia en uno de los famosos festines que organizaba Fuentes en su casa: "Carlos Fuentes amó muchísimo a Gabo, y viceversa; eran casi hermanos los dos". Sobre aquella noche, Poniatowska comenta: "Gabo no era en ese tiempo como lo fue después: el centro de la fiesta" y "un rayo de angustia le atravesaba los ojos", sensación que el escritor logró calmar cuando decidió trabajar en su gran obra.

Al respecto, el colombiano relata:

> Seis años antes había publicado mi primera novela, *La hojarasca*, y tenía tres libros inéditos: *El coronel no tiene quien le escriba*, que apareció por esa época en Colombia; *La mala hora*, que fue publicada por la Editorial Era poco tiempo después a instancias de Vicente Rojo, y la colección de cuentos de *Los funerales de la Mamá Grande*. Sólo que de este último no tenía sino los borradores incompletos, porque Álvaro Mutis le había prestado los originales a nuestra adorada Elena Poniatowska, antes de mi venida a México, y ella los había perdido. Más tarde logré reconstruir todos los cuentos, y Sergio Galindo los publicó en la Universidad Veracruzana a instancias de Álvaro Mutis[131].

La amistad siguió creciendo; Elena recuerda que su relación "fue muy buena; lo fue hasta el último momento, y ya cuando él hablaba muy poco, venía a comer a mi casa con facilidad porque su hijo vivía a dos casas; (era) un hogar muy grande con dos puertas". Se refiere a Gonzalo, quien estaba casado con Pía Elizondo, hija del escritor mexicano Salvador Elizondo. Dada la vecindad de sus residencias, cuando García Márquez y Mercedes Barcha visitaban a su hijo, también se asomaban a la casa de Elena. Tan cercana era su relación, que Mercedes le decía a la autora: "'¿No me puedes guardar aquí unas macetas?'; entonces yo metía en mi casa sus macetas". El día que ganó el Nobel, el autor de *El amor en los tiempos del cólera* llegó a su puerta con un camión lleno de

---

[131] *Ibíd.*

rosas amarillas; "casi llenó toda la plaza de mariposas amarillas", comenta la escritora con un aire de nostalgia.

En una entrevista para el diario *La Jornada*, Poniatowska expresó lo siguiente sobre la muerte de G. M.:

> Es una pérdida enorme para todos los que lo conocimos. Somos los amigos de antes del Nobel y así lo consideraba él, un hombre entrañable. Incluso, ya teniendo el Nobel era de lo más cariñoso y accesible. Era una delicia verlo y platicar. Decía cosas como, "¿Te gusta mi pantalón?". Y yo le contestaba: "Pues sí, está padre". Entonces, él respondía: "Bueno, quizá me pueda comprar dos o tres, porque si esos me quedan bien, mejor tener tres o cuatro", cosa que ningún premio Nobel te consultaría. También preguntaba: "¿Crees que este gris combina con esto café?". Tenía una vulnerabilidad que no he visto en ninguna otra persona; a él se le quedó a pesar del triunfo y el reconocimiento[132].

Seguí hablando con ella y en su cara se advertía esa imagen del recuerdo que toca, que cala el alma. Entre la preocupación por su gato enfermo, Monsi, la compañía de su adorada minina Vais y como homenaje a aquel adorado amigo y escritor cuya casa vivía llena de felinos (Carlos Monsiváis), me dijo que G. M. le había dado a Era, su editorial de ese entonces, los manuscritos de *Cien años de soledad*. El negocio no resultó pues el costeño necesitaba un anticipo con extrema urgencia, decidiéndose al final por Sudamericana. Allí nace la historia de un texto dividido en dos partes que lo obligó a vender hasta el último objeto para poder recoger el dinero suficiente y así poder enviar el texto a Argentina.

Antes de irme, la escritora me confesó que fue una de las primeras en leer *Los funerales de la Mamá Grande*, editado por primera vez para la Colección Ficción de la Universidad Veracruzana; el extravío del original por parte de la escritora –como lo narra G. M.-, no fue mencionado por ella. Luego le comenté que esa misma editorial había publicado también por primera vez el *diario de Lecumberri* de Álvaro Mutis, gran amigo de García Márquez y suyo… esbozó una sonrisa dulcísima, pues fue en esa prisión donde visitó en numerosas ocasiones al poeta colombiano mientras sufría las penurias que lo llevaron a crear aquella obra. Entre calabozos y saludos de domingo, Mutis dio luz a uno de sus libros más interesantes; Poniatowska, amiga y cómplice,

---

[132] *La Jornada*. (2014). "Conmociona a creadores nacionales la muerte del 'inventor de mundos'". Recuperado de https://tinyurl.com/y2qh6r2y

acompañó sus letras y las de otros genios literarios. Las deidades entrecruzaron sus caminos; ellos se encargaron de recorrerlos y dejarnos por herencia las mejores obras de la literatura latinoamericana[133].

---

[133] La entrevista completa se encuentra al final del libro, en el capítulo *Bonus track*.

Tercera parte

El Viejo Continente y el nacimiento del boom

"Fue lo más importante que le sucedió a la literatura en español del siglo XX y transformó nuestra sensibilidad en algo más rico y profundo".

Xavi Ayén. Aquellos años del boom

En Europa también tuvieron lugar momentos sustanciales para estas relaciones literarias y de amistad. En aquellas tierras García Márquez y Fuentes encontraron grandes amigos que, como ellos, buscaban otros rumbos. Es el caso del peruano Mario Vargas Llosa, el chileno José Donoso y el argentino Julio Cortázar. La genialidad los unió y así nacieron décadas de magia, ingenio y literatura.

Fue, como lo afirma el escritor español Xavi Ayén, autor de *Aquellos años del boom*,

> el último grupo de escritores que funciona coordinadamente como tal, con similares ideas sobre la preeminencia de la novela como la mejor forma para expresar la complejidad de la experiencia humana, (con una) similar idea del compromiso político del escritor, un trato personal entre ellos continuado, la coordinación de Carmen Balcells, las citas periódicas en Barcelona (donde muchos de ellos vivieron en los años sesenta y setenta) y La Habana, los proyectos comunes (revistas, libros...) [...]. Fueron tan grandes que a veces olvidamos que el mundo editorial que habitamos lo crearon ellos: fueron el 'big bang' que multiplicó el número de lectores de novelas latinoamericanas en todo el mundo. Consiguieron ser la primera generación profesional de escritores, gracias a que Balcells impuso a los editores que los contratos caducaran tras unos determinados años y que en cada país o zona

geográfica se requiriera un nuevo contrato. También derruyeron las fronteras nacionales y crearon, por primera vez, un mercado global de la literatura en español [...]. El *boom* es la emancipación de América Latina, el ejercicio mundial de su soberanía literaria y la caída de las fronteras nacionales[1].

El encanto se revela en anécdotas como la ocurrida el 8 de diciembre de 1968 cuando Julio Cortázar, Carlos Fuentes y García Márquez tomaron un tren nocturno de París a Praga para encontrarse con Milan Kundera, gracias a una invitación de la Unión de Escritores Checos. Querían recorrer la ciudad donde nació Kafka, que poco tiempo antes había sido invadida por tanques rusos. Antes de ir a dormir, el mexicano le preguntó a Julio dónde y en qué fecha "el piano fue introducido en la orquesta de jazz"[2]. Como lo recuerda el cataquero, la interrogación fue casual, pero "la respuesta fue una cátedra deslumbrante que se prolongó hasta altas horas del amanecer entre enormes vasos de cerveza y salchichas de perro con papas heladas"[3]. Su elocuencia los maravilló. "Llegamos rendidos a Praga", recuerda el mexicano. "En la estación helada nos esperaba Milan Kundera, quien sugirió que nos fuéramos a un sauna. Según Milan, todas las paredes en Praga tenían orejas, y solo el sauna estaba libre de las escuchas oficiales del gobierno comunista"[4]. Ese día, luego del baño de calor, el autor checo empujó a García Márquez y a Fuentes al heladísimo río Ultava, en un gesto de simpática broma. Al respecto, el escritor colombiano rememora que "ni Carlos Fuentes ni yo olvidaríamos jamás el asombro de aquella noche irresistible"[5].

Un ejemplo de esta unión maravillosa aparece tras recorrer las páginas de *Cien años de soledad* sobre la que, en 1967, Fuentes afirmó:

> Acabo de leer las primeras 75 cuartillas de *Cien años de Soledad*[6]. Son absolutamente magistrales, toda la historia ficticia coexiste con la historia real, lo soñado con lo documentado, y gracias a las leyendas,

---

[1] Ayén, X. Comunicación personal. Abril de 2019.

[2] García Márquez, G. "El argentino que se hizo querer por todos". Revista *Casa de las Américas*. N° 145, julio-octubre 1984.

[3] *Ibíd.*

[4] Fuentes, C. (2007). "Para darle nombre a América" en *Cien años de soledad*. Edición conmemorativa de la Real Academia Española. Bogotá: Real Academia Española.

[5] *Op. Cit.*

[6] Nota de autor: cuando Carlos Fuentes terminó de leer *Cien años de Soledad*, le dijo a García Márquez y a Julio Cortázar que el colombiano había acabado de escribir "El Quijote de América Latina".

las mentiras, las exageraciones, los mitos... Macondo se convierte en un territorio universal[7].

La mítica relación y admiración no solo se tradujeron en sus encuentros, sino también en su obra. Los años sesenta fueron muy prolíficos para el *boom* latinoamericano: en 1962 fue publicada en México *La muerte de Artemio Cruz* por el Fondo de Cultura Económica. A propósito, en una entrevista hecha por Eligio García Márquez, este le dijo a Fuentes que muchos los señalan de haber sido quien "lanzó" el *boom*; el mexicano le respondió:

> Lo único que hice fue revelarle a los críticos y editores algunos amigos míos como José Donoso y otros. Poner en contacto a estos amigos con agentes literarios, con casas editoriales de Europa y Estados Unidos, convencido de que nuestra literatura era la mejor que se escribía en el mundo[8].

Un año más tarde en Buenos Aires, *Rayuela* de Julio Cortázar fue editada por Sudamericana. Por esos años, el futuro nobel colombiano Gabriel García Márquez estaba finalizando una de sus obras más importantes, en cuya creación los textos de sus amigos fueron materia prima fundamental. El 30 de mayo de 1967 fue publicada una de las últimas novelas del *boom*, *Cien años de soledad*. En ella el colombiano hizo varios guiños a las obras de sus amigos, reconociendo de alguna manera la admiración por ellas, así como la influencia que tuvieron sobre su pensamiento literario. La primera nota se refiere a los escritos de Carlos Fuentes:

> Pero en la noche del lunes los dirigentes fueron sacados de sus casas de la capital provisional. Entre ellos se llevaron a José Arcadio Segundo y a Lorenzo Gavilán, un coronel de la revolución mexicana, exiliado en Macondo, que decía haber sido testigo del heroísmo de su compadre Artemio Cruz[9].

Volviendo a las jornadas inolvidables para la literatura latinoamericana, una de ellas tuvo lugar en Avignon (Francia) el 15 de agosto de 1970, gracias al estreno de la obra de teatro de Carlos Fuentes *El tuerto es rey*. El mexicano decidió invitar a varios escritores para encontrarse allí:

---

[7] Fuentes, C. (1967). "Aviso sobre *Cien años de soledad*". *Revista Mundo Nuevo*.

[8] Fuentes, C. Carlos Fuentes y los misterios de "La Renaudiere". I. La cabeza de la Hidra en García Márquez, E. (1982). *Son así. Reportaje a Nueve Escritores Latinoamericanos*. Bogotá: La Oveja Negra.

[9] García Márquez, G. (2007). *Cien años de soledad*. Edición conmemorativa de la Real Academia Española. Bogotá: Real Academia Española.

> La expedición se organizó desde Barcelona. Mario Vargas Llosa y Patricia, que acababan de mudarse a la capital catalana, José Donoso y Pilar y Gabo y Mercedes, con sus dos hijos, tomaron el tren desde Barcelona a Aviñón para la premiere[10].

Desde París viajó el novelista español Juan Goytisolo, y todos llegaron a Saignon, muy cerca del lugar del estreno, donde solía ir Cortázar a descansar. El argentino organizó una cena en un restaurante local; la noche finalizó en su casa, en una gran velada colmada de botellas de alcohol, risas y baile. Hoy es imposible y, a la vez, imprescindible, imaginar la gran genialidad de la atmósfera en esa extraordinaria noche.

Ese diciembre coincidieron todos en Barcelona. Una semana antes de Navidad, Julio y Ugné viajaron desde Francia. Se encontraron García Márquez, Vargas Llosa, Cortázar y Goytisolo, todos con sus esposas, en el restaurante "La Font dels Ocellets", en el barrio gótico. Para ordenar la comida en aquel lugar, debía escribirse el pedido en una hoja; sin embargo, distraídos a causa de la alegría de verse, no cayeron en cuenta de solicitar lo que comerían. Harto de la espera, el mesero dio quejas al dueño, quien salió de la cocina; "con cara de pocos amigos y, con un marcado sarcasmo catalán, preguntó a los comensales: '¿Alguno de ustedes sabe escribir?'"[11]. Estupefactos ante lo irónico del momento, quedaron en absoluto silencio; solo Mercedes pudo responder: "Yo, yo sé", para luego leerle la carta a todos y anotar sus pedidos. Celebraron la Nochebuena juntos y bailaron toda la velada. El escritor chileno José Donoso recuerda que fue en aquel festejo cuando el *boom* terminó como una unidad:

> Cortázar, aderezado con su flamante barba de matices rojizos, bailó algo muy movido con Ugné; los Vargas Llosa, ante los invitados que les hicieron rueda, bailaron un valsecito peruano, y luego, a la misma rueda que los premió con aplausos, entraron los García Márquez para bailar un merengue tropical[12].

Después de esa oportunidad fue muy difícil verlos a todos en pleno, otra vez juntos. Los conflictos por la posición política respecto a Cuba y otros incidentes personales que terminarían en el puñetazo de Vargas Llosa a García Márquez en el 76, llevaron al declive de esta importante unión intelectual para nuestro continente. A pesar de la ruptura del grupo, Fuentes y G. M. siempre permanecieron juntos.

---

[10] Martin, G. (2014). *Gabriel García Márquez: una vida.* Bogotá: Random House Mondadori.

[11] *Op. Cit.*

[12] Donoso, J. (1983). *Historia personal del "boom".* Barcelona: Seix Barral.

El nobel canta de nuevo
"Nube viajera"

> *"... una confirmación irrebatible de este pacto entre el escritor de Colombia y la tierra mexicana, pacto hecho, como ya lo dijimos, en las más escondidas e innominadas zonas de sus respectivos destinos..."[13]*
>
> **Álvaro Mutis, 1982.**

Después de *Cien años de soledad*, la vida del nobel fue muy ajetreada. Residió en Barcelona durante seis años y luego dividió su tiempo entre Francia, México y Colombia. A su país natal regresó en febrero de 1981, buscando estrechar los lazos con él. Sin embargo, a las pocas semanas de su retorno, empezó a rumorearse que altos mandos militares relacionaban su reciente visita a Cuba con un "desembarco guerrillero en el sur de Colombia" –su amistad con Fidel le seguía pasando factura– que se hacía "oficial" en una columna del diario *El Tiempo* del 29 de marzo de aquel año, firmada por Rafael Santos Calderón bajo el seudónimo de "Ayatollah". Días antes, el 24 de marzo, un alto oficial del Ejército le había hecho saber a G. M. que el general José Gonzalo Forero Delgadillo, comandante de las Fuerzas Militares, quería verlo en su oficina para hacerle algunas preguntas sobre su relación con el M-19[14].

Bajo el régimen del estatuto de seguridad del gobierno de Julio César Turbay Ayala, una acusación de esa índole implicaba, como mínimo, la

---

[13] Mutis Durán, S. (comp. y ed.). (2011). *Álvaro Mutis. Estación México. Notas 1943 – 2000*. Bogotá: Taurus. P. 59.

[14] Siglas del Movimiento 19 de abril, organización guerrillera insurgente colombiana de izquierda.

prisión. Apoyado por un grupo de amigos, la noche del 25 de abril se refugió, con la Gaba, en la residencia de la embajadora mexicana, María Antonia Sánchez Gavito. Al día siguiente viajó a México bajo protección del Gobierno de ese país… No pudo asistir al lanzamiento de *Crónica de una muerte anunciada*. El 8 de abril publicó en *El País* de España un artículo titulado "Punto final a un incidente ingrato", en el que, como él mismo lo señala, hizo una excepción a la renuncia que había hecho al derecho de réplica y rectificación, para explicar el episodio de su repentina salida del país.

Se estableció de nuevo en esa tierra que lo recibió con los brazos abiertos y decidía ayudarlo una vez más; allí supo la noticia sobre el Premio Nobel. Ante los rumores que corrían velozmente, Mercedes y él fueron ansiosos a esperar las buenas nuevas en casa de Álvaro Mutis. Después de pasar todo un día sin saber nada al respecto regresaron a su hogar donde, a las seis de la mañana del día siguiente, recibieron una llamada del viceministro sueco de Asuntos Exteriores. Su residencia fue colmada con telegramas y un teléfono que no dejaba de timbrar; en la mesa al lado de la puerta se encontró con felicitaciones de Borges, Cortázar, Onetti, Greene, Mailer y muchos otros. Alejandro Obregón, que llegó a buscar posada en casa de su amigo, se asustó al pasar cuando vio una masa de periodistas que cercaban la casa del escritor; frente a semejante alboroto, el pintor pensó: "¡Mierda, Gabo se murió!".

Álvaro Castillo Granada, al hablar sobre los últimos años de G. M. en México, plantea que este

> nunca hizo gala de mexicanidad ni de una renuncia a su nacionalidad colombiana. El solo hecho de que su casa principal estuviera allá, que se moviera como Pedro por su casa, y que tuviera ese cariño tan grande por parte de los escritores y de los mexicanos es indicio suficiente para ver el amor tan grande que le tenían. Él manejaba su carro por las calles de México; el Gobierno mexicano le dio la Orden del Águila Azteca y la prueba máxima es que vivió allá desde 1981 hasta el final; nunca dejó su casa. Hacía parte de la vida literaria y cultural del país; él era habitué antes del Nobel cuando la vida se le enredó por la fama, era habitué de todas las fiestas con Fuentes, con Monsiváis; amigo de todo el mundo, fue amigo de Rulfo[1].

Sus siguientes libros fueron escritos en la casa del barrio Pedregal de San Ángel, desde donde estableció perdurables relaciones con los

---

[1] Castillo Granada, Á. Comunicación personal. Junio de 2017.

escritores locales. Si, por ejemplo, usted visita la Capilla Alfonsina[2], en el libro de visitas encontrará de puño y letra del nobel la frase "Tuyo, Gabo". Así, continuó consolidando sus vínculos no solamente con destacados literatos y artistas, sino también con representantes de las altas esferas del poder. Ejemplo de ello es su relación con el recién electo presidente Carlos Salinas de Gortari (1988), a quien conoció desde que fungía como secretario de Programación y Presupuesto. Años más tarde, el costeño medió para lograr un diálogo entre Bill Clinton y Fidel Castro, en medio de las crisis de los balseros. Conocidos fueron sus recorridos y nutridas charlas por las calles de Cartagena y París, acompañados –en el caso de la capital francesa– por Fuentes y Miterrand.

En el mismo año en que recibió el Nobel, le fue otorgada la Orden Mexicana del Águila Azteca. Sin algún alcance literario ni económico, el valor de esta distinción radicó más bien en que se constituía en reconocimiento por parte del país que lo amparó, y que para él significaba una sentida adopción. Con esta, G. M. no dejaba de ser un nacional colombiano sino que refrendaba, de forma simbólica, su ser mexicano, su ser de "otra patria distinta que se me ha dado sin condiciones". En el discurso pronunciado por el canciller Jorge Castañeda y escrito por Álvaro Mutis, el poeta señaló:

> ... fue en su contacto con esas subterráneas corrientes de simpatía –yo diría, mejor, de complicidad– del autor con México cuando volvieron a brotar, con vida y dominadora energía incontrolables, las fuentes de capacidad creadora que el mismo García Márquez ha confesado muchas veces haber tenido por canceladas [...]. (En suelo mexicano) un colombiano, nacido bajo el arduo sol afroantillano, escribió la verdadera, la única, la más fecunda saga sobre nuestra condición de hispanoamericanos[3].

Su huella se hace evidente en millares de páginas inspiradas en "una obra riquísima que transformó el lenguaje de raíz", como lo afirmó el mexicano, Premio Miguel de Cervantes 2005, Sergio Pitol. Su coterránea Elena Poniatowska lo expresó así:

---

[2] Nota de autor: nombre dado a la casa de cultura, museo y centro de estudios literarios que se encuentra en la residencia donde vivió el escritor mexicano Alfonso Reyes Ochoa.

[3] Publicado en *Gaceta-Colcultura*, no. 39. Número monográfico dedicado a Gabriel García Márquez con motivo del Premio Nobel de Literatura en 1982. Tomado de: Mutis, Á. "Gabriel García Márquez y el Águila Azteca" en Mutis Durán, S. (Comp. y ed.). (2011). *Álvaro Mutis. Estación México. Notas 1943 – 2000*. Bogotá: Taurus. P. 59.

> Lo que ha hecho es único porque echó a volar e hizo despegar a América Latina [...] eso es lo que hizo Gabo para América Latina: darle las alas que antes no tenía [...]. Es un autor que cuando el lector cierra el libro, sabe que le ama para siempre y eso se ve en las calles de México, y se ve en todas las partes [...]. Gabriel García Márquez es en sí mismo el monumento a las Bellas Artes de México[4].

Para Carlos Monsiváis, la "mexicanidad" del creador de Macondo se evidenciaba en las amistades que cultivó, desde Rulfo hasta Pitol, pasando por Pacheco, Paz y Fuentes, su dominio de la jerga, la comida de la que disfrutaba, los numerosos autores cuyas obras leía a profundidad, su creación de guiones para el cine de aquel país, la dirección de revistas y el conocimiento de los asuntos políticos, entre muchos otros. Y es que, además, García Márquez

> estimuló a escritores y cineastas jóvenes y apoyaba causas justas... Y, algo primordial, Gabriel seleccionaba las costumbres y las tradiciones que le interesaban y al hacerlo, se apartaba de cualquier criterio turístico [...]. (Y) todo el tiempo combinaba su irrenunciable mirada de novelista con el afecto a los elementos que le parecían valiosos[5].

El 22 de septiembre de 2013 llegó la muerte a México y se llevó a Álvaro Mutis; casi seis meses después, el 17 de abril de 2014 a las 2:35 de la tarde, como un hombre que no pudo vivir lejos de su amigo por mucho tiempo, murió G. M. y la ciudad se llenó de luto. Fue despedido como un local en el Palacio de Bellas Artes donde, en su momento, también se dio el adiós a Carlos Fuentes, Octavio Paz, Cantinflas y Chavela Vargas. Con el afecto de una romería interminable de mexicanos y colombianos se reafirmó, de alguna manera, su "misma devoción, la misma necesidad de confirmar y disfrutar, sin agotarlos jamás, esos profundos lazos [...] que lo unen a México, a los mexicanos, a nuestro cielo y a la plural y fecundante presencia de nuestras fuerzas tutelares"[6].

Un puente entre Comala y la sucursal del cielo

Casi que de incógnito, Juan Rulfo arribó en 1979 a la capital salsera de Colombia para hacer parte del Encuentro de Narrativa

---

[4] Novás, G. (2014). "Poniatowska: 'García Márquez echó a volar a América Latina'. *La Voz de Galicia*. Recuperado de https://tinyurl.com/y3rw8vcx

[5] Monsiváis, C. (s. f.). "El mexicano" en "Macondo de luto" (especial revista *Semana*). Recuperado de https://tinyurl.com/y2nfdgpj

[6] *Ibíd*. P. 60.

Hispanoamericana. Al enterarse de esto, Álvaro Castaño Castillo envió de inmediato como corresponsal de la emisora HJCK a Gloria Valencia de Castaño para entrevistarlo. Mientras tomaba grandes cantidades de café, hecho que resultó llamativo para quienes lo conocieron en aquella ocasión, Rulfo habló con la periodista sobre su trabajo y los retos que enfrentaba como escritor:

> Yo estuve buscando muchos editores y no me quisieron publicar hasta el año '53. Yo ya tenía escrita mentalmente el *Pedro Páramo*. Considero incluso que *Pedro Páramo* es anterior a los cuentos. El resultado fue que no encontraba la fórmula para contarla[7].

El director de la emisora cuenta que, para la entrevista a Rulfo, escogió a Gloria por su bagaje intelectual, su recorrido por la radio y la televisión cultural, y el desparpajo con el que lograba conversar con las grandes figuras de la literatura y las artes. Además de conocer a fondo la obra del mexicano, su esposa

> siempre tuvo una habilidad muy especial para manejar los personajes que entrevistaba y evidentemente, como lo verificaran nuestros oyentes, Gloria comenzó por internarse en los laberintos remotos de la infancia de Rulfo y pedirle una evocación de su padre y de su entorno familiar[8].

Eduardo Cruz, investigador interesado en esta visita del jalisciense a Colombia, refiere otra información al respecto:

> Al seguir la pista de Juan Rulfo por la Sultana del Valle, y gracias al querido amigo Fabio Jurado, ubiqué al también escritor Sandro Romero. Me facilitó un ejemplar del 19 de agosto de 1979 del periódico cultural El Semanario de Cali, en el cual publicó una larguísima crónica bajo el título de "La literatura en llamas", a propósito del Encuentro de Narrativa Hispanoamericana. La voz del autor fantasmal quedó en los registros sonoros de la Universidad del Valle[9].

El periodista barranquillero Heriberto Fiorillo también tuvo oportunidad de entrevistarlo. En una visita del mexicano a la capital del Atlántico, hablaron en el mítico restaurante La Cueva donde Gabriel García Márquez, José Félix Fuenmayor, Álvaro Cepeda Samudio,

---

[7] HJCK. "Personajes HJCK. Juan Rulfo". Tomado de http://www.hjck.com/personajes/juan-rulfo-19181986/20101229/nota/1404364.aspx

[8] *Ibíd.*

[9] Cruz, E. "Juan Rulfo en Cali". Revista *La Jornada Semanal*. No. 850, domingo 19 de junio de 2011. Tomado de: https://tinyurl.com/y5apqwon

Germán Vargas, Alejandro Obregón y Orlando Rivera "Figurita", entre otros, pasaban largas noches bebiendo y gozando. Fiorillo recuerda que tuvo que perseguir a Rulfo durante horas para que le concediera la tan anhelada entrevista; fue una insistente cacería que dio frutos luego de golpear varias veces en la puerta de la habitación 716 del Hotel Intercontinental.

Encerrado en su habitación,

> no lo había podido sacar nadie sino su colega Álvarez Gardeazábal para llevarlo a cumplir el riguroso horario del congreso de escritores, en el que también participan el español Camilo José Cela y el argentino Manuel Puig. Lo hemos visto dormirse en un palco del teatro municipal, parapetado en el disimulo de un gesto reflexivo, las manos puestas sobre la frente, mientras todos navegábamos en aquel sofoco del mediodía y los narradores hablaban en el escenario de un fenómeno llamado García Márquez[10].

Luego de una cita incumplida y de no responder a los llamados, Rulfo accedió a verlo en el lobby del hotel. En la crónica "Rulfo breve"[11], Fiorillo recuerda el hermetismo del autor, que se traslucía en una voz de murmullo triste y gestos reflexivos disimulados en unos cuantos cigarrillos y una sonrisa que apenas se insinuaba. Cuenta que hablaron sobre su obra, el cine, su timidez, los cuentos que quiso excluir de *El llano en llamas*, su obra inconclusa titulada *La cordillera*, el ejercicio de la escritura, el amor y la muerte. Al día siguiente el escritor regresó a México dejando un rastro de su visita, de palabras escuetas y áridas, en las obras que son hoy consideradas fundamentales en la literatura mexicana.

En esa visita pudo conocer la obra de la barranquillera Fanny Buitrago, de quien afirmó en el Festival Horizontes (Alemania, 1982), que era la mejor escritora latinoamericana porque escribía como un hombre.

Un adiós hacia el cielo colombiano

En 1983, con ocasión del Primer Encuentro de la Cultura Hispanoamericana llevado a cabo en el Gobierno de Belisario Betancur Cuartas, se había programado la visita, entre otras personalidades, de la escritora colombo-argentina Marta Traba, su esposo, el escritor urugua-

---

[10] Fiorillo, H. (2000). *Nada es mentira. Crónicas y otros textos*. Bogotá: Planeta.
[11] *Ibíd*. P. 105.

yo Ángel Rama, el poeta y editor peruano Manuel Scorza, la pianista catalana Rosa Sabater y el escritor mexicano Jorge Ibargüengoitia Antillón. Abordaron el vuelo 011 de Avianca que partió desde París y haría escala en el aeropuerto de Barajas, en Madrid. Un conjunto de fallas humanas hizo que la aeronave cayera en el municipio de Mejorada del Campo, a 21 kilómetros de la capital española. Ninguno de ellos sobrevivió.

El evento, que tuvo lugar en noviembre de aquel año y que se centró en la influencia de la poética de la generación del 27 en la literatura hispanoamericana, Roberto Burgos Cantor –uno de los asistentes–, rememora que "de esa generación vinieron José Agustín y Gustavo Sainz, el autor de Gazapo, y este compañero de Rulfo que es un excelente cuentista, Juan José Arreola"[12]. Otros invitados fueron Gabriel García Márquez, Germán Arciniegas y Arturo Uslar Pietri.

Los cervantinos mexicanos toman café

A través de sus galardonados por el Premio Miguel de Cervantes (Sergio Pitol, Fernando del Paso, Carlos Fuentes, Elena Poniatowska y José Emilio Pacheco), México nos visitó en numerosas ocasiones. Octavio Paz nunca pisó nuestro suelo[13], pero esa ya es otra historia.

El poblano Sergio Pitol nació en 1933 y su vida siempre estuvo conectada al arte y la literatura. Una relación que lo marcó fue el encuentro con el escritor colombiano R. H. Moreno Durán en su larga permanencia en Europa en 1975, especialmente en París, donde ejercía como agregado cultural de México, en la misma embajada que ocupaba Carlos Fuentes. Gracias a un amigo poeta y por insistencia del colombiano, que quería conocerlo, lograron encontrarse en el café Les Deux Magots:

> Tras cenar, y luego de deambular durante largo rato, decidimos repostar en 'La Palette', un café algo bohemio y extravagantemente situado para lo que dispusiera la noche. Allí departimos sobre los

• • • • • • • • • • •

[12] Burgos Cantor, R. Comunicación personal. Diciembre de 2017.

[13] Nota de autor: pese a no haber visitado nuestro país, Paz sostuvo un contacto cercano con varios escritores colombianos. Uno de ellos fue R. H. Moreno Durán, quien lo entrevistó en su casa en Ciudad de México. Sobre él, dijo: "Para quien no lo conoce personalmente, lo primero que llama la atención es su lucidez, su solvencia especulativa, su pasmosa capacidad para desarrollar un tema a medida que lo expone: virtualmente, Paz crea el tiempo que reflexiona." Moreno Durán, R. H. (1995). *Como el halcón peregrino*. Bogotá: Santillana -Nuevo Siglo-Aguilar. P. 249.

últimos libros de este y el sospechoso engagement de aquel, sobre el *boom* y el pos*boom*, en fin, sobre las penurias y venturas de la sociedad literaria[14].

Cerraron la noche en otro bar, donde amanecieron. Se despidieron con un abrazo, agradeciéndose mutuamente por la divertida noche: "La jornada había estado indeleblemente marcada por el azar del robo: ninguno de nosotros había pagado la cuenta del bar en la convicción de que el otro, a su vez, lo había hecho"[15]. Se vieron de nuevo en 1980 en un encuentro sobre el cuento latinoamericano llevado a cabo en la Sorbona; allí descubrieron la verdad sobre aquella noche en la que, sin saberlo, se fueron sin pagar.

En 1991 se encontraron en la casa del mexicano, en Coyoacán, para grabar una de las míticas entrevistas del programa *Palabra Mayor*, coordinado por el colombiano: "La memoria real de Pitol no cesa. Durante horas revive anécdotas y sucesos no siempre apacibles y aleccionadores". Se despidieron para verse de nuevo dos días después en el Hotel Casablanca, donde cenaron con Carlos Monsiváis, Juan Villoro y Juan Soriano. Esa velada sería el germen de múltiples encuentros posteriores, colmados de humor y excesos, en ciudades como Mérida, Xalapa y Bogotá.

La amistad de estas dos figuras trascendió su obra y llevó al colombiano a señalar sobre Pitol: "Más que un hábito de vida, su cosmopolitismo constituye un cierto estado de ánimo que, apoyado en la susceptibilidad mundana de la élite, le permite desplegar los trazos de una singular ficción"[16].

Como asiduo visitante de nuestro país, el autor de *Nocturno de Bujara* vino en 1981 a presentar este libro en Bogotá, ocasión en la que departió con el filósofo colombiano Ramón Pérez Mantilla. Volvió en 1998 para la presentación de *Soñar la realidad*, y en 2001 para el lanzamiento de su libro de memorias *El viaje* (Torre de Letras, 2010), en cuya primera página hay una dedicatoria a un poeta bogotano a quien quiso mucho: "Para Álvaro Mutis, mi hermano en Rusia". En aquel entonces fue entrevistado, entre otros, por el periodista cultural colombiano Jorge Consuegra, a quien luego del encuentro radial escribió en su diario: "A

---

[14] Moreno Durán, R. H. (1995). *Como el halcón peregrino*. Bogotá: Santillana-Nuevo Siglo-Aguilar P. 263.

[15] *Ibíd*. P. 265.

[16] *Ibíd*. P. 262.

J. C. que me hizo enorgullecerme al oírlo hablar con tanto entusiasmo y conocimiento de México. Bogotá, 20 de abril"[17].

Retornó en 2009 como invitado a la FILBo. El escritor Roberto Burgos Cantor elogió la "gran sencillez y al mismo tiempo hermosura de lenguaje, que en el fondo se complica al tejer una red entre sus textos, que se comunican entre sí a través de puentes levantados por el autor"[18]. y mencionó que la literatura de aquel no solo es importante al comunicar y escribir,

> sino la misma estructura, y su humor, producto de su inventiva, con el que le da serios golpes a aquellos que no se atreven o pueden reír. [...] Los grandes escritores tienen la capacidad de transformar a sus lectores, y así es Pitol [...] su vida está presente con todos sus absurdos, y liga lo común con lo extraordinario de una manera sagrada[19].

El mexicano agradeció las palabras elogiosas del escritor costeño, así como de los académicos de la Universidad Nacional con quienes compartió mesa; en la *alma máter* dio una conferencia en la que habló sobre sus libros.

Otro mexicano ganador del Premio Cervantes que también pisó suelo colombiano fue Fernando del Paso, quien dijo sobre Colombia:

> Es el país de América Latina que más quiero, a excepción, claro, de México, y de Costa Rica, país en donde tengo nexos familiares añejos y profundos: nada menos que a mi hermana, mi única hermana, mi cuñado, mis sobrinos y mis sobrinos nietos. ¿Y por qué quiero tanto a Colombia? Déjenme decirles que yo gozo un ajiaco, con sus guascas y su buena variedad de papas, tanto o más que un colombiano en el exilio, que lamento el Bogotazo y el asesinato de Jorge Eliécer Gaitán tanto como cualquier colombiano que se respete, y que me encantan las traducciones que de Saint-John Perse hizo el poeta colombiano Jorge Zalamea, tanto o más de lo que le gustaron al propio Saint-John Perse. También, por supuesto, y ya no como colombiano imaginario o postizo, sino como mexicano y

---

17   Nota de autor: Álvaro Castillo Granada me mostró otra dedicatoria que hizo el autor en su última visita a un periodista: "Para Juan Carlos Garay, agradeciéndole el tiempo que me dio para una entrevista que ojalá haya quedado bien. Un abrazo. Pitol. Bogotá, mayo 2003".

18   "Homenajean en Colombia a Sergio Pitol". *Universo*. Universidad Veracruzana. Año 9 / No. 366 / Agosto 24 de 2009. Recuperado de https://tinyurl.com/y5go3zye

19   *Ibíd.*

latinoamericano, me duele la larga, infinita violencia que ha sufrido ese país tan querido[20].

Confeso admirador de la obra de Álvaro Mutis y Gabriel García Márquez, dijo sobre ellos: "… me enseñaron a leer. Ellos me abrieron las puertas de la gran literatura que era para mí, entonces, la gran desconocida"[21]. Afirmó que, el conocer la obra de estos dos autores (entre muchos otros) le permitió comenzar a "aprender que mi patria, extensión de mi casa, se desparramaba al sur […] para abarcar, para abrazar a otros países"[22]. Y si con ellos aprendió a leer, fue con autores contemporáneos, "con los que había nacido nuestra literatura", con quienes aprendió a escribir, "de qué escribir y para qué". En su listado aparece otro colombiano: José Eustasio Rivera.

Su inmenso cariño por Mutis nació porque este lo llevó a amar la poesía y a García Márquez. Al bogotano lo definió como un amigo muy generoso con quien descubrió el licor Drambuie y el pastel Alaska, en restaurantes "muy buenos y muy caros" y, frivolidades aparte, como un escritor cuya obra engrandeció a Colombia, aunque vivía hace ya tantas décadas en México[23].

Con G. M. pasaba largas tardes viendo jugar a sus hijos en la sala de su casa. Con él y Carlos Fuentes dio luz a un libro titulado *El coloquio de invierno* (1992), producto de un conversatorio donde se debatió sobre los grandes cambios de nuestro tiempo, llevado a cabo en el auditorio Alfonso Caso de la Ciudad Universitaria de México en febrero de 1991; los tres autores fueron los encargados de las lecciones inaugurales en un evento. Allí, Del Paso destacó de G. M. su elegancia, su talento y "el mérito de invocar al humor"[24].

Sobre una de las obras emblemáticas del cataquero –y de Carpentier–, Del Paso afirmó: "Me parece muy bien que existan libros como *El otoño del patriarca* y *El recurso del método*. Ambos me parecen muy bien escritos, muy bellos, importantes. Y muy divertidos"[25].

---

[20] Redacción Cultura. (2015). "El lado colombiano de Fernando del Paso". *El Espectador*. Recuperado de https://tinyurl.com/y2uvhqlz

[21] *Ibíd.*

[22] Del Paso, F. (2002). *Obras completas*. Ciudad de México: UNAM, El Colegio Nacional y FCE. P. 968.

[23] Nota de autor: a esto hizo referencia en 1994, cuando Mutis llevaba ya casi cuarenta años residiendo en México.

[24] *Ibíd.* P. 1105.

[25] *Ibíd.* P. 960.

Del Paso también fue amigo del pintor y escultor Fernando Botero, tanto que su hijo heredó el moisés que dejó Botero a su paso por México. Recuerda que, pese al paso del tiempo siguió, como él mismo lo afirmaba,

> coleccionando colombianos. Amigos muy queridos, nunca olvidados, entre ellos Nicolás Suescún, Fernando Arbeláez, otro Arbeláez: Juan Clímaco, que trabajó conmigo en la BBC de Londres, Néstor Sánchez, Pancho Norden, Nancy Vicens, Juan Gustavo Cobo Borda, el desaparecido Rafael H. Moreno Durán, Bernardo Hoyos... y algunos más[26].

Cuando vino a Colombia en 1993 para presentar sus obras en la FILBo, fue entrevistado por Jorge Consuegra. Al terminar el diálogo, el periodista cultural le pidió una firma en *Noticias del Imperio* pero, contrario a la costumbre, no en las primeras hojas sino en la mitad del libro. Fernando le preguntó: "¿Para qué quieres la firma ahí donde se puede perder?"; Consuegra respondió: "No te preocupes; es porque ahí termina el capítulo que más me marcó". Sorprendido pero satisfecho con su respuesta, le dejó su rúbrica con un cordial abrazo.

En septiembre de 2018 fue inaugurada en Medellín la librería del Fondo de Cultura Económica. Esta lleva, en un acto de profundo cariño por parte del país que quiso tanto, el nombre del creador de *José Trigo*. Con unas sentidas palabras que envió para el evento de inauguración, Del Paso recordó a los asistentes lo que el poeta mexicano Juan de Dios Peza escribió tras el deceso de su entrañable Ramón López Velarde: "Qué triste será la tarde en que a México regrese sin ver a López Velarde". Del Paso las hizo entonces suyas al rememorar a su amigo, el colombiano Antonio Montaña con quien, "navegando en un mar de recuerdos" escribían juntos en una Olivetti "si no al alimón, sí al unísono".

La visita de Elena Poniatowska[27] a la tercera edición del mismo evento literario en 1990 estuvo llena de tropiezos. En 2017 la entrevisté en su casa, en el barrio Coyoacán en Ciudad de México, y así recordó aquella visita:

> Yo fui a Colombia a la FILBo, pero me pasó algo terrible que me ha impedido regresar. Yo soy muy confiada y en el avión me paré y fui al baño y le dije a un señor sentado al lado mío: "Voy a dejar mi bolsa";

---

[26] *Ibíd.*

[27] Nota de autor: Elena era muy amiga de Carlos Monsiváis, tanto que sus gatos se llaman Monsi y Váis.

cuando llegué al hotel me di cuenta que no tenía ni un centavo. Me invitan mucho pero me cuesta regresar. Bogotá me pareció preciosa, pero era una época en que decían que uno debía ir a cualquier lado acompañado; cuando íbamos a la Feria venía luego luego un carro de protección. También me invitó el presidente Belisario Betancur a un encuentro de escritores; a mí me tocó hablar con Fernando Vallejo y debajo de las puertas de los cuartos en el hotel nos ponían unas hojitas diciendo que no debíamos haber acudido a ese encuentro porque Betancur estaba gastando un dinero que no tenían los colombianos… un texto que te hacía sentir muy culpable. En el viaje iba al lado de Vallejo, "¡Qué bueno que voy con él, que estoy al lado de un cura, que cuando el avión se retumbe y antes de que se estrelle me voy agarrar de él y me voy directo al cielo!". Pues qué bueno que no se cayó el avión porque me hubiera ido con el equivocado […]. Algo que sí me trae felicidad es recordar el sabor del ajiaco y la sopa de papa, el sancocho[28].

Pese a no haber sido la mejor de sus experiencias, prodiga un gran afecto hacia los colombianos:

Tengo grandes amigos colombianos; conocí a Fernando Botero, al poeta Darío Jaramillo; yo le presenté un libro suyo en Jalapa. Pero tengo más cercanía con Fernando Vallejo que conoce muy bien a Porfirio Barba Jacob. Yo lo quiero mucho porque tenemos algo muy en común que es el amor a los animales[29].

Cuando le pregunté sobre Carlos Fuentes, otro ganador del Premio Cervantes, Elena me dijo:

Fue un escritor que triunfó muy joven, era muy prolífico; recuerdo que un año publicó novela y teatro. Él tuvo años de gran producción; parecía un tanque de guerra que iba avanzando y sembrando libros. Era una cosa increíble su fertilidad y su certeza y deslumbró a todos. Fuentes fue un fenómeno para México que no habíamos tenido[30].

… Y también fue un fenómeno que amó a Colombia gracias a García Márquez. En la década de los ochenta, Fuentes obró como colaborador del suplemento cultural "Magazín Dominical" de *El Espectador*. En 1993, fue recibido en nuestra tierra por el escritor R. H. Moreno

- - - - - - - - - - - - - -

[28] Poniatowska, E. Comunicación personal. Abril de 2017.
[29] *Ibíd.*
[30] *Ibíd.*

Durán, quien lo había conocido en 1975 en París gracias a la gestión de Sergio Pitol. Sobre él, el colombiano diría:

> Todo un señor [...]. Siempre tuve por Carlos Fuentes una particular estima, algo que va más allá de la sinusoide que a todos sus lectores nos ofrece el universo plural de sus ficciones y ensayos. Creo que buena parte del valor de su obra y del sentimiento de libertad que se deriva de la misma obedece al inequívoco afán de Fuentes por buscar nuevos caminos, experimentar siempre, jugársela con el lenguaje. La libertad que irradia su escritura es la firme dirección de su instinto[31].

En la última de sus visitas hizo parte del acto inaugural del Hay Festival en Cartagena de Indias el 26 de enero de 2012. Allí habló sobre la legalización de la droga y calificó al presidente Juan Manuel Santos como el mejor mandatario de la región, recordando los días en que este fue su profesor en la Universidad de Harvard. También rememoró el hecho de haber sido un espectador de primera mano en la creación de *Cien años de soledad* y que, al terminar de leerla, les dijo a su autor y a Julio Cortázar que aquel era "El Quijote de América Latina". El 1 de febrero firmó libros en el Centro Cultural Gabriel García Márquez.

Como lo planteó el creador de Macondo, la curiosidad del mexicano "no reconoce tiempos ni fronteras" y esto lo llevó a explorar nuevas literaturas, buscando vislumbrar qué caminos tomarían las letras latinoamericanas después del *boom*. En esa búsqueda nació su libro *La gran novela latinoamericana*, donde indagó, entre otras, sobre las letras que se estaban gestando en Colombia. Se cuestionó sobre el rumbo que tomaría la literatura de nuestro país después de *Cien años de soledad*, obra que la había llevado a su universalización pero que, al mismo tiempo, había consumido el realismo mágico como fórmula infalible. Encontró que algunos escritores, marcados por el poderoso sello garciamarquiano, intentaron extender en sus páginas el genio del cataquero mientras que otros, por el contrario, se desligaron de ese estilo y buscaron sus propias formas y temas, encaminándose hacia otros rumbos literarios que superaran el canon del gran libro de García Márquez. Al respecto, señaló:

> La cosecha de nuevos novelistas colombianos es muy llamativa porque el enorme éxito de Gabriel García Márquez y *Cien años de soledad* ha sido asumido por la generación actual para abrir caminos inéditos. Es como si Gabo, con Cien años, hubiese agota-

---

[31] Moreno Durán, R. H. (1995). *Como el halcón peregrino*. Bogotá: Santillana-Nuevo Siglo-Aguilar. P. 229.

do totalmente la tradición de lo "real maravilloso" llevándola a la cumbre, como al barco anclado en una montaña que no es posible escalar más. Imitar a García Márquez es imposible. Descubrir otros senderos, posible. Subir a otras montañas, necesario. Apenas esbozo la riqueza de la novelística colombiana actual si menciono a Laura Restrepo, William Ospina, Héctor Abad Faciolince y Juan Carlos Botero[32].

Más adelante, Fuentes hizo énfasis en dos autores colombianos contemporáneos que llamaron su atención: Juan Gabriel Vásquez y Santiago Gamboa. Sobre el primero, destacó el secreto y la belleza de su obra, de gran inteligencia narrativa. Del segundo resaltó su capacidad para penetrar desde un formidable relato en la odisea de un expatriado latinoamericano; un "Ulises colombiano", lo llamó.

En las últimas entrevistas que concedió, comentó que estaba escribiendo una novela sobre Carlos Pizarro, comandante del M-19, quien murió asesinado en un avión a comienzos de la década de los noventa. Tristemente, el escritor mexicano falleció tres meses después de su visita a Colombia, cuando contaba ya con 83 años de edad. La historia del guerrillero lo marcó de manera significativa, razón por la que pasó los últimos veinte años de su vida trabajando en esa obra, sobre la que afirmó que era "demasiado cercana a la realidad y sufría desvíos"[33], pues una novela no podía competir con lo real. En 2016 su viuda Silvia Lemus publicó el libro en una edición trabajada en conjunto por Alfaguara y el FCE que generó gran expectativa.

José Emilio Pacheco fue otro de los ilustres escritores mexicanos que amó Colombia, y dedicó uno de sus poemas a la impresión que le causó Bogotá: "Dura ciudad entre las dos montañas. / La niebla / hace más real lo que sucede aquí abajo"[34]. El cariño que le despertó el país se revela además en su relación con varios poetas colombianos, con los que estableció estrechos lazos.

El listado empieza con el periodista, escritor e investigador Antonio Montaña, a quien Pacheco conoció en los años sesenta en México. A ese país llegó después de salir exiliado por sus escritos contra el general Gustavo Rojas Pinilla. En tertulias que compartían con Fernando del

---

[32] Fuentes, C. (2011). *La gran novela latinoamericana*. México: Alfaguara. P. 389.

[33] Redacción *El Tiempo*. (2012). "Carlos Fuentes dejó inconclusa novela sobre Pizarro, jefe del M-19". *El Tiempo*. Recuperado de https://tinyurl.com/y25kweau

[34] Pacheco, J. E. (1989). *Ciudad de la memoria*. México: Editorial Era.

Paso, Montaña les recomendaba lecturas, y así empezaba a gestarse su vínculo con Colombia.

En la misma década, cuenta el poeta Rodolfo Ramírez Soto, Pacheco conoció al bardo bogotano Álvaro Mutis. El mexicano lo recuerda así:

> Durante mucho tiempo fuimos muy amigos. Más [una relación de] amigo-discípulo. Nos invitaba a comer, porque éramos muy pobres, al poeta Francisco Cervantes, a Ignacio Solares y a mí. Fue una persona fundamental para mi vida. Yo lo considero un maestro[35].

Para sumar colombianos a su listado, cuenta Ramírez Soto que también se hizo amigo del intelectual Fernando Charry Lara, de la generación *Mito*, al que presentó en 1960 en el Ateneo Español de Ciudad de México, institución cultural creada en 1949 para promover la cultura y la ciencia española en ese país. El colombiano correspondió a ese gesto con una lectura de los poemas del libro *Tarde o temprano* (1980) en la Casa de Poesía Silva en 1987, evento en el que dio a conocer a los lectores colombianos la producción de Pacheco. Este, inspirado por su visita a la entidad bogotana, promovió una iniciativa similar de la mano del Instituto de Cultura de Ciudad de México, y en 1994 fundó la Casa del Poeta Ramón López Velarde. En 1989 Charry Lara publicó el artículo "José Emilio Pacheco-Poemas" en la revista Casa Silva n.º 2, con el objeto de continuar divulgando la obra del mexicano.

Como secretario de redacción en la *Revista Universidad de México*, Pacheco estableció contacto con la revista *Mito* a través de su director, Jorge Gaitán Durán, con quien sostuvo una nutrida relación epistolar. Posteriormente, en 1969, visitó Colombia por primera vez y en la librería Buchholz[36] conoció al artista y escritor Nicolás Suescún, quien por entonces dirigía la revista cultural *ECO*, que buscó extender el legado de *Mito*. Para esta, Pacheco ofreció numerosas colaboraciones a lo largo de dos décadas. Suescún le presentó al poeta Juan Gustavo Cobo Borda y ahí también tuvo inicio otra amistad que se prolongó por muchos años; luego, en 1975, Pacheco le dedicó el prólogo del libro *Islas a la deriva* a su amigo colombiano.

---

[35] Ramírez Soto, R. (2017). *El silencio de la luna.* José Emilio Pacheco y sus relaciones con Colombia. Revista de poesía Ulrika, n.º 59 (2017). Disponible en https://issuu.com/poesia-bogota/docs/ulrika59-web/s/10647034

[36] Nota de autor: ubicada en Bogotá y fundada en 1950 por Karl Buchholz, un librero alemán que huyó de Alemania tras la Segunda Guerra Mundial. Funcionó también como galería de arte y en 1960 dio vida a *ECO. Revista de la Cultura de Occidente*, que publicó 272 números hasta su desaparición en 1984.

El listado de amistades colombianas de Pacheco se prolongó en María Mercedes Carranza, directora de la Casa de Poesía Silva. A mis manos llegó el ya mencionado libro *Tarde o temprano* con una dedicatoria hecha con tinta azul en la portadilla, de puño y letra del escritor, cuando visitó Bogotá en 1987: "A María Mercedes, como mínimo homenaje –a su poesía y a su persona– de su siempre lector y amigo J. E. P. En la Casa Silva. Mayo 6, 1987". Casi una década más tarde, el 24 de mayo de 1996, tras el veredicto de los jurados Eugenio Montejo, José Agustín Goytisolo, Darío Jaramillo Agudelo[37] y María Mercedes Carranza, la entidad otorgó a Pacheco el Premio José Asunción Silva por su colección *El silencio de la luna*, como mejor libro de poesía en español publicado entre 1990 y 1995. Sobre la poeta, Pacheco dijo alguna vez que en su obra se encuentran las huellas de "lo que significó ser mujer en la Colombia del siglo XX con todas sus convulsiones y transformaciones"[38].

Las dos últimas visitas de Pacheco a nuestro país, hechas gracias a la gestión del agregado cultural Eduardo Cruz Vázquez, se dieron en 2004 y 2009. En aquel año, junto con el diplomático, recorrió La Candelaria y se deleitó con la gastronomía valluna en el restaurante Fulanitos; luego visitaron el Museo del Banco de la República, al que Pacheco había hecho entrega, proveniente de su colección personal, de obras del pintor mexicano Francisco Toledo[39] para su exhibición y resguardo. Pronunció además una conferencia en la Universidad Nacional gracias a la gestión del poeta Fabio Jurado y luego dio una entrevista a la HJCK.

Cruz Vázquez recuerda que antes de llegar a la emisora

> nos abordó un vendedor de plumas. Con la musicalidad y rapidez que puede alcanzar un rolo al hablar, le vendió una fabulosa Montblanc. Traté de persuadir a José Emilio. Fue tal su emoción que no dudó en adquirirla. Pocas horas después, me la obsequió:

---

[37] Nota de autor: en la portadilla del libro *Siglo pasado* (Era, 2000) hay una dedicatoria de Pacheco al poeta antioqueño.

[38] Revista *Semana*. (s. f.). disponible en https://www.semana.com/maria-mercedes-carranza/75479-3/

[39] Nota de autor: Francisco Toledo fue el ilustrador del libro *Zoología fantástica* de Jorge Luis Borges publicado en 1984 por el Fondo de Cultura Económica. Las obras creadas para el libro del argentino, fueron expuestas en el Museo de Arte Moderno de Bogotá en 1988, consideradas como "una muestra descollante por su imaginación y poesía", según lo reseñó Eduardo Serrano en la edición no. 302 del suplemento cultural "Magazín Dominical" del diario *El Espectador*, en 1989 (P. 8).

"La mandas a arreglar o le reclamas al vendedor". Ni una ni otra cosa pude hacer[40].

Aquella tarde la fotógrafa Indira Restrepo se acercó a él en plena calle para hacerle un registro. Terminó su recorrido con una lectura en la Casa de Poesía Silva y luego viajó a Medellín para asistir al Festival Internacional de Poesía de esa ciudad, donde numerosos seguidores y periodistas querían verlo y hablar con él. Llamó al agregado cultural y le contó que "al subir a su habitación de un céntrico hotel, tan pronto entró al baño y abrió la llave... vino una fuga que de tan incontrolable los llevó a salir corriendo a otro hotel de la ciudad"[41].

Regresó en 2009 después de recibir el Premio Reina Sofía; llegó a Bogotá en agosto para participar en la Feria Internacional del Libro (FILBo), cuyo país invitado era México, por lo que fue objeto de un homenaje en dicho evento. Durante esa visita Sara Araújo, periodista del diario *El Espectador* lo entrevistó:

Sara Araújo: Usted tiene una larga relación con Bogotá, incluso le dedicó un poema.

José Emilio Pacheco: En ningún lugar he encontrado tanta generosidad. Esta ciudad me encanta. Se cumplen en septiembre 40 años desde que vine por primera vez a Colombia. Fue en 1969. El poema es muy curioso porque me lo pidieron para una revista. Era una especie de encuesta poética, pero no lo publicaron, entonces yo lo recogí.

S. A.: ¿Cómo nació su relación con nuestro país?

J. E. P.: Trabajaba en la revista de la Universidad de México a donde me llegaban revistas colombianas. En una revista *Mito* de 1961 leí una novela corta de un escritor joven desconocido: *El coronel no tiene quien le escriba*. Hablé con Mutis de esa novela y él me dio un ejemplar de *La hojarasca*, así que tal vez fui la primera persona que conoció a García Márquez en México y que tuvo un ejemplar de *La hojarasca*.

S. A.: ¿Por qué México les gusta tanto a los escritores colombianos?

J. E. P.: En los años sesenta era muy hospitalario. Ahora ha cambiado mucho, es terriblemente hostil[42].

---

[40] Cruz Vásquez, E. (2015). "Una temporada con Berny". *Milenio*. Recuperado de https://tinyurl.com/y2fejlax

[41] *Ibíd.*

[42] Araújo Castro, S. (2009). "No quiero epitafio". *El Espectador*. Recuperado de https://tinyurl.com/y67sp2lo

En conversación con William Ospina, me dijo lo siguiente sobre Pacheco:

> Es muy notable la aventura de Barba Jacob en México, donde vivió tanto tiempo y donde fue tan bien recibido, hasta el punto que un día aquí en la Feria del Libro estuvo José Emilio Pacheco y en una tertulia literaria dijo, de una manera un poco provocadora pero muy alegre, que Barba Jacob era un poeta mexicano. Todo el mundo trató de corregirlo enseguida y de demostrarle que no, que Barba Jacob era colombiano, pero lo que él secretamente quería decir es que fue allá donde encontró la patria que Colombia no fue para él[43].

Y al preguntarle al autor de *El país de la canela* sobre la relación literaria entre Colombia y México, agregó lo siguiente:

> Entre los dos países siempre ha habido una relación muy intensa y muy extraña; son muy semejantes en muchas cosas. Yo en una época creía que Colombia había crecido aprendiendo de México pero, después de visitarlo mucho, siento que también ellos crecieron aprendiendo de nosotros, que eso fue un diálogo de ida y vuelta. Muchos colombianos lo vieron siempre como un espacio de libertad, una segunda casa, y eso fue desde el siglo XIX cuando el general Melo, después de abandonar el poder aquí se fue a participar de las luchas de la Reforma mexicana y murió combatiendo allá por las huestes de Benito Juárez. Y después cuando, de todas maneras, Colombia era más hostil para la literatura, para el arte, no porque se persiguiera a los artistas y a los escritores –aunque a veces se los persiguió, como el caso de Vargas Vila–, pero sí porque no era un país muy propicio para la creación. Colombia hasta era capaz de apreciar los libros, pero no ayudaba a escribirlos; era capaz de apreciar las obras pero no le ayudaba a los escritores a hacerlas. Y México, después de la Reforma y de la Revolución se volvió muy hospitalario con las artes y con las letras, y entonces muchos colombianos viajaron allá para beneficiarse de la extraordinaria hospitalidad que los caracteriza. Muchos vivieron en esos tiempos allá: por ejemplo, músicos que llevaron el bambuco a la región de Veracruz... hubo una tradición de bambuco mexicano nacido de allí[44]. Muchos artistas colombianos

---

•••••••••••••

[43] Ospina, W. Comunicación personal. Junio de 2018.

[44] Nota de autor: el compositor mexicano Álvaro Carrillo –creador de la famosa "Sabor a mí"– fue amigo del cantante colombiano Lucho Ramírez, quien incluyó en uno de sus discos un bambuco creado por el oaxaqueño. Titulada "Luz de luna", su canción vendió más de 50 000 copias en Colombia.

se formaron allá con los muralistas en diálogo con el arte mexicano y buena parte de la literatura se ha escrito allá. Incluso algunas de las obras más decisivamente colombianas de la historia como *Cien años de soledad* y buena parte de la obra de García Márquez, como casi la totalidad de la obra de Fernando Vallejo se escribió en México, pero también algunas obras mexicanas se escribieron en Colombia[45].

México se escribe con M de Margo

A sus 89 años, me encontré con Margo Glantz en el salón de un hotel en Bogotá. Esperando que esta gran escritora, académica y crítica mexicana me llevara en un recorrido por su relación con los escritores de hace algunas décadas, me condujo en cambio por otros caminos, cuando de su boca empezaron a salir profusamente nombres de autores latinoamericanos contemporáneos. Me habló con propiedad de libros publicados hace un año o seis meses por autores colombianos como Giuseppe Caputo, Juan Cárdenas ("Me interesa mucho lo que escribe y me parece novedoso"), Juan Gabriel Vásquez y Carolina Sanín ("Me gusta ella misma como persona, siempre con un tono contestatario. Su último libro me parece muy interesante"), pues son ellos algunos de quienes la maravillan de la literatura en nuestros días. Cruzando la frontera nacional, hizo además un recorrido por aquellas creadoras latinoamericanas que le parecen fascinantes: Mónica Ojeda de Ecuador, Samantha Schweblin de Argentina, Liliana Colanzi de Bolivia. "Hay que ver la cantidad de mujeres jóvenes que están escribiendo y están teniendo un gran éxito, ¡y cada vez hay más! En México hay una generación muy brillante; por ejemplo, Verónica Gerber, Valeria Luiselli, una chica muy interesante que se llama Jazmina Barrera. En fin, hay una gran producción femenina que es cada vez mejor acogida y más leída. En general, la literatura latinoamericana es tan extensa, hay tanta y tan maravillosa, que ya no me da el tiempo para vivirla y leerla. Estoy muy fascinada de ver un renacimiento tan espectacular de la literatura latinoamericana y, justamente, el hecho de que cada vez más mujeres tan interesantes están publicando en nuestra región".

¿Por qué es tan importante lo que afirma Glantz? La respuesta es sencilla: es una de las voces predominantes de la academia mexicana en los últimos cuarenta o cincuenta años. Profesora emérita de la UNAM y del Sistema Nacional de Investigadores (SIN) de México, es además

---

[45] Ospina, W. Comunicación personal. Junio de 2018.

docente visitante en Yale, Berkeley, Harvard y Princeton, entre muchas otras, y ganadora de numerosos premios y reconocimientos.

Es inconmensurable su conocimiento sobre la literatura latinoamericana y, en particular, la mexicana. Su mirada global abarca estudios sobre los escritos de la época colonial, de los que Sor Juana Inés de la Cruz es el mejor ejemplo, logrando establecer un amplio y sesudo panorama hasta la literatura de hoy. Me sorprendió gratamente su capacidad de verlo todo como un gran paisaje donde cada detalle es esencial para hacer una pintura completa de las letras mexicanas. Es como si viviera sin tiempo, en todos los tiempos. No se especializa en un asunto en particular y es, entonces, un gran mar de conocimiento sobre todos los temas. Para ser alguien que comprende y conoce tan bien el pasado, tiene muy claro el presente, un presente que hace suyo en cada encuentro, en cada viaje, en cada libro.

El país anfitrión siempre es un tema que surge entre las fisuras. Entonces menciona algunos de sus muchos referentes sobre las letras colombianas del siglo pasado; cita con igual facilidad a Rafael Gutiérrez Girardot y a José Eustasio Rivera, sobre cuya obra afirmó que tiene la capacidad de plantear el concepto de región, particularmente en su narración de la selva, "zona tórrida por excelencia" y espacio idóneo para representar las dicotomías racional–irracional, barbarie–civilización. Otrora territorio idílico, como lo fue para Andrés Bello, para Glantz la selva es en Rivera aquel lugar de "carácter horrible e infernal, concebida como una especie de divinidad, un mito típicamente latinoamericano".

Aparecen ahora los nombres de Álvaro Mutis y Gabriel García Márquez. Nuestro nobel es referente inevitable, sobre el que, considera, todo está dicho. Cuando recién llegó a México, los círculos intelectuales no le hacían el menor caso; era un actor entre otros hasta que apareció *Cien años de soledad*. Entonces "la gente se sorprendió enormemente porque había convivido con García Márquez y no se había dado cuenta de quién era él". Lo conoció, lo vio siempre en eventos y tertulias, con la prensa "como enloquecida" detrás de él.

Más cercano a sus afectos estaba el autor de *Ilona llega con la lluvia*. Desafiando las convenciones de leyes y papeles, en su corazón Margo siente que, junto con Monterroso y Cardoza y Aragón –igualmente nacidos en otras tierras–, Mutis es mexicano de la más pura raigambre. Admiradora de las dos vertientes de la obra del bogotano, poesía y novela, que ha leído y releído incontables veces, sobre esta también ha dado clases y realizado estudios rigurosos. Para la periodista, Maqroll es el personaje que mejor expresa el concepto universal del mundo fantástico de la aventura, pues su creador "evita caer en el color local, ya sea en los regionalismos del paisaje o en los del lenguaje, también evita dejarse atrapar por un sensiblero compromiso político y social".

Al preguntarle qué tiene México que ha permitido la creación de destacadas obras de la literatura colombiana, nos recuerda que aquel fue un país de acogida al que llegaron muchas personas de exilios diferentes, cuyos aportes fueron esenciales en campos como las ciencias, la filosofía, la labor editorial: "Es que era un país de una corriente libertaria, cosmopolita, con una gran cultura. La Revolución mexicana fue importante también porque fue la primera gran revolución del siglo XX a la que acudieron no solamente mexicanos sino gente de todo el mundo".

No solo conoció nuestra literatura en su tierra natal; también se ha deleitado con las letras colombianas en el suelo donde muchas de ellas han nacido. Aunque ha venido tantas veces a nuestro país, le siguen fascinando "la comida, la gente, la amabilidad, el cariño con el que te tratan, la cortesía, las montañas. Es preciosa la vista de las montañas".

Invitada por Darío Jaramillo Agudelo –entonces director de la Biblioteca Luis Ángel Arango–, vino por primera vez en 1981 junto con el escritor mexicano, ganador del Premio Cervantes, Sergio Pitol, Marisa Blanco (la directora de "Babelia", suplemento cultural del diario español *El País*), Manolo Borrás y la ensayista Elena Urrutia; en su estadía la acompañaron la poeta Piedad Bonnett y la escritora Fanny Buitrago. Entre sus amistades colombianas también cuenta a la crítica, profesora de literatura latinoamericana y novelista Helena Araújo, quien dedicó su vida al estudio de las escritoras hispanoamericanas. De ella destaca un texto llamado "¿Imitadoras de García Márquez?", en el que cuestiona a esas mujeres que tomaron el esquema del cataquero para escribir sus novelas. Inspirada por su amiga, Glantz escribió en los años noventa "Las Gabitas de la literatura latinoamericana", artículo en el que invita a las escritoras a desprenderse del rotundo y avasallador éxito del creador de Macondo, a evitar la imitación de la fórmula garcíamarquiana y, más bien, a buscar otras formas de transgredir la literatura desde lo femenino. Eso es precisamente lo que, según Margo, ocurre hoy con las nuevas escritoras de este lado del continente, cuya ruptura de los modelos precedentes les ha permitido cobrar relevancia en todo el mundo.

Se describe a sí misma como una sobreviviente pues, de la generación con la que compartió sus creaciones, todos fallecieron. Nostalgiando a quienes ya no están, afirma:

> Extraño a mis contemporáneos, a Sergio Pitol, a Carlos Monsiváis, a Tito Monterroso, a Cardoza y Aragón. Ellos eran escritores extraordinarios que no estaban sujetos ni esclavizados al mercado. Había

mucho más interés en la literatura como tal, que ser conocidos y aparecer en listados y ser vendidos... eso lo extraño. Además eran escritores con una gran pasión por la cultura y por la lectura. Puede ser que ahora eso también exista, quizás estoy exagerando, quizás es nostalgia, pero creo que en aquella época teníamos una relación mucho más profunda con la literatura en el sentido de algo que determinaba nuestras vidas, como algo vital.

Me despido viéndola rodeada de jóvenes quienes, desconociendo que su obra nació hace más de medio siglo, la sienten poderosamente actual. Margo Glantz es uno de los últimos rastros de esa literatura cuya fuerza arrastró las corrientes y les dio vida y forma, transformando nuestras letras y haciéndolas capaces aún de luchar cuerpo a cuerpo para resignificar una Latinoamérica que no se da por vencida.

Carlos Monsiváis y las dos caras de la moneda

Uno de los grandes cronistas ácidos y ojo crítico de la literatura y, en general, de la cultura mexicana y latinoamericana fue el ensayista, cronista y escritor mexicano Carlos Monsiváis. Gran amigo del poeta colombiano Darío Jaramillo Agudelo, con quien mantuvo durante años una nutrida correspondencia, y asiduo visitante de nuestro país, vino en más de una ocasión para deleitar a un público que esperaba oírlo hablar sobre una diversidad de temas que iban desde el cine mexicano, la cultura popular de los años sesenta e íconos como José Alfredo Jiménez, hasta el capitalismo y la americanización, pasando por los más selectos representantes de la poesía de nuestras regiones y su cercana relación con Álvaro Mutis y G. M.

Entre sus muchas visitas se destacan la que hizo en 1993, como parte de las Jornadas Profesionales previas a FILBo de aquel año; en la Casa de Poesía Silva presentó a Marco Antonio Montes de Oca, Jorge Esquinca y Blanca Luz Pulido. Un año más tarde participó en el Encuentro Internacional de Escritores, también en el marco de FILBo, junto con sus compatriotas Salvador Elizondo y Sergio Pitol.

En el año 2000 volvió a la Casa de Poesía Silva y le dedicó su libro *Aires de familia* a María Mercedes Carranza con estas palabras: "A María Mercedes, agradeciéndole la posibilidad (aprovechada a fondo) de dar las gracias por la amistad y la hospitalidad. Con el aprecio de Carlos Monsiváis".

Casi una década más tarde aterrizó en Cartagena para hacer parte del Hay Festival de 2009, teniendo como anfitrión al escritor e investigador literario J. J. Junieles. Saltó de nuevo a Bogotá donde, en la librería del FCE y de la mano del poeta colombiano Juan Felipe Robledo, hizo un recorrido por la obra de los mexicanos Alfonso Reyes, Jaime Sabines[46], Xavier Villaurrutia, Efraín Huerta y Salvador Novo. Ese mismo año estuvo en la Universidad Nacional como invitado a la Cátedra Marta Traba.

Entre tantos temas, uno le apasionaba de manera particular: la obra del escritor costeño Raúl Gómez Jattin, al que consideró "un autor excepcional en la historia de la poesía latinoamericana", que deslumbraba "por sus textos arraigados en la sensualidad contemporánea, cada vez más llenos de mundo"[47]. De su obra destacó además el constituirse como "espacio autobiográfico donde se unifican el personaje poético y las personas" y donde "no hay distancias significativas entre el Yo de los poemas y el Yo de la realidad, enfrentado al acoso y la tragedia"[48].

En la otra cara de la moneda está justamente el seductoramente polémico y ostracista Jattin, en cuya poesía México era tema recurrente. Hablaba sobre Moctezuma[49], La Malinche, Hernán Cortés y Quetzalcoatl, los quetzales y jaguares, los príncipes aztecas y las piedras de jade. Trascendió la historia de aquel país para dedicar algunos versos a autores como Octavio Paz:

Si el aire y la luz solar entraron en mis versos fue por tu culpa.

Si los transformé en mi tristeza también fuiste el origen.

La causa desbocada.

[...]

Octavio Paz

Poesía mata al hombre nuestro y de su podredumbre enlaza lo que queda

---

[46] Nota de autor: el epígrafe del poema "El paraíso" de María Mercedes Carranza son las palabras de Jaime Sabines, "... el largo, el triste juego del amor".

[47] Monsiváis en el prólogo de *Amanecer en el Valle del Sinú. Antología poética de Raúl Gómez Jattin.* Fondo de Cultura Económica (2004). P. XXVIII.

[48] *Ibíd.* P. XV.

[49] Nombre de un poema de su autoría, incluido en el libro *Hijos del tiempo* (Editorial Bolívar, 1989).

lo que merecía otro tiempo más durable

con la muerte de una parte de la muerte[50].

Los hijos del 'boom'

"Ya les dije que los colombianos nacemos donde se nos da la gana".

Guillermo Arriaga

Hacemos de nuevo un salto al final de los años sesenta para encontrarnos con un *boom* latinoamericano que se había apoderado del mundo. Cortázar, García Márquez, Fuentes y Vargas Llosa entre otros, eran solicitados por las universidades más prestigiosas de Estados Unidos y Europa para dar conferencias sobre la literatura de nuestro continente. Muchos de ellos ya convertidos en eminencias, fueron reconocidos con *honoris causa* y se entregaron a la academia. Poco a poco fueron creando un discurso literario que dibujó paisajes imaginarios como Macondo y Comala[51].

Una nueva generación que llegó a su juventud en esa década, nacida en ciudades como Buenos Aires, Ciudad de México y Bogotá, recibió la influencia *hippie* que llegaba desde Norteamérica. El *rock* se convirtió en la nueva pasión y en una forma de expresar su inconformidad ante el peso de una sociedad pacata y represora. Mientras soñaban con la libertad, en sus habitaciones leían *Rayuela*, *Tres tristes tigres* y *Cien años de soledad*. Algunos vieron en las posturas de la izquierda una salida; estudiaron *El Capital* de Marx y apoyaron la Revolución cubana.

Otros, más pragmáticos, vieron falencias en la militancia política y optaron por no afiliarse a ninguno de los partidos. Nació así un tipo de literatura pos*boom*, la de aquellos que no se sentían identificados con los espacios y personajes construidos por el realismo mágico. Ya no se trataba de Macondo sino de Cali; la pesadumbre no se sentía ya en Comala sino en Ciudad de México; en las calles frías de Bogotá no había

....
[50] "Salamandra para Octavio Paz" en Gómez Jattin, R. (1988). *Retratos*. Bogotá: Fundación Simón y Lola Guberek. P. 70.

[51] Nota de autor: aunque Comala existe en el estado de Colima (México), la descripción que de este poblado hace Rulfo en *Pedro Páramo* difiere significativamente del lugar real. Esto hace que el Comala literario sea un lugar ficticio.

olor a trópico... el monstruo pasaba a ser otro, caótico y hermoso a su manera. Las grandes ciudades latinoamericanas tienen muchas historias que contar y esos jóvenes se arriesgaron a hacerlo. Nació un tipo de escritor que narraba como hablaba, que se alejaba de las bibliotecas y se inspiraba en la vida, expresando a través de cada página los aconteceres urbanos que lo interpelaban.

Esta camada de autores hizo parte de la contracultura, entendida como cultura alternativa o de resistencia, que encontró nuevos mitos de convergencia ante nuevas señas de identidad con los que lograron expresar su profunda insatisfacción ante una atmósfera anímica cada vez más contaminada, como lo plantea José Agustín en su libro *La contracultura en México*[52]. ¿Quiénes fueron sus precursores? Creadores que "coincidían en una profunda insatisfacción ante el mundo de la posguerra, creían que urgía ver la realidad desde una perspectiva distinta y escribir algo libre como las improvisaciones del jazz, una literatura directa, desnuda, confesional, coloquial y provocativa"[53].

El mejor representante y analista de esta época es José Agustín. Nacido en Guadalajara, en los inicios de su carrera participó en el taller literario de Juan José Arreola y su obra fue elogiada por Juan Rulfo. En su libro *Tragicomedia mexicana* hace una fuerte crítica a las verdades del discurso oficial, tanto de la política como del arte. Dato curioso: García Márquez es padrino de su hijo menor, el dibujante y pintor Agustín 'Tino' Ramírez Bermúdez, nacido el 2 de agosto de 1975.

Agustín hizo parte de la literatura de la Onda, surgida en México hacia la segunda mitad de los años sesenta, con la publicación de las novelas *De perfil* (1966), de su autoría, y *Gazapo* (1965) de Gustavo Sainz. El movimiento continuó con *Pasto verde* (1968) de Parménides García Saldaña.

El concepto fue acuñado por la narradora, ensayista y cronista Margo Glantz a partir del cuento "¿Cuál es la onda?" de José Agustín, incluido en *Inventando que sueño: drama en cuatro actos,* y utilizado para definir la literatura mexicana escrita por jóvenes nacidos en aquel país entre 1938 y 1951, caracterizada por sus obras escritas por y para adolescentes, que reflejaban su mundo,

> su rebeldía contra la sociedad, contra las generaciones que los antecedieron y contra todo tipo de ataduras; están marcados por la

---

[52] Agustín, J. (2007). *La contracultura en México. La historia y el significado de los rebeldes sin causa, los jipitecas, los punks y las bandas.* México: Debolsillo. P. 18.

[53] *Ibid.*

ruptura y la protesta desorganizadas; expresan la hiperactividad del adolescente, su necesidad (o la de su grupo) de desplazarse, de 'viajar' –por el mundo o con la ayuda de las drogas– de recorrer la ciudad, los cafés, los bares, los cuerpos de otros adolescentes [...]. El lenguaje de los textos está creado expresamente por el joven para delimitar su territorio, para separarse del mundo de 'los demás'; en él, se da una mezcla de expresiones juveniles desenfadadas, jerga citadina y albures, que se combinan con el ritmo de la música pop y con un nuevo sentido del humor –que puede provenir de las tiras cómicas, del cine o de la literatura norteamericana[54].

Como podía esperarse en el México de entonces, la producción de estos autores fue causa de variadas polémicas, apoyada y reprobada por diversos sectores. El crítico Emmanuel Carballo destacó su rebeldía, iconoclasia e irreverencia frente a las instituciones más respetables: la familia, la religión, la economía y la política; Salvador Novo, Rosario Castellanos, José Revueltas, Carlos Fuentes, Elena Poniatowska y José Emilio Pacheco validaron su trabajo[55]; Carlos Monsiváis inicialmente recalcó como positiva su "antisolemnidad" y su idioma saludable y renovador[56] para luego acusarlos de no resistirse "al saqueo de la publicidad comercial y su utilización fetichista en la decoración de un nuevo estatus social", y convertirse en "una asimilación indefensa y autocelebratoria o en una marginalidad autodestruida. Revolución no lograda, confirmación del Sistema"[57]. Para Margo Glantz, la Onda nació en el seno de una clase de jóvenes pequeñoburgueses que estaban en contra del *establishment* pero que provenían de él, que se desenvolvieron en una dinámica gritona y sin respiro, y que desarrollaron un nuevo tipo de realismo que apelaba a los sentidos antes que a la razón, en el que el lenguaje, lejos de ser innovador, fue sencillamente el habla popular de la Ciudad de México que ingresó en la literatura de forma directa[58].

---

[54] Pereira, A., Albarrán, C., Rosado, J. Z. y Tornero, A. (2004). "Literatura de la onda". Centro de Estudios Literarios (CEL) del Instituto de Investigaciones Filológicas (IIFL). Universidad Nacional Autónoma de México (UNAM). Recuperado de https://tinyurl.com/yx8tty77

[55] José Agustín. (2004). "La onda que nunca existió". *Revista de Crítica Literaria Latinoamericana*, año XX, n.º 59. Lima-Hanover, *Tufts University*. Recuperado de https://tinyurl.com/y2ltf9jz P. 11.

[56] Monsiváis, C. (2010). *Historia mínima. La cultura mexicana en el siglo XX*. México: Colmex. P. 428.

[57] *Ibíd*. P. 429.

[58] Glantz, M. (1971). "Onda y escritura: jóvenes de 20 a 33". Biblioteca Virtual Miguel de Cervantes. Recuperado de https://tinyurl.com/y3ebezab Párr. 31.

En lo que unos y otros coinciden es en su concepción de esta literatura como ruptura que empezó a ser y hacer crítica social, que inauguró un estilo que se valió del habla coloquial para referirse a lo inmediato y concreto de los suburbios y los espacios más sórdidos de la gran ciudad, que buscó la palabra justa y la universalidad del contenido[59], y donde el joven ya no era objeto sino sujeto de enunciación, desacralizando el territorio mismo de la cultura ilustrada: la escritura[60]. Ejemplo de esta "desfetichización" de la cultura ilustrada fue una novela posterior, *Los detectives salvajes* (1989), en la que el chileno Roberto Bolaño hace un recorrido crítico por la actividad cultural de México en aquellas décadas, desacreditando el canon establecido por la mafia intelectual mexicana.

Los integrantes de la Onda y los de la elite ilustrada (en la cual acabaron instalándose Mutis y García Márquez) coincidieron en su interés por forjar una literatura articulada con una visión universal, occidental y urbana de la cultura, desvinculada de los aspectos y tonos locales, rurales y románticos. Sin embargo, a aquellos preocupados por "escribir bien" se les opusieron quienes "no creen más en los ceremoniales literarios"[61]. De igual manera, contraria a la confianza de los dos escritores colombianos y de la cultura ilustrada en "la capacidad representativa de la literatura"[62] que los llevó a una apuesta por proyectos literarios fundados en el papel del escritor como vocero y representante de un sentir común, la Onda asumió una posición desde la que cuestionó "la institución letrada como agente de colonización" y puso "en entredicho la función intelectual"[63]. Mientras Mutis y G. M., desde el bando ilustrado promovían de alguna manera el cultivo riguroso de la palabra y la reflexión sobre el periplo individual de los seres humanos, la Onda se volcaba hacia la experiencia inmediata que exigía ser traducida en un lenguaje que no pasaba por la solemnidad ni la formalidad. Finalmente, la revisión del pasado como posibilidad de interpelar al presente se hizo explícita en la obra de los

---

[59] José Agustín. (2004). "La onda que nunca existió". *Revista de Crítica Literaria Latinoamericana*, año XX, n.º 59. Lima-Hanover, *Tufts University*. Recuperado de https://tinyurl.com/y2ltf9jz P. 10.

[60] Osorio, N. en Porras, M. del C. (2005). "De escritura a obra: el proyecto literario de Álvaro Mutis". *Iberoamericana*, V. 20. Revistas del Instituto Ibero-Americano (IAI). Recuperado de https://tinyurl.com/yxenon3q P. 72.

[61] Sáinz, G. en Glantz, Margo. (1971). "Onda y escritura: jóvenes de 20 a 33". Recuperado de https://tinyurl.com/y3ebezab Párr. 47.

[62] *Op. Cit.* P. 74.

[63] *Op. Cit.* P. 75.

dos autores colombianos, en un momento en el que la Onda se rebelaba contra las generaciones que les precedieron, en franca ruptura con la tradición. Unos buscaron alejarse de las convenciones literarias para, de alguna manera, ejercer un contrapeso al campo de poder; los otros crearon un lenguaje literario universalista que les permitiera la consagración por fuera del espacio nacional.

En resumen, y de acuerdo con lo que plantea Beatriz Rodas, este movimiento "abandona la solemnidad de Fuentes, la tristeza de Rulfo y se ríe en serio, se divierte en serio, en una palabra, es una novela en el sentido actual"[64]. La literatura de la onda fue además influenciada por el *boom* latinoamericano; ejemplo de ello es precisamente el cuento de donde nace su nombre. En "¿Cuál es la onda?" se menciona a Guillermo Cabrera Infante, y hay claras referencias a *Rayuela* de Cortázar. De cierta forma la literatura de la onda inició a su país en la posmodernidad.

Alejado de aquella literatura pero, al igual que sus representantes, tomando distancia del ya desgastado nacionalismo cultural oficial y abierto a la exploración de nuevos lenguajes, estéticas y temáticas, en 1962 llegó a México René Rebetez, el primer colombiano que se arrojó a las aguas de la ciencia ficción, y uno de sus precursores en Latinoamérica. Nacido en Subachoque (Cundinamarca) y tras recorrer Suiza, Francia y Cuba, se instaló en ese país para consolidar una obra que lo llevó a ser considerado como el "escritor del evangelio"[65] de ese género en México, bajo la tutela del franco-chileno Alejandro Jodorowsky. Producto de su trabajo conjunto nació la revista *Crononauta* (1965-1967), donde publicó sus cuentos y sus conceptos sobre la ciencia ficción, promoviéndola como un ejercicio de la praxis ante la vida, un estado de conciencia y "un pensamiento que revelara al presente y se convirtiera en profecía del futuro"[66]. Se trató de

> un proyecto editorial experimental de ciencia ficción y fantasía, primera inscripción que reunió el trabajo de artistas plásticos y escritores latinoamericanos, norteamericanos y franceses en el siglo XX,

---

[64] Rodas Rivera, B. (2001). "Breve Panorama de la Literatura Mexicana: 1950-1990". Revista *Avances,* No. 24. Universidad Autónoma de Juárez. Recuperado de https://tinyurl.com/yxqpkswe

[65] Trujillo Muñoz, G. (2000). *Biografías del futuro: la ciencia ficción mexicana y sus autores.* Baja California: Universidad Autónoma de Baja California.

[66] Acosta, D. "René Rebetez, el hijo del relojero". *Letralia. Tierra de Letras,* año XV, n.º 236, 19 de julio de 2010. Recuperado de https://letralia.com/236/articulo04.htm

llamados a la búsqueda de un nuevo género más allá del mundo anglosajón[67].

En ese país publicó los libros *Los ojos de la clepsidra: cuentos y poemas* (Pájaro cascabel, 1964), *La nueva prehistoria y otros cuentos* (Diana, 1967), *La ciencia ficción: cuarta dimensión de la literatura* (Secretaría de Educación Pública[68], SEP, 1966), *El libro de hoy* (Diana, 1968) y, como editor, *La ciencia ficción: breve antología del género* (SEP, 1966). Además, fue actor en la película fantástica *Fando y Lis* (1967), dirigida por Jodorowsky; participó en los filmes *Los amigos y La muerte* es puntual, y dirigió *La magia* (1971), una "experiencia cinemática ritual" llevada a cabo en Colombia, Brasil, México y Estados Unidos, con "imágenes de estos tiempos y territorios dispersos e indeterminados (en los que) transcurren de manera simultánea danzas, iniciaciones religiosas, ceremonias, ingesta de sustancias psicoactivas, naturales y procesadas"[69].

Compartió con su compatriota Álvaro Mutis en el programa *Encuentro*, dirigido por el poeta bogotano y en el que expuso, junto con Italo Calvino, Jack Vance y Teodoro Sturgeo, que "escribir, en nuestros días, es hacer ciencia ficción"[70]. Fue colaborador del diario *Excélsior* y las revistas *Comunidad Conacyt* y *Revista de Revistas*. Tanto se incorporó al campo literario mexicano y tan grande fue su aporte a la ciencia ficción, que la *Enciclopedia de la Literatura* en México lo registra como autor nacional.

En las siguientes décadas hubo un distanciamiento respecto al *boom*, que se hizo cada vez más evidente. La literatura siguió una línea de grupos de autores que creaban espacios propios, como es el caso de las revistas literarias a través de las que hacían difusión de sus obras, dándose a conocer y constituyendo pequeños submovimientos culturales. Esto se ve reflejado, como se ha señalado previamente, en *Los detectives salvajes* (1989) del chileno Roberto Bolaño, obra que narra de forma crítica la actividad cultural de México en los años setenta, mostrando la manera en que aquellos grupos controlaban de forma cerrada la producción

---

[67] Tattersfield, R. "Múltiples planos en el viaje del *Crononauta*. La ciencia ficción como ruta de experimentación artística en los (largos) años sesenta". Revista *Caiana*, n.º 4, 2014. Centro Argentino de Investigadores de Arte. Disponible en http://caiana.caia.org.ar/template/caiana.php?pag=articles/article_2.php&obj=137&vol=4

[68] Nota de autor: este fue utilizado como libro de texto en varios colegios del país.

[69] *Op. Cit.*

[70] Trujillo Muñoz, G. (2000). *Biografías del futuro: la ciencia ficción mexicana y sus autores*. Baja California: Universidad Autónoma de Baja California.

literaria, desacreditando el canon y su solemnidad. En este libro aparecen personajes reales como Carlos Monsiváis, José Emilio Pacheco y el mismísimo Octavio Paz, quienes se entrelazan con el relato principal que tiene un cierto tinte autobiográfico.

Así lo ve el escritor chileno Pablo Simonetti:

> Bolaño es una especie de figura inescapable que a mí me dio mucha libertad; la sensación que me dio es que uno puede escribir como quiere. Es un autor que está dentro de la tradición pero al mismo tiempo la transgrede; es lo que pasa con *Los detectives salvajes*, donde hay tanta gente relacionada con la literatura formando un mapa sinóptico a partir de distintas trayectorias que se inician y de repente se extinguen. Esa misma sensación me da a mí: que yo puedo hacer una trayectoria más y formar parte de ese mapa no necesariamente alineado con la tradición[71].

En aquella obra se hace referencia a la literatura colombiana al hablar de la calidad de la poesía de León de Greiff[72] y el valor del nadaísmo que, para uno de los real visceralistas, se constituía en un modelo a seguir.

La literatura hecha en México siguió creciendo a su forma, tomando diversos caminos y buscando –como lo hizo siempre– una identidad propia. Entre los escritores que tomaron fuerza entre los ochenta y los noventa vale resaltar a Juan Villoro, quien cuenta sobre su amor al *rock* hecho en su país, y tanto en sus cuentos como en sus novelas hay una jerga adolescente que atraviesa los relatos. Aquí cabe anotar que el autor de *El testigo* fue un constante colaborador de la revista colombiana *El Malpensante* y ha visitado nuestro país en varias ocasiones.

En las décadas recientes, quien también hace palpable la relación entre Colombia y México es el escritor, productor y director cinematográfico Guillermo Arriaga, conocido principalmente por los guiones de películas como *Amores perros*, *21 gramos*, *Babel*, *Los tres entierros de Melquiades Estrada* y *The burning plain*. En una entrevista que le hice en Bogotá en septiembre de 2017 hablamos sobre los nuevos matices que ha tomado la relación literaria entre los dos países:

---

71 Simonetti, P. Comunicación personal junto a Santiago Díaz Benavides. Septiembre de 2017.

72 Nota de autor: conocido amante de la bebida, el poeta antioqueño dedicó al tequila un estrambote en su "Sonetín": "Y yo, tequila bebo también, que México destila: / (clara la mente, el ánima tranquila, / con Uslar Pietri, cerca a Tepoztlán)". De Greiff, L. (1973). *Nova et vetera*. Bogotá: Tercer Mundo. P. 83.

Juan Camilo Rincón: ¿Cuál crees que es la relación entre la literatura colombiana y la mexicana?

Guillermo Arriaga: Pienso que hay una gran relación porque hay muchos vasos comunicantes. El vaso principal son García Márquez y Álvaro Mutis; ambos son una influencia muy poderosa en la literatura mexicana. Yo, de hecho, escribí mis primeros cuentos con 25, 26 años y mi cuñado que era muy amigo de Mutis, se los llevó a Álvaro en la mañana y por la tarde ya me había llamado Álvaro para decirme: "Oye, dedícate a esto, compadre; está muy bien". De hecho, le dedico un cuento mío en mis libros que se llama "Nueva Orleans" porque yo tenía esta obsesión de Nueva Orleans y los barcos de vapor, etcétera, entonces se la dediqué a Álvaro y siempre le estaré agradecido por esas palabras; cuantas veces fui a verlo en su casa, cuantas veces me recibió. Así que él es un referente... Álvaro Mutis, *Diario de Lecumberri* o *La última escala del Tramp Steamer* o *Ilona llega con la lluvia*, todos sus libros fueron muy importantes... *La nieve del almirante*, por ejemplo. Y por supuesto el Gabo, aunque no viviera en México, iba a ser una influencia en muchos de nosotros. Para mí, la influencia colombiana se remonta hasta antes con Hernando Téllez[73]. Él tiene un cuento que ha influido muchísimo en mí, "Espuma"...

J. C. R.: "Espuma y nada más"...

G. A.: "Espuma y nada más"... y luego, pues los escritores nuevos. Yo me acuerdo que en 1999 vine aquí a Bogotá, me quedé en casa de Fernando Gaitán, y entramos a una librería y me dice: "Léase esto, ¿no?" (imita a Gaitán), y me da *Rosario Tijeras*. Y yo le hablo a Jorge y le digo: "Yo te quiero comprar los derechos del libro para hacer una película"; no encontré el dinero para hacerla. Me parece un libro brillantemente escrito, pero agrega el trabajo de Santiago Gamboa, a quien conocí en Italia de casualidad; yo venía entrando a un programa de radio, él venía saliendo de un programa de radio que él conducía. Luego leo *El ruido de las cosas al caer*, por ejemplo, de Juan Gabriel y sí he leído la literatura colombiana. A William Ospina, por ejemplo, a quien no conozco; pero lees a William Ospina y dices: "Órale con William", ¿no?, esta cosa tan poética que tiene de escribir". Entonces sí hay vasos comunicantes entre las dos literaturas, por lo menos conmigo. No estoy en contacto con tantos escritores;

---

[73] Nota de autor: en su libro *El salvaje*, Arriaga hace referencia a Hernando Téllez como un autor que el personaje debería leer.

> la verdad estoy muy al margen del medio literario, muy, muy, muy al margen. Siempre he sido, como dicen los americanos, un *outsider*. Entonces me he comportado como un *outsider* siempre en el cine y en la literatura[74].

Las palabras de Arriaga reafirman un fenómeno que ha venido consolidándose en años recientes: aunque aún hay un camino por recorrer y la circulación de obras de autores latinoamericanos no es lo suficientemente amplia, sí es cierto que los espacios de divulgación se han ido extendiendo y cobrando cada vez mayor importancia no solo en nuestro continente, sino en todo el mundo. En eventos de capital importancia para las letras como son las ferias internacionales del libro de Guadalajara, Buenos Aires y Bogotá, entre otras, son cada vez más numerosas las oportunidades para que escritores de México y Colombia –entre otros países– se conozcan y fortalezcan sus vínculos. Gracias a las nuevas tecnologías, atrás quedó la correspondencia a mano cuya demorada travesía dificultaba las comunicaciones; los encuentros personales, cada vez más frecuentes y cercanos, van alimentando este mapa literario, para fortuna de los lectores.

El público lector aumenta gradualmente y pide cada vez mejores contenidos, además de la posibilidad de un contacto más cercano con los autores que les ofrecen sus páginas, llenas de historias. Esto produce nuevos y cada vez más numerosos espacios en librerías, bibliotecas, ferias del libro y toda suerte de eventos en que los escritores se encuentran no

------

[74] Nota de autor: dejo acá algunas palabras de la presentación de su libro *El salvaje* (Bogotá, 1 de septiembre de 2017): "Para mí, en lo personal, *Cien años de soledad* y *Crónica de una muerte anunciada* son los libros que más han influido en mi trabajo. No puedo dejar de mencionar, por supuesto, a Jorge (Franco). En 1999 me quedé en casa de mi queridísimo amigo Fernando Gaitán, aquí el señor Jorge Enrique Abello, son como mis papás colombianos, que me cuidan… entramos a una librería y coge un libro y me dice: 'Léase esto, ¡aprenda a escribir!': *Rosario Tijeras*. Desde ese entonces yo contacté a Jorge con el ánimo de comprar los derechos para hacer la película; no conseguí el dinero… Santiago Gamboa, a quien respeto también muchísimo, Juan Gabriel Vásquez, Fernando Gómez… Hay autores contemporáneos, que no significa que sean de mi edad, sino que compartimos el mismo aire, el mismo oxígeno, entonces ellos han sido también gran influencia. Pero García Márquez y un hombre al que yo le estoy profundamente agradecido, que es Álvaro Mutis. Cuando yo escribí mi primer libro de cuentos, mi cuñado, que era amigo de García Márquez y de Álvaro Mutis, le lleva el libro a Álvaro por la mañana, y en la noche estoy en mi casa, y suena el teléfono; es Álvaro y dice: 'Leí tu libro'. O sea, ¡Álvaro Mutis! 'Y sí, debes dedicarte a escribir. Si tienes dudas, no tengas dudas de lo que escribes'. *La nieve del almirante* es un libro que también ha tenido una gran influencia en mi obra, *La última escala del Tramp Steamer* también, entonces Álvaro Mutis está en mi corazón. Como pueden ver, le agradezco mucho a Colombia. Ya les dije que los colombianos nacemos donde se nos da la gana".

solo con sus lectores, sino también con sus colegas. La lectura mutua da lugar a influencias mutuas en un proceso de doble vía que enriquece todos los aspectos de las literaturas nacionales. Así lo demuestra el escritor mexicano y Premio Alfaguara de Novela 2018 Jorge Volpi:

> Colombia es un país que me gusta muchísimo. He venido todos los años desde el 99; en realidad he venido más de veinte veces a Colombia. Es un país que quiero mucho y, por lo tanto, en el que tengo muchos amigos. En el 99 cuando publiqué *En busca de Klingsor* conocí a mis primeros amigos colombianos que fueron Santiago Gamboa y Mario Mendoza, y muy pronto conocí a otros de su generación: a Ricardo Silva, a Jorge Franco. Luego, en cada vuelta, a distintos escritores: a Pilar Quintana... muchos otros. Y como vengo muy seguido, siempre intento ver qué es lo que se está publicando, cuáles son las novedades y le pido a mis amigos que me recomienden siempre, entonces intento estar más o menos al tanto de la literatura colombiana[75].

Fernando Vallejo en México: una vuelta a la vida

El escritor antioqueño Fernando Vallejo llegó a Ciudad de México en 1971, huyendo de un país emberrinchado, "viniendo de la nieve de Nueva York", de una megápolis inhumana y, a la vez, demasiado humana, "el súmmum de todas las humanidades, rapacidades", una ciudad helada y turbulenta, loca y rara donde vivió los que él llama sus años de indulgencia.

A México se acercó gracias a sus padres, quienes llegaban cargados de regalos después de los viajes que hacían en misión oficial. Por ellos supo de las pirámides del sol y la luna, y de las trescientas sesenta y cinco iglesias de Puebla y Cholula. A ese país, que ya creía conocer, llegó "a hacer películas y a buscar a Barba Jacob". Sintió en la capital mexicana un espacio vibrante, más cercano a su espíritu, menos gris, que lo despertaba con una vida cotidiana alborozada y le otorgó "ese primer instante de felicidad":

> ¡México, los recuerdos! Recuerdo las iglesias y el tañer de las campanas y que cantaban los gallos: en las azoteas de la mismísima calle de Madero, en pleno centro. Desde mi hotel los oía, al amanecer, despertándome, compitiendo con las campanas a ver quién podía

---

[75] Volpi, J. Comunicación personal junto a Santiago Díaz Benavides. Abril de 2018.

más, vibraba más, quién tenía más alma. ¡Qué algarabía! ¡Cuándo iba a oír yo tañer campanas en Nueva York ni cantar un gallo! Nueva York, ciudad muerta, de descreídos. Mi llegada a México fue para mí la vuelta a la vida, padre, a otro ritmo, a otra luz, a otro cielo [...]. Iba pensando rumbo al centro en la maravilla de negocio que hice cambiando a Nueva York por México. Nieve por sol. Salí ganando[76].

En México reconstruyó Colombia "sobre lo imposible [...], detalle por detalle, con devoción filial, con veracidad meticulosa", para la filmación de dos películas que reflejaban con fidelidad la violenta idiosincrasia de su tierra natal. Tras algunos años de antesala con la burocracia oficial mexicana, obtuvo el dinero para filmar la primera de ellas; así logró la hazaña de meter a Colombia entera en diez rollos y una hora y media, y en la que se toma distancia de un español que es más grande que el que se habla en su país, como lo afirmó él mismo. Vetadas por la Junta de Censura colombiana por considerarlas mentirosas, calumniosas y tendenciosas, en México estas alcanzaron un éxito tal vez impensado: *Crónica roja* (1977; guion original: Vía cerrada) fue reconocida en 1979 con el Premio Ariel de la Academia Mexicana de Artes y Ciencias Cinematográficas a la mejor ópera prima y a la mejor ambientación, y con el premio Diosa de Plata al actor Mario Saavedra como revelación masculina; *En la tormenta* (1980) también fue ganadora del Premio Ariel en 1981 a la mejor ambientación. Con la tercera, *Barrio de campeones* (1981), el antioqueño se alejó de la temática de la violencia de su país para narrar la historia de un boxeador en un barrio popular mexicano.

Luego vino *Barba Jacob, el mensajero* (Séptimo Círculo, 1984), al que se consagró durante años. Al poeta santarrosano lo descubrió allá, tan lejos de la tierra natal de ambos, y descubrió también sus versos, que considera intemporales. Supo de él por su gran amigo, el dramaturgo, cuentista y guionista mexicano Edmundo Báez, cuya muerte lamentó tanto como la de otro de sus grandes amigos y compatriotas, el ensayista y narrador Wilberto Cantón.

En su libro *Entre fantasmas* (1993), Vallejo hace un recorrido sobre su vida en aquel país y va relatando, a su modo y entre saltos de tiempo, el terremoto de 1985, la masacre de Tlatelolco, la Copa Mundial de Fútbol de 1986 ("de balón y pata"), las autopistas modernas de seis carriles señalizados, el río Papaloapan, el PRI, María Félix ("la mujer más bella, la mujer eterna"), el esmog, el pincel y la vanidad de José Luis

. . . .
[76] Vallejo, F. (1999). "Entre fantasmas" en *El río del tiempo*. Bogotá: Alfaguara. P. 562.

Cuevas, la virgen de Guadalupe y la calle Madero. Ese fue su México, "espejismo polvoso, lejano, desierto de magüeyes y de cactus".

En México también publicó *Los días azules* (Séptimo Círculo, 1985), donde relata escenas de su infancia en Santa Anita, la finca de sus abuelos y el barrio Boston, en Medellín. Regresó a Colombia tras pasar los cuarenta y siete años de su vida en México al lado de su pareja, el escenógrafo más prolífico de aquel país, David Antón, y de Bruja, Brujita, su gran danés, "alma de ángel". Ahora, esa tierra es un recuerdo borroso que, posiblemente olvidará del todo, "cuando la inexorable mano del tiempo venga a cerrarme los ojos y la abuela se borre en el corredor de Santa Anita en mi último recuerdo"[77].

---

[77] *Ibíd.* P. 562.

Tercer interludio

Latinoamérica: un baile eterno sobre sangre seca

Existe un tipo de literatura de resistencia que tomó fuerza en las últimas décadas del siglo XX y ha sido vital para la relación entre Colombia y México: la novela negra. En nuestra región, sus orígenes se remontan a la década de los cuarenta de la mano de Rodolfo Usigli, Rafael Bernal, el catalán Enrique F. Gual y las publicaciones de la revista *Selecciones Policíacas y de Misterio*, que explotó el género de forma magistral.

El gran auge del género en América Latina va desde los años sesenta hasta los ochenta. Como lo recuerda el escritor mexicano Paco Ignacio Taibo II[78], uno de los más grandes exponentes de la novela negra, esta

> se desarrolló simultáneamente a lo largo de veinte años en varios países. En Argentina; en México, con Rafael Ramírez Heredia y yo; más tarde Rolo Diez que venía del exilio argentino, Myriam Laurini y Juan Hernández Luna se sumaron al fenómeno. Surgió en Cuba, donde Daniel Chavarría, Leonardo Padura y Justo Vasco produjeron novelas muy interesantes y a un excelente cuentista, Rodolfo Pérez Valero; surgió en Nicaragua donde Sergio Ramírez incursionó en la novela policíaca; en Venezuela; en Chile con Ramón Díaz Eterovic empezó a emerger el neopoliciaco latinoamericano[79].

---

[78] Nota de autor: hijo del asturiano Paco Ignacio Taibo I, fue criado en medio de fiestas y tertulias que organizaba su padre y a las que asistía, entre muchos otros, García Márquez.

[79] Taibo II, P. I. Comunicación personal. Abril de 2017.

En Francia e Italia la novela negra fue muy bien recibida; la academia comenzó a producir tesis e investigaciones al respecto, y el punto culmen fue la Semana Negra de Gijón, espacio creado para que los más destacados creadores del género pudieran encontrarse con sus pares provenientes de todo el orbe.

Algunos de sus más reconocidos representantes son los mexicanos Jorge Ibargüengoitia con *Las muertas* de 1977 y Carlos Fuentes con *La cabeza de la hidra* de 1978. Otros destacados autores fueron reconocidos por su gran apoyo a los movimientos de izquierda, e incluso muchos de ellos fueron protagonistas de las luchas estudiantiles. Rápidamente el género se expandió a otros países de nuestro continente como una maravillosa epidemia. Uno de ellos fue Colombia, atravesado por el narcotráfico y la violencia que este trajo consigo: en cada esquina existía una simiente para construir novelas policíacas. En la misma entrevista, Paco nos recuerda que "desde Colombia se habían sumado Mario Mendoza, Jorge Franco Ramos, Santiago Gamboa y luego Nahum Montt, entre otros".

Este fenómeno literario, que crecía exponencialmente año tras año, empezó a forjar un público propio. Al preguntarle a Paco qué elementos tiene en común la novela negra en Latinoamérica, afirma que esta era

> una forma de realismo muy variada, donde no había dos autores iguales o dos procesos similares de creación, pero sí había un tono común: era la novela social del principio del milenio. Si la novela social, aquella que se ocupa de los grandes problemas de la sociedad, de los grandes conflictos, se había escondido en la ciencia ficción, retornaba de la mano de la novela negra. Este género tenía una carga social muy punzante en la medida en que estaba siendo escrita desde una América Latina muy convulsionada. Era el fin de las dictaduras, era la preocupación por la manera como el crimen se había producido en la sociedad, era la novela sobre el abuso del poder, sobre la corrupción, el crimen de guante blanco, y la base es que detrás de la apariencia y del hecho criminal hay un conflicto que tiene una carga social[80].

Al hablar con algunos escritores al respecto, encuentro que otro elemento que comparte el género es la ciudad como protagonista. Existe en sus obras un clima urbano de conflicto donde los callejones alojan el crimen y se hacen más lúgubres. En sus textos se muestran la riqueza y

---

[80] *Ibíd.*

seguridad –casi obsesiva– en los barrios de clase alta (altos muros, rejas, puertas de seguridad, etc.) en contraste con la villa miseria, la favela, la comuna, el barrio de invasión. Paco destaca el surrealismo de hechos que parecieran pertenecer a la ficción, pero que son comunes a la cotidianidad de nuestros barrios. Las páginas de las novelas se colman entonces de imágenes como la del sicario que reza a una virgen o se encomienda a Dios antes de cometer un asesinato, la del narcotraficante que construye una obra monumental en forma de panteón griego en un lugar donde no hay una sola biblioteca, la de un río Magdalena lleno de hipopótamos, o la de un comandante de policía que es a su vez el mayor de los criminales. En cada párrafo hay una nueva sorpresa: lo exótico del bajo mundo, los sombríos climas urbanos, el delito como gran titiritero del poder rebasan cualquier límite lógico y dan forma a la nueva novela policíaca latinoamericana.

Al preguntar al autor de *Días de combate* sobre la relación entre nuestras literaturas, afirmó:

> Existe una relación clara entre la literatura colombiana y mexicana, cada vez más. Es curioso: la nueva novela colombiana tuvo que sobreponerse al trauma de Gabriel García Márquez; todos querían ser como él hasta que pensaron ser como ellos mismos. En México el trauma no se sufrió, pero siempre hay una generación medio aplastada por el *boom*. Entre los dos países hay muchos paralelos: el fenómeno de la violencia, los muchos lenguajes… Colombia es un pluriverbo, la costa, los caribeños, el altiplano, pero sobre todo hay una gran facilidad de conexión; te sientas con los compañeros colombianos y conectas rapidísimo[81].

Élmer Mendoza, otro de los más destacados de la novela negra en Latinoamérica, respondió así frente a la pregunta sobre la relación literaria entre México y Colombia:

> **Élmer Mendoza:** Hay una relación muy intensa. Creo que a partir de los años treinta se empezaron a cruzar las literaturas no solo entre los escritores sino también entre los lectores; que la gente pudiera leer *La vorágine* de José Eustasio Rivera, que pudiera leer a Rómulo Gallegos y a los que están más al sur empezó a crear una identidad, creo yo, que tomó mucha más fuerza cuando aparecieron los del *boom*. Entonces creo que hay una relación grandísima, porque cuando los escritores mexicanos conocen estas novelas, Ricardo

---

[81] *Ibíd.*

Güiraldes, José Eustasio Rivera, Rómulo Gallegos, está el movimiento de la novela de la revolución, que igual es una literatura que le da mucha identidad a la época y a la realidad de lo que acaba de pasar, pero también aparece un movimiento que se llama literatura de la tierra que se suma a la del sur. Hay una unión muy fuerte y se forma una identidad con García Márquez que se va a vivir a México en 1963 y empieza su amistad con Carlos Fuentes, y Álvaro Mutis que ya está allá. Sí creo que hay una relación profunda en cuanto a las temáticas porque tenemos problemas sociales similares y un tratamiento literario de esos problemas que es muy parecido.

Juan Camilo Rincón: Eso es lo que nos pasa con la novela negra.

É. M.: ¡Uy, sí! La novela negra, sobre todo la que tiene que ver con el narco, es lo mismo. Porque si los narcos se han aliado, ¿por qué los escritores no? Estamos contando una misma épica y llama la atención que en Colombia siempre han trabajado el asunto del sicariato y más personajes jóvenes. Nosotros hemos trabajado más personajes adultos, que ya hacen el trasiego, que trafican… personajes que no quieren matar, que quieren ganar dólares, que quieren inundar a los gringos de cannabis o de cocaína; no les interesa mucho matar.

J. C. R.: ¿Cuáles crees que son los aspectos comunes respecto a los personajes? El tema del detective, por ejemplo, el héroe, el antihéroe…

É. M.: Yo creo que habría que ver que gracias a las industrias editoriales española y argentina pudimos leer a los norteamericanos. Pero el esquema norteamericano tiene un poco de clasicismo en el sentido en que los crímenes siempre ocurren en clases altas, y yo creo que una de las principales rupturas que se da en la América Latina es eso: que el perfil de los detectives es muy parecido pero el universo del crimen varía y aparece también el elemento político que es muy fuerte, así como la recuperación de algunas figuras emblemáticas dentro de las luchas en América. Por ejemplo, Paco en su novela Cosa fácil pone a Zapata con Belascoarán. ¿Qué hace Zapata ahí? ¡Es que es un símbolo! Tiene que ver con la lucha, con el despojo, con el universo del delito; ahí se plantea muy bien. Nosotros los novelistas negros desde hace veinte años nos estamos formando; estamos impactados por lo que ocurre en la realidad, pero también por el éxito de los escritores latinoamericanos en el mundo, estos señores del *boom* que abrieron todas las puertas. Yo te lo digo porque en los países donde voy, ahí estuvieron ellos y saben quiénes son ellos y me reciben como los recibieron a ellos y los que ya me han leído se sorprenden porque es otra literatura. Afortunadamente lo han marcado como una evolución de la literatura latinoamericana, no como un retroceso. Entonces creo que en los últimos veinte años nos formamos los autores negros con ellos y que se amplió el panorama de las posibilidades estéticas de la novela porque empezamos a conocer a los narradores europeos de literatura negra. Y de los latinoamericanos, leer a Borges, "Hombre de la esquina rosada", dije: "Yo por aquí voy". Y García Márquez, el tratamiento que hace de lo que yo llamo sus esferas continuas, o sea, no te deja descansar. Yo tengo tres novelas que son mis favoritas: *El otoño del patriarca*, que esa se me hizo… es como leer a Rulfo, así. Dije: "No, no, no; yo voy por ahí"; *Crónica de una muerte anunciada* que te enseña cómo tratar el compás de espera, y eso en lo policíaco es fundamental; y *El amor en los tiempos del cólera* que te enseña cómo desarrollar una historia sin perder la calma. Yo te digo: quiero mucho a Colombia y mi sexta novela sobre El Zurdo Mendieta empecé a escribirla en Cali… esta tierrita me inspira.

J. C. R.: ¡Qué bonito! Y bueno, lo que dices corrobora lo que pensaba y es que la novela negra de nuestro continente es la heredera de toda esta evolución latinoamericana desde los sesenta.

É. M.: ¡Sí! Incluso mis editores alemanes me dijeron eso la primera vez que fui, eso que tú andabas buscando, pero ellos como afirmación: "Ustedes son los herederos, esto es lo que sigue después del *boom*"[1].

Buscando ahondar en los cómplices de novela negra que Taibo II y Élmer Mendoza reconocen en nuestros autores, y saber cómo nacieron esas relaciones, una entrevista al escritor colombiano Jorge Franco me dio otra pista sobre aquel vínculo:

Juan Camilo Rincón: ¿Cuál crees que es la relación entre la literatura mexicana y colombiana, y cómo se ve reflejada en tu obra?

Jorge Franco: Yo creo que la literatura latinoamericana tiene vasos comunicantes muy profundos. Creo que todos compartimos una historia precolombina, una historia también que surge a partir del descubrimiento, luego de la colonización, y que tiene elementos en común en todo el continente. Y a partir de ahí se han generado historias que han sido contadas a través de libros desde hace mucho

---

[1] Mendoza, É. Comunicación personal. 30 de mayo de 2017.

tiempo. Las hemos leído, las hemos conocido, desde el mismo colegio incluso hemos tenido algunas lecturas en común, autores mexicanos, autores centroamericanos, argentinos, y entre esas lecturas, entre esas figuras, entre esos escritores yo creo que hay unos que han sido sobresalientes y que, por alguna razón importante, han seguido vivos dentro de nosotros como lectores. Me puedo referir, por ejemplo, a Rulfo y a Octavio Paz, entre los mexicanos, a Fuentes que también ha hecho un estudio minucioso de nuestro origen desde épocas precolombinas... escritores como Miguel Ángel Asturias. Y en el sur, por supuesto, que también ha habido escritores muy renombrados que han reafirmado todos esos vínculos literarios que hemos tenido desde siempre. Entonces creo que no es gratuito que se hable, por ejemplo, de literatura latinoamericana como un subgénero, porque es una literatura que tiene muchos elementos en común que con el paso del tiempo se han ido afianzando en la medida en que nuestras capitales, nuestras grandes ciudades han ido creciendo. Los temas, las problemáticas que han sido temas también de otros libros son muy afines en las otras ciudades; cosas que pasan en Ciudad de México perfectamente pueden pasar en Buenos Aires, en Bogotá, en Caracas, en otras ciudades, y creo que eso sigue tejiendo un tono más universal en la literatura latinoamericana.

J. C. R.: ¿Dentro de tu obra hay algún texto, algún autor mexicano que te haya tocado de manera especial? Por ejemplo, la novela negra de Paco Ignacio Taibo II... él me hablaba de tu obra y me decía que estaba muy relacionada con la de él, y que la admira mucho.

J. F.: Sí, yo vivo muy agradecido en ese sentido con Paco Ignacio, pero veo nuestra relación de un modo más general y un autor que yo no me canso de mencionar ni de leer, porque lo he leído muchísimas veces, es Juan Rulfo. Él fue muy importante para nuestros abuelos literarios; para la generación del *boom* latinoamericano fue fundamental. Pero precisamente a raíz de esta charla que tuvimos con Guillermo Arriaga y la lectura que hizo de su novela, me di cuenta de que Rulfo sigue siendo importante y vigente para la literatura actual latinoamericana. Yo en Rulfo veo todo lo que quisiera ser como escritor: en él está esa poesía sin que sea una narración muy lírica, pero en la descripción del campo o en la misma descripción de los personajes hay cosas muy poéticas. Está el juego de los tiempos; por ejemplo, en *Pedro Páramo* eso es magistral, es algo que envidio como escritor, en el buen sentido de la palabra, y que procuro hacer con todo respeto, porque lo que él nos dejó fueron un par de obras maestras en muy pocas páginas[2].

J. C. R.: Es muy cierto. La influencia de Rulfo en la literatura colombiana es enorme[3]. Ahora mismo recuerdo, entre muchas cosas, los poemas "Oración a Nuestra Señora de Comala" y "Tríptico de Comala", de Juan Manuel Roca y "Corrido de Miguel Páramo" de William Ospina. Y ahora que se cumplieron los cien años del natalicio de Rulfo, uno siente que él siempre está ahí presente[4].

Volviendo al género policíaco en esta región, obtuve una respuesta distinta por parte del escritor colombiano Mario Mendoza, uno de sus representantes en el país, quien convirtió a Bogotá en una de las protagonistas de la novela negra latinoamericana[5].

Desde la primera vez que lo vi cuando lanzó *Scorpio City* hace unas dos décadas, no he notado que los años hagan mella en él. Nos sentamos frente a su mesa de madera y mientras prepara un café, veo un rastro de los personajes de cada una de sus novelas en los rincones de su sala: la máscara de Lady Masacre, el póster de la película basada en su libro y un poco más allá, en el estudio, unas fotos muy personales. Son dos, tomadas el mismo día. En ellas, Mario abraza a Élmer Mendoza, a Paco Ignacio Taibo II y, más allá, Leonardo Padura. En una sola imagen están los pesos pesados de la novela policíaca latinoamericana. Le señalé la foto y le comenté que sentía cómo México estaba en todo su apartamento. Él me respondió que Colombia también lo estaba.

Al indagar sobre su obra y la razón para dedicarse a la novela negra, afirmó:

> En Colombia la literatura urbana era Andrés Caicedo, dos exploraciones de R. H. Moreno Durán, tres por ahí de Óscar Collazos, *Sin remedio* de Antonio Caballero, que no vuelve a escribir, deja esa sola novela, y yo sentía que Bogotá no tenía una carta de identidad literaria, que nos hacía falta que fuera una ciudad de la literatura, que a nivel mundial la gente dijera: "¿Bogotá? ¡Ay, sí!, yo leí tal cosa; es que leí un autor colombiano…". Entonces era mi propia

---

[2] Arriaga, G. Comunicación personal junto a Santiago Díaz Benavides. Septiembre de 2017.

[3] Nota de autor: el epígrafe del poema "Érase una mujer a una virtud pegada" de María Mercedes Carranza proviene de un texto de Rulfo ("No tenía ganas de nada, solo de vivir").

[4] Franco, J. Comunicación personal. Septiembre de 2017.

[5] La entrevista completa se encuentra al final de este libro.

experiencia y evidentemente no había ningún referente; no había nada y yo seguía sintiendo que además la Bogotá profunda, la que yo conocía, de donde yo venía, de las pensiones, los inquilinatos y el submundo, la zona de sombra de la ciudad, no había sido narrada. Por eso la conexión con los mexicanos es tan fácil, es directa, es automática. Y yo entro a Paco, entro a Élmer Mendoza, y ya estoy haciendo mis primeras producciones y mis primeros textos. Entro con una enorme convicción, pero eso me cuesta mucho porque las editoriales no quieren publicar eso. O sea, yo voy a El Cartucho en el año 93, empiezo a escribir *Scorpio City*, por ejemplo, que es una novela sobre El Cartucho. Yo digo: "Esto es increíble, ciento setenta y cinco asesinatos en cien metros, grupos de limpieza social y nadie dice nada". No había un documental, no había nada sobre el tema; El Cartucho era una cosa normal del centro por donde todos pasábamos y yo dije: "¡Esto no puede ser!". Empiezo a corregir los textos de los indigentes; ellos tenían una revista de literatura que salía cada noche de luna llena, cada veintiocho días y yo corregía, entonces yo era profesor de Literatura en la Javeriana, y en mi otra identidad, en mi Mr. Hyde era el corrector de los textos de ellos para la revista, y estando dentro de El Cartucho empiezo a tomar notas para una novela. Yo digo: "Voy a escribir una novela policíaca sobre esta vaina", y yo empiezo a sentir que ya es hora, que ya es momento de hablar de la otra América Latina[6].

Y está México ahí, fluyendo de nuevo en las obras más recientes de Mendoza: sus personajes caminan por las calles de la capital de ese país o visitan el jardín de Ewdard James en la selva de San Luis Potosí. Incluso su libro *La importancia de morir a tiempo* está dedicado a Taibo II.

Otro representante colombiano del género que da una definición más visceral de la relación literaria de nuestros dos países es Nahum Montt[7]:

> Hay una hermandad, un oscuro hermano gemelo que somos los colombianos y mexicanos. Somos hermanos gemelos pero nos unen la oscuridad, el crimen, la impunidad y también la fraternidad; ahí hay una vaina bacana. Somos capaces de matarnos porque sí, o somos capaces de ir y darnos un abrazo. Allá se me acercaba la gente: "¡Ay! ¿Eres colombiano?", y sentían como compasión de uno y lo abrazaban y uno los miraba: "Pues yo también siento compasión por ustedes", y los abrazaba. Se genera como una cosa entrañable fuerte, hay una

---

[6] Mendoza, M. Comunicación personal. Mayo de 2017.
[7] La entrevista completa se encuentra al final del libro.

vaina rara. Eso no es algo que se pueda racionalizar, pero hay una cosa profunda. Y eso lo siente la gente del común.

Su obra *El Eskimal y la mariposa* relata los asesinatos de algunos candidatos presidenciales colombianos a manos del narcotráfico. Paco la describe como "una de las mejores obras del neopolicíaco latinoamericano"[8].

La danza eterna sobre sangre seca nos sigue definiendo como continente, la violencia es cortina espesa que nos nubla la vista, nuestras ciudades estructuran nuestra psique como espacios densos y oscuros que también pueden acoger la parafernalia del gozo. Pero también nos une la forma en que hemos enfrentado nuestra realidad a través del arte como una manera casi mágica de expiar lo que nos duele. La novela negra nos exhibe en lo más reprochable de nuestra naturaleza, pero también evidencia nuestra capacidad de resiliencia, de enfrentarnos a las desgracias y de superar nuestros daños para tornarnos en seres más fuertes y profundos.

---

[8] Para leer en libertad. (2017, 05, 06). Nahum Montt y Taibo II. [Archivo de video]. Recuperado de https://tinyurl.com/y4qomvw6

Coda

Los quilates del arte

Cuando la tercera bala impactó el cuerpo del caudillo Jorge Eliécer Gaitán, no solo perdimos a uno de los hombres más grandes de nuestro país; además se desataron la destrucción y el desastre que han acompañado a Colombia en los últimos setenta y tres años. A la una de la tarde del 9 de abril de 1948 se partió en dos nuestra historia. Llenos de dolor e indignación, los testigos del hecho gritaban iracundos: "¡Mataron al doctor Gaitán!, ¡cojan al asesino!". Persiguieron al perpetrador, quien fue escondido por un policía en una droguería. Sin embargo, la cólera de la muchedumbre fue más grande: lo mató a golpes y llevó su cuerpo por toda la carrera séptima hasta la Casa de Nariño. Allí empezaron los desmanes que llevaron hacia la hecatombe a la zona céntrica de la capital.

Pese a que aquel día la ciudad estaba en llamas, en esa fatídica noche tuvo lugar una historia mágica. El museógrafo y pintor mexicano Fernando Gamboa hacía parte del comité de representación de su país en la IX Conferencia Panamericana, evento en el marco del que se había programado una exposición en la capital colombiana. Al llegar la oscuridad y con la intención de proteger las obras de arte que hacían parte de la muestra, Gamboa se envolvió en una bandera de México, buscando abrirse paso por la carrera séptima hasta llegar a la calle octava, donde se encontraba el Palacio de Comunicaciones. Logró acceder a la bodega donde estaban las obras y así salvó pinturas originales de Baltasar de Echave, Hermenegildo Bustos, Rufino Tamayo y Diego Rivera. Estas habrían sido abrasadas, de no ser por su heroica iniciativa.

¿Por qué eran tan apreciadas estas pinturas?, ¿quiénes eran sus autores? Se trataba de artistas considerados hijos adoptivos del intelectual José Vasconcelos y del movimiento nacionalista. Desde la Secretaría de Educación Pública, aquel promovió la función social y el poder pedagógico del arte, llevando las obras de grandes pintores a los murales de los edificios públicos con la intención de educar y acercar de forma masiva a la gente a esta expresión del espíritu, incentivando el sentido de lo nacional. Eran los soberbios maestros de la pintura que hicieron voltear los ojos del arte hacia nuestro continente en la primera mitad del siglo XX. Las obras pictóricas de José Clemente Orozco (1883-1949), Diego Rivera (1886-1957) y David Alfaro Siqueiros (1898-1974) –quienes, por cierto, fueron fotografiados magistralmente por Leo Matiz– maravillaron a todos, incluyendo a los colombianos que fueron a México a conocerlos y a alimentarse de su genialidad.

Algunos años antes, más abajo en el mapa de América, Jorge Zalamea, tras fungir como embajador de Colombia en México durante la segunda administración del presidente Alfonso López Pumarejo, e impresionado por sus años allí, escribió:

> Dieciocho años es corto tiempo para conocer a México, para comprenderlo y amarlo. Tan variado es su paisaje, tan fabulosa su historia, tan profusa su expresión artística, tan esquiva y honda el alma que se fraguó en los siglos para recibir la herencia de cien encontradas castas. Para el corazón precipitado y el ávido entendimiento, llegar a México es como penetrar en una intrincada selva, resonante de muchas voces: insinuantes unas, amenazadoras otras, capciosas, tiernas, brutales, melancólicas, altaneras, maliciosas, enamoradas las que van alzándose a cada paso del forastero para disputarse su atención y atraerlo al recodo más placentero o más oscuro y escondido[9].

Entre todos los aspectos que le resultaron llamativos de la cultura mexicana, no encontró

> ninguno de tan plena madurez, de tal jugosidad y de tan ricos sabores como el de su pintura. Pueblo alguno de la América Latina puede mostrar hoy un grupo de pintores que igualen en valor a los mexicanos y no será aventurado decir que el mundo entero no tiene media docena de pintores que aventajen a Diego Rivera[10].

---

[9] Zalamea, J. "Como umbral: una remembranza". Recuperado de https://tinyurl.com/y3ab8dqa

[10] Zalamea, J. "Cartas mexicanas. El prólogo de la pintura". Lecturas Dominicales. *El Tiempo*, n.º 171, octubre 17 de 1926.

A pesar de su entusiasmo, los artistas colombianos buscaron formarse en Europa, donde se impregnaron del arte neoclásico, alejados de las vanguardias. Solo uno de ellos, el chiquinquireño Rómulo Rozo, se encontró con la pintura moderna que se estaba haciendo en su mismo continente. En su tiempo en París y Madrid conoció de primera mano las noticias que circulaban sobre el arte social y popular que, del otro lado del océano, lideraba Diego Rivera, con indígenas y campesinos como protagonistas. Inspirado por la propuesta de los muralistas mexicanos, desarrolló una estética propia, fundado en conceptos y elementos de la cosmogonía de las culturas colombianas. Para enriquecer su trabajo se instaló en México desde 1931 en un cargo diplomático que le permitió trabajar en la legación colombiana en ese país[11,12] y adelantó un proceso de formación acorde con lo que empezaba a forjar como el proyecto que le permitió consolidar su madurez artística, afín a las concepciones de los muralistas. Allí permaneció once años en los que desarrolló sus obras más emblemáticas y fue tutor de otros artistas colombianos como el escultor boyacense Julio Abril en la Academia San Carlos (cuya obra fue elogiada por Jorge Gaitán Durán y Diego Rivera). En su trabajo se evidencia la interacción de la cosmogonía indígena de los dos países en un perfecto equilibrio. "La serie de obras realizadas en México entre 1931 y 1942, constituye lo más depurado de la producción de Rozo. En ellas combina la simplificación, la fuerza, la sensibilidad y la ternura"[13]; el *Monumento a la Canción Yucateca* en el panteón Mérida en la capital y el *Monumento a las leyes de la Reforma* en la ciudad de Veracruz, son muestras de su fuerza creativa.

Un dato curioso al respecto es la aparición de un libro en un anticuario de la colonia Roma en Ciudad de México. En uno de sus anaqueles fue encontrada una edición de *Pedro Páramo* de la colección de letras mexicanas del Fondo de Cultura Económica con la dedicatoria: "Para mi gran y buen amigo Rómulo Rozo", firmado por Juan Rulfo.

- - - - - - - - - - -

[11] Gutiérrez Viñuales, R. (2015). *Rómulo Rozo. Tallando la patria*. Vol. I. Bogotá: La Silueta, Cedodal y Favoh.

[12] Nota de autor: en 1940, el pintor santandereano Luis Alberto Acuña también viajó a México como agregado cultural, y allí permaneció hasta 1941. Su obra se vio influenciada por el muralismo mexicano, aspecto que se revela en *Teogonía de los dioses chibchas* (ubicada en el vestíbulo del Hotel Tequendama) y *Apoteosis de la Lengua Castellana*, un mural al fresco realizado para la Academia Colombiana de la Lengua.

[13] Peralta Barrera, N. (1999). *Rómulo Rozo, el indoamericano universal*. Tunja: Gobernación de Boyacá y Academia Boyacense de Historia.

Para dimensionar su obra, bastan las palabras del muralista David Alfaro Siqueiros dirigidas a Carlos Lleras Restrepo, presidente colombiano de aquel entonces. Con ellas recomienda al mandatario integrar cuarenta y cuatro de las piezas de Rozo a una sala especial del Museo Nacional de Colombia, como muestra del rescate definitivo de un gran talento:

> Creo que usted coincidirá conmigo en que los creadores de talento excepcional merecen el reconocimiento de sus países de origen. (...)
> En cada una de sus esculturas resalta un marcado vigor americanista, logrado a base de síntesis expresiva y de una captación de tipos y situaciones psicológicas...[1].

Un punto muy alto de la relación entre México y Colombia reside en el vínculo de otras figuras que trascendieron en las artes, y que recreó de forma vital la hermandad entre ambas naciones: Guillermo Owen e Ignacio Gómez Jaramillo. El primero llegó a Bogotá en 1932 proveniente de Guayaquil, y aquí se quedó durante alrededor de diez años, consolidando nexos muy cercanos con la intelectualidad de nuestro país, pese a su costumbre de sentarse solo en el Café Victoria (espacio en el que también se reunían los piedracielistas[2]), donde disfrutaba de una taza de café llena de aguardiente de Cundinamarca. El lugar era frecuentado por otros destacados creadores como Jorge Zalamea, quien afirmó lo siguiente sobre el mexicano: "Pues si era Gilberto Owen poeta original y profundo, su prosa literaria es de un primor espontáneo, tejido de gracia, inteligencia y cultura"[3]. Fueron tan cercanos, que juntos hicieron parte de la revista bogotana *Estampa*, uno como director y otro como jefe de redacción. La publicación, nacida el 26 de noviembre de 1938 tuvo como uno de sus caricaturistas y fotógrafos a un joven Leo Matiz. En ella podemos ver una de las primeras referencias que hizo Owen sobre la obra de Ignacio Gómez Jaramillo, especialmente un fresco ubicado en el Capitolio Nacional.

- - - - - - - - - - - -

[1] *Ibíd.*

[2] Nota de autor: así se llamó a los integrantes de Piedra y Cielo, movimiento poético colombiano que tomó su nombre de un libro de Juan Ramón Jiménez. Fue liderado por Jorge Rojas y Eduardo Carranza e influenciado por la obra de Vicente Huidobro y Pablo Neruda, principalmente. Para Gabriel García Márquez en entrevista a Juan Gustavo Cobo Borda, "la importancia histórica de 'Piedra y Cielo' es muy grande y no suficientemente reconocida" pues abandonó la 'retórica acartonada, tan típicamente colombiana'. Entrevista publicada en la revista *Cromos* el 28 de abril de 1981.

[3] Quirarte, V. "Retratos colombianos de Gilberto Owen". *Revista de la Universidad de México*. Recuperado de https://tinyurl.com/y53xkkbm

Amigos de Federico García Lorca, ambos se vieron unidos por el azar y el amor a las artes. Gómez Jaramillo fue el primero a quien Rozo inspiró a instalarse en México; allí estudió pintura mural gracias a una beca otorgada por el Gobierno, que se sentía entusiasmado ante la posibilidad de crear un movimiento muralista en tierra colombiana. En ese país consolidó su mejor etapa, influenciado mayormente por David Alfaro Siqueiros. A su regreso a Colombia conoció al poeta mexicano Gilberto Owen, quien hacía parte del grupo de intelectuales Contemporáneos junto a Salvador Novo, Xavier Villaurrutia y su mejor amigo, Jorge Cuesta, entre otros.

El mexicano publicó con Librería Suramérica un libro sobre la obra del pintor colombiano en 1944 en la que se encuentran cuarenta y seis reproducciones en negro y una a color. En el prólogo, su autor dice a los detractores del pintor:

> Gómez Jaramillo responde con unos lienzos de tan pura intención y de tan depurada factura –paisajes, retratos– que solamente los ciegos que sueñan ver, de acuerdo con el refrán, y sueñan lo que desean, podrían clasificarlos bajo epígrafes sociales o económicos. (…) Quiere que sus retratos sean parecidos a sus modelos, además de obras de arte, y sus paisajes fieles a los que la naturaleza pone ante sus ojos, además de obras de arte, y su visión general del mundo, en lenguaje de obra de arte, con equivalencia idéntica al mundo de nuestra época, sin etiqueta alguna que venga a desfigurarlo[4].

En la década de los cuarenta, el artista antioqueño regresó a México (1946-1948) y entabló una cercana amistad con David Alfaro Siqueiros. Un registro de esta relación fue hecho por Leo Matiz, fotografía cuyo original está salvaguardado en la colección de arte del Banco de la República.

El 12 de octubre de 1945, en la inauguración del 6.º Salón de Artistas Colombianos, evento que contó con la asistencia del presidente Alberto Lleras Camargo, se presentó al público un homenaje que hizo el pintor colombiano a su amigo mexicano; se trataba de *Retrato al poeta Gilberto Owen*, una de las piezas centrales de la exposición.

Hay otros datos interesantes sobre Owen: en nuestro país el pintor colombo-español Ramón Barba le hizo un retrato en 1934. Además, el poeta Octavio Paz hizo referencia a él en el prólogo a una antología de

---

[4] Owen, G. (1944). *El arte en Colombia. Arte contemporáneo. Ignacio Gómez Jaramillo.* Bogotá: Librería Suramérica.

Xavier Villaurrutia sobre la visita de Owen a Colombia. También trabó amistad con Fernando Charry Lara, quien recordó sobre el mexicano:

> Gilberto Owen. A quien después yo buscaría de tarde en tarde en el más apartado rincón de un café donde, huyendo de su oficio de traductor de cables y entre sorbos de aguardiente que se hacía servir en inocentes pocillos de 'tinto', ojeaba libros, revistas y periódicos extranjeros[5].

Con el poeta Aurelio Arturo pasó los días hablando sobre literatura, admirado por los jóvenes compatriotas como un maestro. En 1936 fundó la actual Librería Central, una de las primeras de Bogotá, donde se vendían libros y revistas en otros idiomas, especialmente en inglés. Con el sencillo nombre 1936, estaba ubicada en el pasaje Santa Fe, que comunica la calle 14 con la Avenida Jiménez. A diferencia de las librerías de mostrador, en las que se podía acceder a los libros solo con la mediación de un dependiente, el mexicano creó un espacio diferente, pensado también como galería de arte. En su local, los lectores podían tomar los libros y hojearlos a voluntad, siendo asesorados si así lo requerían. Catorce meses después de su inauguración, el austriaco Paul Wolf compró la librería, la renombró como la conocemos hoy y la dirigió hasta su muerte, después de lo cual pasó a manos de los inmigrantes austriacos Hans y Lilly Ungar.

Alejandro Obregón recuerda sobre Owen que su exposición de 1946 fue inaugurada por este, "un tipo estupendo y gran poeta" que temía hablar en público porque era "un gran tímido"[6].

Otro creador antioqueño que amó aquella tierra fue Rodrigo Arenas Betancourt, uno de los más destacados artistas colombianos. Logró moverse en muchas aguas, siempre con exquisita calidad; fue pintor, escultor, tallador e incluso escritor. Nació en Fredonia (Antioquia) y sus primeros años en el oficio los vivió en Medellín donde fue docente, pero resultó expulsado por mostrar públicamente un desnudo en 1942, hecho que evidenció su carácter polémico.

Encontrándose sin trabajo, en 1944 viajó a México para seguir desarrollando su arte y convertirse en el gran artífice que hoy conocemos. Al llegar al aeropuerto, "ahí estaban el escultor Rómulo Rozo y el poeta Germán Pardo García esperándome. Sentí una felicidad y un consuelo

---

[5] Pérez Silva, V. (comp.). (1996). *La autobiografía en Colombia.* Biblioteca Familiar Presidencia de la República. En https://tinyurl.com/y372cmfk

[6] Entrevista en Panesso, F. (1989). Bogotá: Gamma. P. 21.

inmensos. Ellos me llevaron con el embajador Jorge Zalamea. Zalamea me envió a vivir con otros colombianos"[7]. Con el poco dinero que lograba conseguir, se matriculó en la Academia San Carlos; allí fue discípulo del maestro Luis Ortiz Monasterio. Compartió residencia con su compatriota Manuel Zapata Olivella; se trataba del poco espacioso consultorio de un médico cubano: "(…) me leyó los originales de su primer libro, *Tierra mojada*. Yo le leía mis primeras cuartillas mexicanas que lo horrorizaban por truculentas y trágicas"[8]. Fue además amigo de Carlos Pellicer y José Gorostiza.

"Giotto" (así lo llamaban sus compañeros) se desempeñó como escenógrafo, fotógrafo, tallador de miniaturas en madera, redactor de Diario de Sureste y El Nacional y en las revistas *América* y *Nosotros*, ilustrador, asistente de Leo Matiz (llevando sus cámaras y trípodes) y profesor en la Escuela de Artesanías Ciudadela de México,

> hasta cuando le permitieron participar en la exposición colectiva del bosque de Chapultepec. Allí vendió dos esculturas que había hecho en Quintana Roo. Y esa venta fue como un milagro. Tres meses después era amigo de Diego Rivera, José Clemente Orozco y de todo lo que vale y pesa en el arte mexicano. En 1949 participó en la exposición colectiva del palacio de Bellas Artes, con *Mujer maya torteando*, que el ingeniero José Domingo Lavín adquirió por 1.000 pesos. Fue allí donde conoció al arquitecto Raúl Cacho, quien iba a construir la Torre de las Ciencias Exactas. Raúl Cacho conversó con Arenas Betancourt, se pusieron de acuerdo en la necesidad de "incorporar la escultura a la arquitectura" y pidió que le llevara un proyecto. Arenas Betancourt, que mide un metro con sesenta y dos centímetros, se le presentó con un impresionante monstruo de siete metros de altura: *Prometeo*, dos toneladas de bronce que en seis meses lo hicieron famoso en medio mundo[9].

Favorecido por la crítica, en una reseña sobre los escultores de importancia para México, de él se afirmó:

> Puede decirse, sin temor a equivocarnos, que dentro del movimiento artístico mexicano de su rama, no hay persona tan íntegramente

---

[7] Arenas Betancourt, R. (1975). *Crónicas de la errancia, del amor y de la muerte*. Bogotá: Instituto colombiano de Cultura.

[8] *Ibíd.* P. 62.

[9] García Márquez, G. (1955). "De Fredonia a México, pasando por todo" en García Márquez, G. (1976). *Crónicas y reportajes*. Bogotá: Instituto Colombiano de Cultura. P. 85.

preparada en todos los aspectos: es un conocedor serio de las letras americanas, un estudioso de la literatura universal y de la pintura (porque con estos ramos estéticos se inició su formación para llegar a la escultura). Es un teórico del arte moderno y dentro de él un escultor de gran fuerza expresiva sin separarse de la doctrina realista que postula en la materia. Se le puede catalogar, en seguida, como uno de los mejores escultores modernos del mundo. Es un socialista estructurado filosófica y socialmente hablando[10].

David Alfaro Siqueiros destacó su "gran capacidad teórica, a diferencia de la mayor parte de los artistas contemporáneos que parecen ocupar toda su humanidad, inclusive su cabeza, con pura emoción"[11]. En ese país dejó otras obras suyas como *La guacamaya herida*, escultura en concreto localizada en Cuernavaca; *El águila que cae*, ubicada en la Secretaría de Comunicaciones y Transportes y el *Homenaje a Cuauhtémoc y la Patria* en el Palacio de Comunicaciones (ambos en Ciudad de México); las gigantescas cabezas de los héroes de la Revolución mexicana Moreno, Hidalgo, Juárez y Zapata; y el gigantesco Prometeo en el edificio de la facultad de Ciencias Exactas de la UNAM. Así transcurrió su vida allí, aprendiendo con maestros como Luis Moya y dando voz a su propia obra durante más de cuatro décadas hasta regresar, en los años ochenta, a su tierra natal. En un reportaje hecho por la revista *Cromos*, el artista afirmó que viviendo y trabajando en México había logrado entender realmente a su país.

No es un dato menor su estancia en el estudio de Río de la Loza, en el que anteriormente se había instalado el grupo de los "Fridos" –así llamado por ser sus integrantes discípulos de Frida Kahlo–: Arturo García Bustos, Guillermo Monroy, Arturo Estrada, Fanny Rabinovich y Juan Antonio Franco. De su matrimonio con Celia Calderón de la Barca –nombre curiosamente dramatúrgico– fue testigo Siqueiros. Las casualidades, así como los lazos establecidos con grandes como el creador de *Cuauhtémoc contra el mito* generaron una conexión casi astral con aquella nación. Su amor por México se hizo manifiesto en la autobiografía *Crónicas de la errancia, del amor y de la muerte* donde señala lo importante que fue ese país para su crecimiento como productor artístico:

> México se me ha entregado como una realidad en donde todo está dominado por el arte. Me interesa vivir en México, no porque pueda

---

[10] Morales Benítez, O. (2003). *La montaña de la dura cerviz*. Medellín: Gobernación de Antioquia, Secretaría de Educación e Instituto de Cultura y Patrimonio de Antioquia. P. 411.

[11] *Ibíd.* P. 413.

hacer arte, sino porque vivo en medio del arte: el arte en la muerte, en los juguetes, en la arquitectura, en el amor... y puedo decir con Porfirio Barba-Jacob que México me dio su rebeldía, su libertad, sus ímpetus (...). La experiencia de México amalgamó todo y lo puso en su sitio (...), me dio la fe en la creación, fe en la función educativa del arte y la seguridad de que el artista no es un mendigo[12].

Diseminada por ambos países, en su obra se hace explícita la gran admiración que sentía por Simón Bolívar y otros próceres de la independencia, así como por la figura de Cristo. Esta lo acompañó toda la vida, incluso en el cautiverio al que fue sometido por las FARC en 1987; dedicó sus días de encierro a dibujar en papelitos que luego le sirvieron de bosquejo para nuevas esculturas. El artista murió en Colombia dejando un imponente legado en las ciudades cafeteras, además de otros municipios y capitales.

De la misma cepa y compañero de estudios de Arenas Betancourt, el pintor, muralista, escultor, ingeniero civil, arquitecto y urbanista antioqueño Pedro Nel Gómez también disfrutó de la riqueza cultural y artística que México ofrecía. Allí llegó en 1955 e, influenciado por el trabajo de los muralistas mexicanos, fue el primero en introducir a Colombia "el movimiento de las grandes composiciones murales al fresco, con aspiraciones hacia un arte monumental y popular, con gran significado social"[13]. Sobre su estancia en México, en un artículo publicado en la revista *Cromos*, el artista nacido en Anorí afirmó: "Me respetan más los maestros mejicanos. Diego, Siqueiros, Rodríguez, Betancourt me agasajaron con un banquete de artistas que jamás dieron juntos a nadie. Recibían no a un imitador o discípulo sino al fresquista colombiano".

La historiadora de arte Consuelo Fernández plantea que es visible la influencia directa que ejercieron los pintores mexicanos sobre los colombianos. Afirma, por ejemplo, que Fernando Botero "adoptó el uso del color de Rufino Tamayo (...). En las naturalezas muertas vemos la influencia de Tamayo sobre Botero, le aprende a no preocuparse tanto por la crítica social sino por el color"[14]. Así lo describió Germán Arciniegas:

- - - - - - - - - - - -

12   Arenas Betancourt, R. (1975). *Crónicas de la errancia, del amor y de la muerte*. Bogotá: Instituto colombiano de Cultura. P. 27 y 70.

13   Red Cultural del Banco de la República en Colombia. "Pedro Nel Gómez Agudelo". En https://enciclopedia.banrepcultural.org/index.php/Pedro_Nel_G%C3%B3mez_Agudelo

14   Ávila, S. "Arte de México que influyó a Colombia". *Excelsior*. 19/02/2014. Recuperado de https://tinyurl.com/yxpj9erj

> En México lo dominaban los temas. Las indias con sus cargas de flores, con silencios de cuatro siglos, son una lección magistral (…). Los mercados, academia viva: mostraban el pueblo, la mayor riqueza –de brazo con su miseria– en amarillos de oro, verdes de Tzentontle, azules de cobalto, rojos de sangre (…). Un día de los muertos en México no tiene que envidiar a una resurrección en las glorias del Renacimiento[15].

A México llegó en 1958, después de haber estudiado en París. En el país centroamericano encontró las influencias que se correspondían con su estética y su lenguaje; allí se reencontró con su continente.

Viajando al sur nos encontramos con el Valle del Cauca, cuna de Omar Rayo, quien inició su carrera artística como caricaturista en Cali y Bogotá, exponiendo sus creaciones a finales de los años cuarenta en diferentes puntos de la capital. Con la intención de enriquecer su obra, se dedicó a viajar por toda América Latina para alimentarse de nuevas vanguardias. Su estancia en México en 1959, gracias a una beca que le otorgó la OEA, representó un aliento vital:

> País donde entrará en contacto no solamente con artistas como Siqueiros y Tamayo sino con los de la nueva generación: Cuevas, Rojo, Felguérez, García Ponce, López Loza, Aceves Navarro, Coen, Goeritz, Sebastian, Von Gunten, Gironella, Toledo. Allí estuvo hasta 1961. La estadía en México fue definitiva para la conceptualización y afirmación de su personalidad artística. Su pintura se tornó decididamente abstracta, con colores planos y bordes duros. Usó el círculo, el cuadrado, el rectángulo para interrelacionarlos y crear composiciones asimétricas controladas. La gama cromática incluía colores como azul, verde, rojo, amarillo, gris, negro y blanco. Pintó en acrílico sobre lienzo. Algunas de estas formas entrelazadas comenzaron a ser sombreadas en los bordes a fin de producir ilusión. Allí encontrará el artista su manera de plantear elementos vibracionistas y de consolidar una imagen diferenciada[16].

Allí empezó su acercamiento al grabado, uno de los íconos de su producción, gracias a la realización de relieves sobre papel d'Arches de 300 libras, técnica conocida como intanglio.

- - - - - - - - - - - - -

[15] *Arciniegas, G. (1979). Fernando Botero.* Madrid: Edilerner en "Botero y el laberinto mexicano". *Revista Mundo,* mayo 8 de 2008. P. 53.

[16] Museo Rayo. "Omar Rayo. 1028 - 2010". Recuperado de https://tinyurl.com/y5wmds67

Las conexiones entre estos artistas han sido casi arcanas tanto que, quien le regaló el pasaje a Rayo para llegar a Bogotá y seguir con su carrera fue Álvaro Mutis, autor con quien el artista plástico sostuvo una gran amistad. Años más tarde, cuando Mutis salió de la cárcel de Lecumberri, se mudó al apartamento donde vivió el pintor y escultor durante su residencia en esa ciudad.

El listado sigue creciendo de forma exponencial. Aquí, como una breve pincelada, puedo citar la relación del fotógrafo cataquero Leo Matiz con Rivera, Orozco y Siqueiros, esta última raíz de un conflicto que llevaría a la salida del maestro colombiano de México.

Un hombre fundamental para la literatura de su país fue el pintor y escultor nacido en Barcelona y de nacionalidad mexicana Vicente Rojo, uno de los fundadores de la pequeña editorial Era en 1959 con José Azorín y los hermanos aragoneses Espresate. Gran amigo de G. M., este le encomendó el diseño de la portada de *Cien años de soledad*; fue, dicen algunos, su manera de reivindicarse con aquel por no haberle vendido a Era la que luego fue la gran obra de su vida. Gabo buscaba ingresar con fuerza al mercado y la pequeña editorial no le ofrecía las posibilidades de Sudamericana, el monstruo argentino.

Rojo cuenta sobre el reto que le implicó escoger un solo personaje o un solo tema para convertirlo en la imagen que representaría el universo narrativo de la obra. Como él mismo lo afirma, escogió "los elementos que están en la imaginería popular; no son elementos precisos de la novela, pues no estaba ilustrando determinada cosa". Una sucesión de lunas, calaveras, corazones, diablitos y campanas, y el título de la obra escrito con la E de la palabra soledad al revés, "porque así se lo indicó su absoluta y soberana inspiración", dice Gabo, fueron el sello que Rojo dejó para la memoria de la literatura colombiana.

El artista barcelonés recuerda cuando vio por primera vez al nobel colombiano en la década de los sesenta:

> Nos conocimos en México a los primeros días de llegar, porque teníamos una amistad con Álvaro Mutis y con una figura muy importante para García Márquez que fue Luis Vicens, su librero, que era catalán y un refugiado republicano, pero que había vivido en Colombia y era alguien muy cercano a Gabo[17].

---

[17] Robles Luján, L. (2016). "Vicente Rojo, el creador de la verdadera portada de '*Cien años de soledad*'". El Heraldo. Recuperado de https://tinyurl.com/y6yk2mhd

Rojo y García Márquez siguieron creando juntos. La película *Tiempo de morir*, rodada bajo la dirección de Arturo Ripstein en 1965, y con guion y adaptación del colombiano, fue estrenada en 1966 en el cine Variedades de la capital mexicana. Rojo, gran amigo del director y de Gabo, trazó los créditos del filme, así como la disolución tipográfica y la serigrafía que componen el afiche promocional original que circuló en México para la premier.

En 1999 G. M. escribió el texto "¿Rojo o romántico?", en el que recuerda a ese amigo que conoció cuando ambos creían ser desdichados, y que "se distinguía del resto de la pandilla por una austeridad monástica, por sus pocas palabras contundentes, por un inconformismo raro que no tenía sosiego, y una claustrofobia tan descarada que a veces se le notaba a la intemperie". Lo describe pudoroso, huraño y de humor ácido, políticamente radical y severo consigo mismo, aunque reconoce que "se humanizaba ante ciertas debilidades ajenas (...). Dibujaba y regalaba a sus amigos unos dibujos de gatos socarrones que parecían pensados para disipar cualquier sospecha de que fueran pintados por un hombre serio". Un felino burlón es la imagen del *collage* diseñado por Gonzalo, hijo de Gabo, en el que integra las palabras del colombiano con la ilustración "Gato con el pensamiento puesto en la campiña" de Rojo, y que hace parte del libro *80 Vicente Rojo* publicado en 2012 para celebrar las ocho décadas de su natalicio.

En 1989 Ediciones Multiarte publicó el libro *Lluvias de papel*, con serigrafías y *collages* del artista. La obra se complementa con un poema escrito por Álvaro Mutis para esa edición, titulado "Vicente Rojo", ese que "coloca banderas en los límites del mundo para inaugurar la celebración de las aguas lustrales". Según los versos del colombiano, Rojo "nos protege la sabia procesión de los colores que descienden desde un cielo sin nubes para instalarse como monarcas absolutos", pues es de aquellos privilegiados "que sí saben hacia dónde miran las ventanas del mundo y hacia qué silencio se retiran los vasos jamás mancillados por el líquido que hace olvidar las estaciones". Con Mutis también trabajaron juntos en el libro *Escenarios de la memoria*[18], que contiene treinta y cinco jardines pintados por Rojo y un poema del bogotano, en el que habla sobre un "jardín cerrado al tiempo y al uso de los hombres".

Otro amigo de G. M. y de Mutis fue el poeta, novelista y pintor Héctor Rojas Herazo, nacido en Tolú (Sucre, Colombia) en 1921. En su obra, de tinte americano y estilo figurativo, se revelan los parajes de la

---

[18] Rojo, V. (2002). *Escenarios de la memoria.* México: Ediciones Era.

costa colombiana entre gallos, gaiteros y tamboreros. El autor de *Celia se pudre* reconoce en sus creaciones la poderosa influencia de los mexicanos, principalmente de Rufino Tamayo, a quien hizo un poema que lleva su nombre: "(…) Desde antes de nacer ya conocías, / leyendo muy despacio, / los códices de jaguar y de azúcar / en sedientos guerreros / y la aprobación de negras lunas / para el sacerdote que fragua la cosecha / y reparte la lluvia (…)"[19].

Una figura que no puede quedar fuera del listado es el pintor y escultor Fernando Botero, quien vivió en aquel país entre 1955 y comienzos de 1957, al que describió como uno de los lugares obligatorios que debía visitar cualquier artista de nuestro continente. En sus tierras conoció más íntimamente el trabajo creador de Orozco y de Tamayo, que lo llevó a profundizar en sus raíces latinoamericanas, pues hasta entonces su obra había sido fuertemente influenciada por la formación recibida en Europa. Sobre aquella época, Álvaro Mutis rememora: "Botero se detenía, de pronto, en las anónimas esquinas de la Colonia Nápoles, para explicarme, con sabio y razonado entusiasmo, sus exhaustivas incursiones en la obra de Piero della Francesca o cómo preparaba sus azules el Giotto"[20].

De lo producido en México, el antioqueño hizo una exposición en Washington donde empezaba a revelarse en algunos cuadros el pintor que conocemos hoy. Durante su estadía en la capital estadounidense se encontró con el artista mexicano José Luis Cuevas, a quien ya conocía y con quien generó una conexión tan fuerte que se acompañaron en otros viajes como el hecho a Nueva York. Entre broma y con algo de verdad el mexicano cuenta que allí, en la Gran Manzana, le dio un consejo al pintor colombiano: debía engordar a sus modelos, pues eran muy menuditas. Parecería que Botero hizo caso a su recomendación y la corpulencia de sus personajes se convirtió en su sello[21].

En varias ocasiones se encontraron en París, donde almorzaban y hablaban sobre pintura; a esto siguieron unas declaraciones poco afortunadas por parte del colombiano, lo que condujo a una ruptura de su amistad. Pese a esto, Cuevas siempre reconoció en Botero a un excelente

---

[19] "Tamayo" en: Jurado Valencia, F. (comp.). (2002). *México en la poesía colombiana. Posadas*. Bogotá: Universidad Nacional Autónoma de México y Universidad Nacional de Colombia. P. 79.

[20] Atkinson, T., Gallwitz, T. y Mutis, Á. (1970). *Botero*. Catálogo de la exposición retrospectiva en cinco museos alemanes. Munich: Ediciones de la Galería Buchholz.

[21] Nota de autor: podría pensarse que es una anécdota inventada, pero la incluyo porque José Luis Cuevas solía citarla con frecuencia.

pintor, fiel a la figuración sin entregarse al arte conceptual que, en su opinión, no expresaba nada.

Una de las primeras ocasiones en las que se vio la obra de Cuevas fue en la Exposición Interamericana de Pintura Contemporánea de Cartagena en la Galería del Palacio de la Inquisición, en 1959. Un conjunto más numeroso de su trabajo se expuso en el Museo de Arte Moderno de Bogotá del 31 de agosto al 30 de septiembre de 1973 bajo el título "José Luis Cuevas. Ilustrador de su tiempo", y en la Biblioteca Luis Ángel Arango. En el catálogo hecho por el museo dirigido por Gloria Zea, la artista colombo-argentina Marta Traba destacó la influencia decisiva de su obra, universo kafkiano que se desencaja del marco de referencias estéticas comunes del siglo XX[22]. Solían encontrarse en numerosos eventos artísticos en toda Latinoamérica y fueron estableciendo una amistad cada vez más cercana. Cuevas correspondió muchas veces al cariño de Traba, y de ese afecto quedan cinco cartas con dibujos hechos por el mexicano que revelan la hermosa relación forjada entre dos grandes creadores de nuestro tiempo.

El mexicano visitó nuestro país casi veinte años después, invitado por la galería Diners; el 30 de octubre de 1992 expuso algunos de sus trabajos en un homenaje hecho a su gran amigo Alejandro Obregón, a quien conoció en Filadelfia en 1957 y con quien compartió en Princeton una mesa redonda que moderó el director de la Fundación Guggenheim.

La amistad de los dos artistas se extendió por décadas. Del pintor colombo-español, Cuevas destacó que tenía dimensiones mitológicas de figura inmortal, y llegó a compararlo con personajes que hicieron parte de su infancia como Moby Dick. Como lo relata un artículo de *El Tiempo*, el mexicano destacó de Obregón "su vehemencia infinita, sus definiciones de la vida, el amor, el arte y la muerte, su estilo de vida en el que no había dicotomías ni desdoblamientos... Era un verdadero artista". A través de la obra pictórica de Obregón y sus largas conversaciones, Cuevas conoció con mayor profundidad el país que ya había leído en *María*, *La Vorágine* y *Cien años de Soledad*[23].

Permaneció en el país casi un mes y, como lo registra el poeta Mario Rivero, pintó por primera vez "en tela, con acrílicos y utilizando además los pinceles de Obregón para dar cuerpo a sus figu-

....

[22] Traba. M. (1973). "Catálogo de la exposición de José Luis Cuevas". Museo de Arte Moderno. Bogotá. P. 10.

[23] Redacción *El Tiempo*. "Cuevas inventa su Obregón". 18 de octubre de 1992. En: https://www.eltiempo.com/archivo/documento/MAM-225054

raciones. Saben ambos maestros que la realidad está hecha también de irrealidad"[24]. En el artículo escrito para "Magazín Dominical" de *El Espectador*, Rivera también señaló que Cuevas logró una "rápida e invencible influencia sobre todos los pintores figurativos importantes del continente"[25]. El artista cedió al suplemento cultural una serie de dibujos inéditos que tituló "La noche del cóndor", que fue creando espontáneamente mientras conversaba con el crítico de arte y periodista cultural colombiano Fausto Panesso, y uno de los cuales fue portada de la publicación del 25 de octubre de 1992.

Era bien conocido por su actitud polémica y muestra de ello fue una charla a auditorio lleno que ofreció en la mencionada biblioteca. En la mitad del evento, el mexicano alcanzó a oír a alguien diciendo: "¡Habla más fuerte porque no te oigo, pendejo!". Encolerizado, respondió: "Esto no te lo permito y no te vayas porque cuando termine mi conferencia. Nos vemos afuera"[26].

El colombiano Santiago Mutis Durán, hijo de Álvaro Mutis, escribió para él el siguiente poema:

José Luis Cuevas

> ... *estrella de primera magnitud*
> Marta Traba

> Inconclusa, hecha de fragmentos de una gramática inútil, catálogo incipiente, exhibición-ismo de zonas oscuras, exposición de deformidades y crímenes, miserias para un museo de lujo, líneas y líneas y líneas geniales que narran sólo signos, nada, minucioso inventario de nada. Ni abismos, ni amistad, ni peligros. Comedia. Ya no está el laberinto, sólo su extrañeza sin vigencia, en donde se pierden sus criaturas. No hay enemigos, no hay limosnas, no hay placer ni pensamiento... sólo una idea fija:

---

[24] Rivero, M. "Cuevas en Colombia". "Magazín Dominical". *El Espectador*. No. 496, 25 de octubre de 1992. P. 13.
[25] *Ibíd*.
[26] Villamarín, P. "Cuevas, ataca, ataca". 25/02/2004. *El Tiempo*. Recuperado de https://tinyurl.com/y5mz6glp

                              alguien miente
                    y su boca es una cicatriz[27].

 Para pintar y esculpir se necesita fuerza; el arte nace de las pasiones y en nuestro continente, estas pululan. Del amor y la violencia emergen los trazos más contundentes, los colores más vivos pero también los más lúgubres, las letras más descriptivas y poderosas que nos definen. Y en medio de ellas, los vasos comunicantes, esos puentes que nos conectan y crean una consanguinidad no innata pero siempre buscada. Colombia y México parecen haberse trazado un camino común, un cúmulo de hojas, pinceles, tonadas, lienzos y palabras que se entrecruzan y seguirán construyendo una identidad que aún no tiene nombre.

---

[27] Mutis Durán, S. "José Luis Cuevas". *Revista Casa de las Américas*. Enero-marzo de 1994, no. 194. La Habana. P. 137.

Epílogo

"No dejes crecer la yerba en el camino que lleva a la casa de tu amigo", decía más o menos Platón. Esa exhortación, creo yo, refleja muy bien las relaciones entre México y Colombia, países que nunca han dejado que esa yerba –sobre todo la mala– crezca en el camino de esa historia común que nuestros pueblos han transitado, entre cumbias y mariachis, por avenidas o arrabales, y que hacen que la memoria de un territorio no se entienda ya sin los recuerdos del otro.

Colombia y México: Entre la sangre y la palabra es un libro que da cuenta de personalidades, momentos y fenómenos culturales y sociales que resultan necesarios para conocer y comprender esta aventura de celebrar y soñar la vida, en todas las circunstancias, a través de todos los medios. Debemos reconocer y celebrar este abnegado y amoroso trabajo de Juan Camilo Rincón, resultado de una genuina vocación investigativa, una creatividad guiada por el asombro y la necesidad de comprender el vasto universo humano.

Sin duda, la lengua común, las mestizadas manifestaciones culturales y esa exaltación vital hasta de la muerte misma son algunas de las muchas cosas que nos unen a colombianos y mexicanos. Sin embargo, sigue siendo un misterio esa sensación de seguir estando en casa, después de subirse y bajarse de un avión, como si en realidad habitáramos la región más transparente del alma de un solo pueblo, que cuando está en la parranda no se acuerda de la muerte y sigue festejando la vida porque, a la manera de Carlos Monsiváis, "somos aquello en lo que creemos, aún sin darnos cuenta".

John Jairo Junieles, escritor y periodista colombiano
Bogotá, agosto de 2021

Posfacio
En el último trago nos vamos

Todos cargamos con las mismas penas, pero no todos las cantamos igual. Hoy es innegable que Colombia y México comparten, además de un lazo espiritual y casi místico que se hace tangible cuando se conocen ambos países, unos vasos comunicantes que se extienden desde hace varios siglos y se han fortalecido, principalmente, desde el desarrollo de sus artes.

La colombiana Piedad Bonnett, que entre otros reconocimientos fue ganadora del Premio Poetas del Mundo Latino en ese país, señala que "México es sobre todo el mundo de los afectos" y del que aprendemos a diario pues "nos ha dado la lección de ser un pueblo que se ama a sí mismo". Para la poeta,

> la cultura popular mexicana permeó todo el continente a través de su cine y de su música popular y creo que de ahí nace el amor de un pueblo por otro (…). Acá el estereotipo llegó y nos avasalló, entonces hay una mezcla de admiración y cariño, y gracias a lo comercial todo llega a un mundo más amplio, no solo a los intelectuales. Entonces, al final, cualquier persona puede sentir algo por México. Hay muchos Méxicos, como hay muchas Colombias, y lo que nos une es lo popular de su cultura[28].

Algunos encuentran el germen de la sinergia en los orígenes prehispánicos comunes; otros, en nuestra condición de países en desarrollo; unos cuantos, en el trasegar histórico de guerras y violencias que han hecho correr sangre como un torrente. En lo que todos coinciden de manera casi unánime es en la vívida forma en que nos nutrimos,

---

[28] Comunicación personal. 18 de julio de 2018.

permanentemente, desde nuestros referentes y proyectos, que tal vez no miran hacia el mismo lugar, pero que tienen el mismo sustrato afectivo y cultural.

Desde las inconfundibles rancheras que hoy resuenan en otras voces, pero aún desde el alma, en las coincidencias fraternales que nos unen a causas similares, y con un *whisky* malo, como lo diría Daniel Salinas Basave, somos territorios cómplices. Lo somos en nuestras visiones sobre la frontera, esa que tantos colombianos han atravesado por el hueco que describieron Jorge Franco en *Paraíso Travel*, Emiliano Monge en *Las tierras arrasadas* y Antonio Ortuño en *La fila india*. Lo somos en la evolución de nuestra literatura y nuestras artes, que enuncian y denuncian con voz poderosa los males que han cubierto como manto espeso nuestras realidades. Hoy, como lo cantó José Alfredo Jiménez, "simplemente la mano nos damos. Otra vez a brindar con extraños y a llorar por los mismos dolores". Somos, diría Chavela Vargas, una borrachera que no ha terminado.

Juan Camilo Rincón
Bogotá, mayo de 2021

Bonus track

El Gabo de Elena Poniatowska

Por: Juan Camilo Rincón
Publicado en Libros & Letras (https://tinyurl.com/y63xz4c6)

Ella los leyó y escuchó a todos. Cuando los grandes escritores estaban creando sus primeras obras y formándose como escritores, fue ella quien, vestida como reportera, iba a entrevistarlos. En los grandes diarios de México eran publicadas esas notas que enamoraron a todos; gracias a su pluma pudimos tener visiones más íntimas y menos decimonónicas sobre escritores como Octavio Paz, Juan Rulfo, Julio Cortázar, Jorge Luis Borges, entre otros. Aquella espléndida mujer que se distinguía por su pelo claro cuando caminaba por Ciudad de México, ejercía la profesión de periodista con el alma, como le gustaba a G. M.; luego se entregó a la literatura y nos mostró otra faceta de su genialidad. Sus libros entran como un buen tequila, suavemente pero con contundencia, siempre quemando algo por dentro.

En abril de 2017 volví por tercera vez a la capital mexicana para encontrarme con Elena y enterarme de algunos nuevos secretos sobre la relación de ese país con Colombia. Caminé hasta una hermosa casa ubicada cerca de una plaza empedrada al lado de la parroquia de San Sebastián Mártir. Esperé por algunos minutos en la biblioteca, llena de libros firmados por grandes maestros de la literatura, cada uno perfectamente catalogado. Me recibió con esa memoria prodigiosa que se traduce en sus palabras, entregando momentos memorables de la literatura de hace ya cincuenta años.

El primer tema fue Gabriel García Márquez. Nuestro nobel había llegado a México el mismo día en que Ernest Hemingway se propinó el tiro de muerte: 2 de julio de 1961. G. M. recordaba que en ese tiempo "tenía treinta y dos años, había hecho en Colombia una carrera periodística efímera, acababa de pasar tres años muy útiles y duros en París, y ocho meses en Nueva York, y quería hacer guiones de cine en México"[29].

Elena rememora su encuentro así: "Fui al noticiero cinematográfico semanal Telerevista, un centro televisivo donde se hicieron películas que dirigía Manuel Barbachano Ponce". Al cataquero lo conoció allí, lugar que también acogió a Alfredo Guevara, destacado cineasta cubano fundador del Instituto Cubano del Arte e Industria Cinematográficos quien, junto a Carlos Velo, G. M. y Fuentes, creó un guion sobre *El Gallo de oro*, obra original de Juan Rulfo. Elena, por su parte, llegó a la televisora a hacer "unas pequeñísimas películas que me pedía Manolo Barbachano con temas como, por ejemplo, el lugar donde nació Sor Juana Inés de la Cruz o sobre Armando Manzanero, y trabajaba así porque en esa época todos éramos jóvenes". Además de compartir esos espacios de producción creativa, también se dedicaban a festejar; una de las escenas que más recuerda fue la de García Márquez bailando cumbia en uno de los famosos festines que organizaba Fuentes en su casa: "Carlos Fuentes amó muchísimo a Gabo, y viceversa; eran casi hermanos los dos". Sobre aquella noche, Poniatowska comenta: "Gabo no era en ese tiempo como lo fue después: el centro de la fiesta" y "un rayo de angustia le atravesaba los ojos", sensación que el escritor logró calmar cuando decidió trabajar en su gran obra.

El colombiano relata: "Seis años antes había publicado mi primera novela, *La hojarasca*, y tenía tres libros inéditos: *El coronel no tiene quien le escriba*, que apareció por esa época en Colombia; *La mala hora*, que fue publicada por la Editorial Era poco tiempo después a instancias de Vicente Rojo, y la colección de cuentos de *Los funerales de la Mamá Grande*. Sólo que de este último no tenía sino los borradores incompletos, porque Álvaro Mutis le había prestado los originales a nuestra adorada Elena Poniatowska, antes de mi venida a México, y ella los había perdido. Más tarde logré reconstruir todos los cuentos, y Sergio Galindo los publicó en la Universidad Veracruzana a instancias de Álvaro Mutis"[30].

. . . .

[29] García Márquez, G. (1980). *Juan Rulfo. Homenaje nacional.* Ciudad de México: Instituto Nacional de Bellas Artes - Secretaría de Educación Pública.

[30] *Ibíd.*

La amistad no dejó de crecer ahí; Elena recuerda que su relación "fue muy buena; lo fue hasta el último momento, y ya cuando él hablaba muy poco, venía a comer a mi casa con facilidad porque su hijo vivía a dos casas; (era) un hogar muy grande con dos puertas". Se refiere a Gonzalo, quien estaba casado con Pía Elizondo, hija del escritor mexicano Salvador Elizondo. Dada la vecindad de sus residencias, cuando García Márquez y su esposa Mercedes Barcha visitaban al hijo, también se asomaban a la casa de Elena. Tan cercana era su relación, que Mercedes le decía a la autora: "'¿No me puedes guardar aquí unas macetas?'; entonces yo metía en mi casa sus macetas". El día que ganó el Nobel, el autor de *El amor en los tiempos del cólera* llegó a su puerta con un camión lleno de rosas amarillas; "casi llenó toda la plaza de mariposas amarillas", comenta la escritora con un aire de nostalgia.

En una entrevista para el diario *La Jornada*, Poniatowska expresó lo siguiente respecto a la muerte de G. M.: "Es una pérdida enorme para todos los que lo conocimos. Somos los amigos de antes del Nobel y así lo consideraba él, un hombre entrañable. Incluso, ya teniendo el Nobel era de lo más cariñoso y accesible. Era una delicia verlo y platicar. Decía cosas como, '¿Te gusta mi pantalón?' Y yo le contestaba: "Pues sí, está padre'. Entonces, él respondía: 'Bueno, quizá me pueda comprar dos o tres, porque si esos me quedan bien, mejor tener tres o cuatro'", cosa que ningún premio Nobel te consultaría. También preguntaba: '¿Crees que este gris combina con esto café?' Tenía una vulnerabilidad que no he visto en ninguna otra persona; a él se le quedó a pesar del triunfo y el reconocimiento"[31].

Seguí hablando con ella y en su cara se advertía esa imagen del recuerdo que toca, que cala el alma. Entre la preocupación por su gato enfermo, Monsi, la compañía de su adorada minina Vais, y como homenaje a aquel adorado amigo y escritor cuya casa vivía llena de felinos (Carlos Monsiváis), me dijo que G. M. le había dado a Era, su editorial de ese entonces, los manuscritos de *Cien años de soledad*. El negocio no resultó, pues el cataquero necesitaba un anticipo con extrema urgencia, decidiéndose al final por Sudamericana. Allí nace la historia de un texto dividido en dos partes que lo obligó a vender hasta el último objeto para poder recoger el dinero suficiente para enviar el manuscrito a Argentina.

．．．．．．．．．．．．．．

[31] *La Jornada.* (2014). "Conmociona a creadores nacionales la muerte del 'inventor de mundos'". Recuperado de: https://tinyurl.com/y2qh6r2y

Antes de irme, la escritora me confesó que fue una de las primeras en leer *Los funerales de la Mamá Grande*, editado por primera vez para la Colección Ficción de la Universidad Veracruzana; la pérdida del manuscrito original por parte de la escritora –como lo narra G. M.–, no fue mencionada por ella. Luego le comenté que esa misma editorial había publicado también por primera vez el *diario de Lecumberri* de Álvaro Mutis, gran amigo de García Márquez y suyo... esbozó una sonrisa dulcísima, pues fue en esa prisión donde visitó en numerosas ocasiones al poeta colombiano mientras sufría las penurias que lo llevaron a crear aquella obra. Entre calabozos y visitas de domingo, Mutis dio luz a uno de sus libros más interesantes; Poniatowska, amiga y cómplice, acompañó sus letras y las de otros genios literarios. Las deidades entrecruzaron sus caminos... ellos se encargaron de recorrerlos y dejarnos por herencia las mejores obras de la literatura latinoamericana.

Tríptico sobre García Márquez y Álvaro Mutis en México

El escritor y pintor mexicano Fernando del Paso, ganador del Premio Cervantes en 2015 señala que, gracias a la lectura de Mutis y G. M. (entre muchos otros) "comencé a aprender que mi patria, extensión de mi casa, se desparramaba al sur (…) para abarcar, para abrazar a otros países". G. M. creó a Macondo como territorio simbólico para un público que esperaba el Caribe y se encontró, de paso, con un universo más amplio; y Mutis, con un Maqroll aventurero, instituyó su concepción universal de la existencia al profundizar en las indagaciones sobre el pesimismo, el caos y el desplome de la certidumbre. Con el aporte de uno y otro, ambos campos culturales se consagraron como plataforma continental.

El escritor y biógrafo de G. M., Dasso Saldívar, el periodista cultural español Xavi Ayén, y la poeta, novelista y ensayista colombiana Piedad Bonnett conforman una tríada de visiones sobre los dos autores en su relación con México:

Dasso Saldívar
Abril de 2019

Juan Camilo Rincón: ¿Crees que, de haberse quedado en Colombia, G. M. y Mutis habrían logrado lo mismo que alcanzaron en su vida en México? ¿Por qué?

Dasso Saldívar: Sí y no. Desde el punto de vista de las raíces, de la concepción y del empeño de ambas empresas literarias, pienso que tanto García Márquez como Álvaro Mutis hubieran continuado el desarrollo de su obra dondequiera que se hubiesen radicado, pues cuando ambos llegan a México ya la tenían escrita en buena medida y, sobre todo, tenían bastante claras las ideas, cada uno por su lado y en su propio terreno, respecto de su futuro desarrollo. En este sentido, digamos que sí, que, tanto en México como en Colombia, hubieran continuado el recorrido de sus caminos literarios. Pero, claro, el fruto de sus respectivos caminos también dependía del medio en que se establecieron, y en este sentido México les ofreció mayores estímulos y posibilidades. Aunque con dificultades al principio, lograron empleos estables y bien remunerados, y, lo más importante, un medio intelectual, artístico y literario rico y variado que en ese momento no hubieran encontrado en ningún otro país latinoamericano y menos en Colombia, que seguía siendo uno de los países más cerrados al mundo y al resto de América Latina.

J. C. R.: ¿Qué tuvo México en su momento que les permitió a ambos crecer como escritores y crear, como lo dice Mutis, «una misteriosa y fecunda relación» con ese país?

D. S.: Una historia, una cultura, una experiencia artística y una literatura más antiguas, sólidas y universales, en fin, un país que se había enriquecido notablemente con la inmigración de la guerra civil española, pues a México llegaron desde toda España los mejores hombres y mujeres en los campos del cine, del arte, del periodismo, de la literatura, del pensamiento, de la ciencia, etc. Por eso, cuando, gracias a la colaboración de Mutis, García Márquez se radicó en la Ciudad de México el 26 de junio de 1961, procedente de Nueva York, llegó buscando tres propósitos: hacer cine, seguir escribiendo y encontrar una plataforma editorial de alcance continental para sus libros. Y ciertamente el ambiente y los amigos mexicanos y españoles de la diáspora española le permitieron trabajar en el cine, escribir *Cien años de soledad*, aunque no encontró la plataforma editorial de alcance continental que buscaba (esta la encontró en Argentina, el otro país latinoamericano que, al igual que el país azteca, vivía un momento parecido de desarrollo cultural y prosperidad económica). Pero es cierto que, sin esos dos o tres años de experiencia en el cine mexicano como guionista, sin el conocimiento minucioso de la obra de Juan Rulfo y sin el apoyo de sus amigos y sin el ambiente laboral que finalmente encontró en México, con toda seguridad la escritura de su novela magna no solo se hubiera retrasado, sino que tal vez hubiera sido una obra muy distinta. El caso puede ser extrapolable en muchos aspectos a lo que le ocurrió al mismo Álvaro Mutis.

J. C. R.: ¿Qué significaron ambos escritores para México mientras vivieron, y qué significado tienen ahora para la literatura de ese país?

D. S.: Yo creo que de alguna manera México, sus colegas y sobre todo los lectores mexicanos los consideraron siempre como dos mexicanos más. Y no dos mexicanos cualesquiera, sino dos mexicanos colombianos que dieron honra y prestigio al país. Es sabido que García Márquez llegó a ser un escritor inmensamente popular en México y probablemente el escritor más leído entre los mexicanos. También fue amigo y un hombre muy respetado por los presidentes y otros dirigentes mexicanos. Ahora, que Álvaro Mutis y García Márquez hubieran escrito gran parte de su obra en suelo azteca, eso les concedió una filiación terrena, espiritual y artística muy profunda con aquel país, y de ahí también esa aceptación como autores nacionales de sus lectores mexicanos. Y eso a pesar de que siempre conservaron su nacionalidad colombiana y su esencia de hombres y de escritores colombianos. Para decirlo de otra manera: sus experiencias mexicanas, su cultura mexicana, sus logros mexicanos, son vertientes que vinieron a enriquecer lo colombiano en ellos.

J. C. R.: ¿Cómo describirías la influencia de G. M. y Mutis en la vida cultural y, más específicamente, en la literatura mexicana?

D. S.: Responder a esta pregunta supone un trabajo ingente, que está por hacer. Pero es evidente que la influencia de ambos se detecta en cuanto nos adentramos en la cultura y la literatura mexicanas. Mutis es un poeta y un hombre muy querido entre los escritores y poetas de México, así como entre los lectores, y García Márquez, entre los novelistas y periodistas y cineastas, principalmente, pero también lo es en la sociedad y en la vida cultural. Los lugares donde vivió el novelista colombiano, la casa donde escribió *Cien años de soledad*, sus manuscritos y hasta sus anécdotas, son cuidados y considerados parte muy relevante del patrimonio mexicano, porque, además, los mismos mexicanos son conscientes de que también son patrimonio mundial.

Xavi Ayén
Abril de 2019

Juan Camilo Rincón: En 1977, Carlos Fuentes afirmó que el *boom* fue ese momento en el que "nuestra literatura era la mejor que se escribía en el mundo". Bajo esos términos, ¿cree usted que podrá surgir, tal vez dentro de algunas décadas, un nuevo *boom latinoamericano*? ¿Por qué?

Xavi Ayén: Por primera vez, cuando el mundo piensa en sus mejores escritores vivos del momento, en las universidades, la prensa y el gran público de los cinco continentes, se piensa en latinoamericanos. Eso fue una inyección de autoestima brutal. En el futuro puede suceder cualquier cosa, pero hoy en día los escritores no se agrupan de una forma tan sólida. Yo creo que ya sucede que, entre los mejores escritores del mundo, hay varios latinoamericanos. Lo que no sucede es que esos autores sean los más vendidos, como sucedió entonces.

J. C. R.: Siempre se ha considerado a G. M., Vargas Llosa, Fuentes, Cortázar y Donoso como los escritores del *boom*. En su opinión, ¿qué otros autores deberían ser incluidos en ese listado? ¿Por qué?

X. A.: El *boom* es una etiqueta muy elástica: hay expertos que introducen ahí a decenas de autores, otros solo esos que usted dice (y aun cambiando a uno), otros una docena... A mí me gusta que sean esos cinco, uno por país. Si hubiera que añadir un sexto, yo me inclinaría por el cubano Guillermo Cabrera Infante, aunque se peleó con varios de ellos a causa de la política.

J. C. R.: Si consideramos a Ciudad de México como la capital latinoamericana del *boom*, ¿cuáles fueron las condiciones particulares de ese contexto que permitieron que se forjara *Cien años de soledad* y que G. M. se consolidara como escritor?

X. A.: Había una gran ebullición intelectual y editorial, a menudo promovida por exiliados españoles o sus descendientes. Una industria cinematográfica y publicitaria fuerte que permitía que los escritores tuvieran sus trabajos alimenticios mientras hacían sus novelas. Y una población muy grande. México es hoy el país con más hablantes de español en el mundo.

J. C. R.: ¿De qué forma específica incidió el *boom* en la relación literaria entre Colombia y México?

X. A.: García Márquez creó un puente indestructible entre los dos países, al igual que Álvaro Mutis. Muchos colombianos (también pintores, etc.) formaron parte de la colonia intelectual colombiana en México.

Piedad Bonnett
18 de julio de 2018

Piedad Bonnett: Yo leí a Álvaro Mutis cuando entré a la universidad y me fascinó su poesía. No solo me gustó mucho, sino que además me influenció; aunque no se note, en mi poesía hay una secreta influencia. Su poesía constituye una voz diferente dentro de la tradición colombiana. Esa tendencia a la narrativa que hay en una parte de su poesía donde introduce a Maqroll el Gaviero, es muy contemporánea. Es una obra muy intelectual y, sin embargo, esa idea del deterioro, de la latencia de la muerte en todas las cosas, crea una atmósfera anímica afectiva. Siendo intelectual, también produce una movilización afectiva; no deja impávido al lector, creando emociones. Es una obra que está en el canon de la poesía colombiana. A mí me gusta mucho más como poeta que como narrador.

Santiago Díaz Benavides: ¿Te conectaste más así?

P. B.: Sí. Yo después llegué a su prosa pero nunca me entusiasmó porque es una literatura con mucha deliberación racional y me parece que los efectos que produce en la poesía no los logra con la narrativa. Pero debo decir que a la gente le gusta mucho el narrador que es Álvaro Mutis. Era un hombre muy vital con un sentido muy dramático de la vida.

S. D. B.: En el momento en que eliges comenzar a escribir poesía, ¿puede haber algo de ese Álvaro Mutis presente?

P. B.: Sí, mucho. Hubo poemas que me impactaron enormemente, sobre todo la primera parte de la obra. Esos mundos muy oscuros de tierra caliente… Hay un poema que se llama "Nocturno", que es muy hermoso. Lo que a mí más me impactó fueron las atmósferas y ese tono un poco surrealista que hay en su poesía. Eso se conecta más con los surrealistas del sur del continente; con los poetas que están escribiendo en los años cincuenta y sesenta. Uno nunca sabe hasta dónde llegan las influencias; uno está recibiendo siempre influencias de diferentes lados y Mutis escribió muchas cosas que interioricé. Además, lo enseñé durante muchos años en la Universidad de los Andes. Aprendí a quererlo más a medida que lo trabajaba con mis estudiantes. Precisamente, Mario Barrero fue mi alumno, quien hizo una tesis sobre él. Luego lo conocí fugazmente y se correspondía muy bien con esa imagen que tenía de un hombre muy vigoroso, muy vital y eso que yo lo conocí en sus años en declive, ya un poquito enfermo. Yo creo que es un poeta muy importante, que no sé cuánto se lee hoy. A los poetas nos dejan de leer muy rápido. O tal vez no sepamos quién nos está leyendo porque la poesía transita por unos caminos muy secretos, como clandestinos. No es lo mismo que la novela, con la que se puede medir la influencia lectora.

S. D. B.: En un artículo que se publica en la BBC en la semana en que fallece Álvaro Mutis, una de las voces que citan es la tuya. Mencionas que la importancia de este escritor es que puede construir un mundo totalmente distinto, ese universo de la tierra caliente que no se había logrado antes, y que lo lleva a recibir los grandes premios de la lengua española.

P. B.: Un gran poeta construye un mundo de lenguaje; tiene un lenguaje muy particular y reconocible, un estilo, una impronta y también un mundo de contenidos. Pero más allá de la tierra caliente, del trópico, la poesía de Álvaro Mutis es libresca. Él era un gran lector y un hombre con unas ideas muy particulares y provocadoras, como, por ejemplo, eso de jactarse de ser monárquico. Todo ese mundo guerrero que incorpora a su poesía, las reminiscencias de otras épocas también constituyen ese mundo. No es un mundo de lo vernáculo; por el contrario, es de una mixtura de un mundo arcaico que él recrea poniéndolo en un ambiente distinto como es el de su propia tierra.

S. D. B.: Han pasado cinco años desde su fallecimiento. ¿Qué nos lega Álvaro Mutis?

P. B.: Una voz poderosa y una voz que encontró unas maneras de decir. Esa herencia la recibe la gente que ama la poesía y que ama la literatura, que no es toda la que quisiéramos. Digamos que él circula por unos caminos de la poesía que valdría la pena que se reconociera más ampliamente. Se le reconoció mucho en su momento, pero me parece que ahora se habla poco de él. Álvaro Mutis tiene un mundo tan constituido como el de Gabriel García Márquez, tan original a pesar de sus influencias como Saint-John Perse, los poetas argentinos, entre otros. Mutis permite que la poesía vaya transitando por unos caminos de búsqueda y renovándose. No pasa lo mismo con él como con los priedacielistas, quienes tenían una voz mayor como Carranza y los otros lo imitaban. Con Álvaro es diferente: su obra empieza y termina en él. No puede haber imitadores de Mutis como no puede haber imitadores –aunque los hubo– de García Márquez, porque quien lo haga, queda en evidencia y suena ridículo.

Juan Camilo Rincón: Mutis decía que se consideraba ciudadano del mundo. Nació en Bélgica, añoraba Europa, vivió en México, extrañaba Colombia... A propósito de su caso y el de otros autores que vieron ese país como su refugio, ¿cómo ha sido tu contacto con las letras mexicanas?

P. B.: Todos los latinoamericanos sabemos que México fue un país que le abrió las puertas a la gente de todo el mundo, de una forma totalmente contraria a Colombia, que más bien le cerró las puertas a todo el mundo a la hora de las grandes migraciones. En ese sentido, es un país tremendamente cosmopolita pero también con un arraigo muy fuerte de lo propio, esa conciencia de sí mismo y esa autoestima. Yo creo que ha sido un país muy generoso y que a la vez se mira a sí mismo a través de su literatura. Yo, como todos los latinoamericanos, he leído la gran literatura de ese país: *La muerte de Artemio Cruz* de Carlos Fuentes, por supuesto a Juan Rulfo, toda la poesía mexicana y encuentro muy natural que escritores como García Márquez y Mutis hayan encontrado allí un lugar donde se sentían cómodos; no es como nuestra sociedad, que tiende a la incomprensión. Y si bien algunos de ellos emigraron a París, luego vieron en México una posibilidad de sentirse latinoamericanos, de hablar su idioma... Yo estuve en la casa de Mutis y creo que él, como Fernando Vallejo, eran personajes que no es que se hayan olvidado de Colombia, sino que desde allá reconstruían a Colombia. Nadie le puede hacer ningún reproche a Álvaro Mutis ni a García Márquez ni a Vallejo porque se fueron para México, porque todos entendemos esas posibilidades que ese país les dio.

Conversaciones con y sobre los maestros

Entrevista a Juan Gustavo Cobo Borda
Julio de 2017

El poeta Juan Gustavo Cobo Borda no solamente conoció a muchos de los grandes escritores de nuestro tiempo, sino que además investigó de manera extensa y juiciosa sobre su obra. Su erudición está presente en cada palabra. Una mañana de julio de 2017 regresé a su casa, y de aquel encuentro surgió esta conversación en la que amplía algunos aspectos esenciales sobre la relación entre México y Colombia en la primera mitad del siglo XX:

Juan Camilo Rincón: Hay una anécdota maravillosa que rodea la hermosa y a la vez extraña relación entre México y Colombia, que ocurre en la capital de ese país: en 1947 el escritor guzmanense Juan José Arreola había acabado de publicar sus primeros cuentos y trabajaba como traductor, redactor y corrector en el departamento técnico del Fondo de Cultura Económica. Producto de esa labor conoció un libro que siempre recordaría, especialmente cuando lo saludaba algún colombiano; él contaba lo maravillado que se sentía respecto a nuestro país pues, siendo encargado de la colección "Tierra Firme", accedió al libro *Geografía de Colombia*[1], que contenía una serie de soberbias fotografías y textos descriptivos de nuestros paisajes. La primera edición tiene en su página final el texto que da fe de la labor del escritor mexicano. Aun desde unas sencillas páginas y a miles de kilómetros, foráneos logran enamorarse de esta tierra.

---

[1] Goez, C. R. (1947). *Geografía de Colombia*. México: Fondo de Cultura Económica.

Juan Gustavo Cobo Borda: ¡Muy interesante!

J.C.R.: Ahora que rompimos el hielo, hablemos de dos personajes que representan a México y a Colombia, respectivamente, en materia literaria: Germán Arciniegas y Alfonso Reyes... ¿Cómo se conocieron?

J. G. C. B.: Hay una cosa en el caso de Arciniegas que no se ha valorado lo suficiente, y es que él se escribió con todos en América Latina. Les pidió colaboraciones para sus revistas de universidad hasta *Revista de las Indias* y más tarde para *Cuadernos en París*, y así fue conociéndose con una figura central en cada país, que era como su corresponsal, su amigo. Y escribía notas de las que mandaba copias a muchos periódicos de América Latina; escribió varias notas muy bonitas sobre Reyes y los libros que iban saliendo de él. Entonces ahí vino una relación muy especial porque Arciniegas era muy descomplicado, muy jovial y al mismo tiempo era un trabajador infatigable, conocía muy bien el trasfondo de la historia de América Latina y en varios libros de él salían cosas muy especiales sobre cada país. Por ejemplo, él hizo dos tomos que sacó Suramericana de Buenos Aires que se llama *Los hombres y los días* y *Las mujeres y las horas*... el título es *América Mágica*. El cuento lindo es que ahí, por ejemplo, tiene un ensayo precioso sobre fray Servando, y conocía muy bien la historia mexicana. Hay otro antecedente muy simpático: cuando Vasconcelos era ministro de Educación en México, creó unas especies de agregadurías culturales juveniles y mandó a Colombia al gran poeta Carlos Pellicer. Él era muy bolivariano, estuvo recorriendo Colombia y escribió varios poemas con relación a este país, entre ellos uno sobre Tota en Cundinamarca, como de un pueblito blanco, porque Pellicer era muy colorista, y luego escribió un canto a Bolívar. Arciniegas estuvo con Pellicer, fueron buenos amigos aquí y luego se vieron de nuevo en México, donde él tenía algo muy especial que le gustaba mucho a Arciniegas: Pellicer hacía todos los años un gran pesebre, una natividad, y le ponía objetos y muñecos precolombinos, cosas de paja, de tela e incluso caballitos de cerámica que había comprado en Ráquira, que le gustaban muchísimo; por esas cosas también se fue forjando una gran amistad. Pellicer era de esa generación famosa de mexicanos y todos tenían a don Alfonso Reyes como el referente en alguna forma, primero por ser el humanista mexicano que hizo varios libros muy buenos sobre Grecia, pero al mismo tiempo era muy travieso, muy coqueto y muy pícaro, entonces en los destinos que tuvo como diplomático, uno en Río de Janeiro y otro en Buenos Aires, siempre sacaba "revisticas", que era como una especie de pulsión igual a la de Arciniegas: él tenía que hacer una revista siempre, donde estuviera. En ese sentido, hacía notas en serio sobre los países y cosas, y al mismo tiempo hacía fábulas, cosas sobre México, sobre tradiciones; además hizo un libro celebérrimo sobre cocina, entonces toda esa variedad de registros hacía que fuera muy afín a la figura de Arciniegas. Había otra cosa y es que eran muy liberales; en ese entonces pululaba el síndrome del comunismo y eso también los unió: un pensamiento liberal, un humanismo, en cierto modo, y una cuestión de trabajo cultural. Entonces, tal y como Arciniegas lo hacía aquí en el Museo Nacional o en bibliotecas públicas, Reyes también hacía eso en México con la creación del Colegio de México, la Casa de España con los exiliados españoles; eso los comunicó mucho a ellos. Luego había una cosa muy linda que son las cartas tan bellas de Reyes a Arciniegas en las que le dice que acaba de leer un libro de él: "No quiero dejar de decir algo que quizás no le he dicho bien, que es mi inclaudicable admiración por usted, mi cariño, y el hecho que usted haya escrito sobre todos mis libros". Eran dos personajes muy simpáticos, vivaces, traviesos, que estaban muy metidos cada uno en su país, que conocían la política nacional. Reyes, al mismo tiempo, vivía el drama porque le habían matado a su padre en la famosa intentona que hubo allá en México de esos golpes militares, la Revolución mexicana, entonces por eso Arciniegas tenía tanta cercanía con Reyes; quizás por otra razón: porque al abuelo de Arciniegas también lo habían matado.

J. C. R.: ¿Cómo muere el abuelo de Arciniegas?

J. G. C. B.: No sé si era el abuelo o el bisabuelo; en alguno de los libros míos está contado por el propio Arciniegas... lo balearon en una plaza de pueblo contra las rejas de su casa. Y al papá de Reyes lo mataron a tiros allá también en el Zócalo.

J. C. R.: Él ayudó a Porfirio cuando llegó... a Barba Jacob.

J. G. C. B.: Sí, sí, es verdad.

J. C. R.: Hablemos un poco sobre Vasconcelos.

J. G. C. B.: Él vino a dar conferencias. No sé en qué ciudad colombiana, como de provincia, fue y quedó absolutamente chiflado y fascinado por una colombiana; ahí está contado todo eso en los cuatro tomos de las memorias de Vasconcelos, *El Proconsulado*.

J. C. R.: ¿Él cuántas veces vino?

J. G. C. B.: Creo que fueron dos.

J. C. R.: Una en el treinta y otra como en los cincuenta.

J. G. C. B.: Sí, y luego estuvo en la costa; allá también dio charlas. Es que él tenía una relación más cercana con Colombia porque escribía en las "Lecturas Dominicales" en sus inicios. Era amigo de Santos y mandaba artículos para eso y en los primeros números de "Lecturas Dominicales" hay varios textos de él. Entonces venía con esa cosa estudiantil juvenil y ya Arciniegas se había escrito con Vasconcelos; en el libro que yo hice del Caro y Cuervo de la serie La Granada Entreabierta, está la famosa carta de Vasconcelos a la juventud colombiana que mandó a través de Arciniegas. Entonces se leía a Vasconcelos y al mismo tiempo se le tenía como una especie de representante de toda la renovación que significó la reforma universitaria de Córdoba del dieciocho. Y sobre todo la cosa mexicana de entregarles los muros a los artistas...

J. C. R.: Arciniegas y Agustín Yáñez...

J. G. C. B.: Agustín Yáñez... (pensativo). Lo que pasa es que Arciniegas escribía sobre todos, reseñó todos los libros, habló con todos y hay cartas con todos; ahí en la Biblioteca Nacional debe haber cartas. Yáñez estuvo también como en un cargo diplomático, ¿no? Pero la figura clave de México con Colombia, para mí, es un poeta, José Gorostiza Alcalá[2].

J. C. R.: Bueno, las cartas de Yáñez las encontré en la Biblioteca Nacional. También encontré una cosa rarísima: revisando la revista *Cromos* de 1952 hay una publicidad de Bavaria en la que aparece Vasconcelos con un vaso de cerveza y una nota escrita de puño y letra de él, que dice que la cerveza ayuda a mejorar el sabor de las comidas y que ésa en especial es muy rica; ¡es la publicidad de Bavaria con Vasconcelos!

J. G. C. B.: ¡Magnífico! Está buenísimo para contarles a los mexicanos.

J. C. R.: Ahora cuéntame un poco sobre José Gorostiza.

J. G. C. B.: En un libro mío que se llama *Retratos de poetas*, que sacó la Universidad de Santander, hay un retrato de él. ¿Y cuál es la historia de él que es divina? Él arribó a Colombia para el famoso encuentro en el que se creó la OEA, cuando el 9 de abril[3]. Él vino en una delegación que creo que presidía Yáñez. Fue tal el lío del 9 de abril, que se dispersaron los mexicanos que estaban en varios sitios, entre ellos Gamboa, que traía

---

[2] Poeta y diplomático mexicano nacido en San Juan Bautista (hoy Villahermosa, Tabasco) el 10 de noviembre de 1901 y fallecido en Ciudad de México el 16 de marzo de 1973.

[3] El 9 de abril de 1948 fue asesinado en Bogotá el líder del Partido Liberal y candidato a la presidencia de Colombia, Jorge Eliécer Gaitán, hecho que generó una asonada de dimensiones catastróficas. El acontecimiento fue conocido como el Bogotazo.

una exposición de precolombinos mexicanos para el evento, y entonces todos estaban buscando al poeta que venía en la delegación, que se llamaba José Gorostiza. Y en ese momento decidieron que las mujeres de la delegación salieran de Colombia creo que a Panamá, por el clima que había, esta cosa de los saqueos, y mandaron de cuidador a Gorostiza con las señoras de la delegación. Él era un poeta muy bueno, muy célebre, que había hecho un primer libro muy lindo que se llamaba *Canciones de las barcas* o algo así, que era muy melódico, muy musical y escribió un poema maravilloso sobre Bogotá[4] que es como si fuera un discurso donde él habla casi en tono oficial pero en poesía, contando cómo era Bogotá, cómo era Monserrate, cómo eran las nubes, que corresponde un poco al otro poema de Pellicer sobre Bogotá; es muy lindo porque sigue el esquema de un discurso, con un introito y un final, una cosa así. Es bellísimo porque además es un poema de amor, todo en ese tono que tienen los mexicanos en su poesía, un poco trascendental, metafísico en cierto modo, como pasaría luego con Villaurrutia, que era compañero generacional de Gorostiza. El cuento lindo es que él, que participó en esto de la creación de la OEA, luego fue secretario del Ministerio de Relaciones de México; fue el que le dio cargos diplomáticos a Octavio Paz, fue el único de los países latinoamericanos que no rompió con Cuba; entonces cuando vino la ruptura con la isla, era secretario del Ministerio de Relaciones y no suscribió la declaración que había armado Alberto Lleras Camargo para que se separaran de Cuba, y por eso la isla siempre tuvo relaciones con México, gracias a Gorostiza que vino a Bogotá a crear la OEA.

⋯⋯⋯⋯⋯⋯

[4] Nota de autor: "Declaración de Bogotá". "Ha silbado una ráfaga de música. / Desciende el aire / de la negra montaña tempestuosa. / Tropieza en la esbeltez de tu blancura / como topa la luz, allá en la plaza, / en la amarilla catedral de aceite / que, lenta, se consume / cediendo a los dominios de la estrella / su estatura de llama endurecida. / Te hace sonar el aire: / eres su flauta. / Te agradece los ojos plenilunios. / Imprime un ritmo pendular al brazo / con que cortas la línea de tu marcha / y en nobles giros de cristal te ajustas / a frenos de pedales y sordinas. / Te ahoga la sonrisa inescrutable / en un sabor de té que se azucara / poco a poco en la pulpa de tus labios / y te erige, por fin, sonora estatua, / en el rigor de un martinete insomne / que bate en mis arterias / y que habrá de batir -¡ay, hasta cuándo, / mira el amor lo mucho que me duele!- / un delirio de alas prisioneras. / Detrás de tu figura / que la ventana intenta retener a veces, / la entristecida Bogotá se arropa / en un tenue plumaje de llovizna. / He aquí los hechos. / En la virtud de su mentira cierta, / transido por el humo de su engaño, / he aquí mi voz / en medio de la ruina y los discursos, / mi oscura voz de silbos cautelosos / que vuelta toda claridad. / Me has herido en la flor de mi silencio. / La que brota de él, sangre es del aire / ¡Tómala tú! / ¡Ténla en tu ser de caña dúctil al sonido! / Es un grumo, no más, de poesía / para cantar el salmo de tus bodas". Gorostiza, J. (1996). *Poesía y poética*. Madrid: FCE, ALLCA XX, Unesco.

J. C. R.: Vino todo el mundo, ¿no? Porque el escritor brasilero Guimarães Rosa también estaba acá en ese tiempo.

J. G. C. B.: En la embajada, sí.

J. C. R.: Que vivió tomando champaña como una semana (risas).

J. G. C. B.: Ah, sí. También escribí sobre él (risas).

J. C. R.: Bueno, ahora hablemos de Gilberto Owen.

J. G. C. B.: Owen tenía una cosa muy especial que me llamaba mucho la atención: era un gran crítico de pintura. Hizo quizás una primera monografía sobre Ignacio Gómez Jaramillo; hay un retrato muy lindo de él hecho por Owen, y además hizo el primer artículo sobre las primeras poesías de Alejandro Obregón. Tuvo una librería, me parece, que quedaba ahí cerca de *El Tiempo*; se casó con una política liberal antioqueña muy rica y se publicó en Colombia uno de sus mayores poemas, muy misterioso, que creo que se llama "Sinbad el varado"; lo publicó la Universidad Nacional en una plaqueta. En ese entonces, el rector de la Universidad Nacional creo que era Gerardo Molina; tenía una extensión cultural que la dirigía Charry Lara y ahí fue cuando le pidieron a Owen algo y le hicieron una separata de esa revista tan bonita que hacía la universidad en ese entonces, que era muy gruesa, muy gorda, y ahí colaboraba gente estupenda.

J. C. R.: En estos días, hablando con un amigo en común, el librero Álvaro Castillo, me contó sobre un personaje muy particular: Germán Pardo García[5]. Me dijo que era, te lo leo tal cual, "un poeta colombiano muy importante, bastante olvidado y denostado que vivió en México durante muchos años y murió allá; publicó cantidades de libros en ese país y se caracterizaban por ser unas ediciones preciosas. Parece que el hombre gozaba de muchísimo dinero e hizo parte de la vida cultural mexicana, y tenía una especie de periódico o algo así que me parece que se llamaba *Noticias de Colombia* o una cosa así; yo tengo un número en mi casa. Yo tengo una revista mexicana del año 41 cuando en México Neruda fue atacado por una horda de fascistas que le dieron un varillazo; yo tengo la revista de Germán Pardo donde habla de eso. Entonces, ese es otro poeta que hay que explorar. El problema con él es que tiene una

---

[5] Nota de autor: en una carta dirigida a él, la premio nobel Gabriela Mistral se refirió al escritor con palabras elogiosas, "Su libro me ha removido fuertemente, porque hay allí adentro una sensibilidad vigorosa y sobre todo sincera, un temperamento de fuerza y de elevación, que me llena de gusto". Mistral, G. Carta a Germán Arciniegas en: Morales Benítez, O. (comp.). (2003). *Gabriela Mistral. Su prosa y poesía en Colombia.* Tomo II. Bogotá: Convenio Andrés Bello. P. 327.

obra gigantesca y de verdad no es una gran obra literaria, pero es un personaje que vale la pena mirar. Él emigró a México porque se cansó de no tener mucha aceptación acá. Creo, no estoy seguro, que era homosexual, entonces eso en esa época debió traerle bastantes problemas. Y era un hombre muy solitario. Algún día José Luis Díaz-Granados me contó que tuvo correspondencia con él, y que él donó esa correspondencia a la Biblioteca Nacional de Colombia; en el Caro y Cuervo, en esos libros blancos, hay un libro sobre Germán Pardo García. Pero te repito: es un poeta bastante olvidado[6]. A mí me llamó la atención que hace unos años William Ospina me pidió que le consiguiera algo de él porque quería volver a leerlo". Cuéntame un poco qué sabes sobre él.

J. G. C. B.: Germán Pardo García se dedicaba a una cosa que da mucho más fruto que escribir: era promotor de boxeadores. Vivió de eso toda la vida y era además muy lagarto con Eduardo Santos y le publicaban en "Lecturas Dominicales" de *El Tiempo* unas sábanas de unos poemas cósmicos sobre las cosas espaciales y unas cosas rarísimas y charrísimas sobre Prometeo y todo eso. Entonces editaban en México unos libros gigantescos con mucho lujo como afelpados gruesos, y había una revista muy chistosa y grandísima que se llamaba *Nivel*; en ella no hacía más que publicar cosas colombianas para difundir en México, y la mandaba a Colombia y salían lagartadas. Tenía una obsesión básica que era ganarse el Premio Nobel, entonces hacía que le mandaran a unos pobres académicos suecos toneladas de libros de él, porque seguramente conseguía apoyo de instituciones culturales mexicanas o Secretarías de Cultura y escribía y promovía, como te dije, cosas de boxeo y lucha libre y se vestía muy colombiano; es decir, que le quedaba corta la chaqueta, usaba chalecos escoceses de colores y un sombrerito pequeño con plumita. Yo lo vi una vez en México y fue muy gracioso porque iba con José Emilio Pacheco, que era mi doble en México y me dijo: "¡Ahí va tu maestro!" y le dije: "¿Quién es?", y él: "Germán Pardo García" (risas). El mejor cuento de todos, no sé si es el mejor o el peor, fue que cuando murió, yo trabajaba en ese entonces en la Cancillería y me llaman de México y me dicen: "Aquí tenemos las cenizas de Germán Pardo García y las tenemos que mandar a Bogotá; están aquí en la Embajada de Colombia en México; ¿qué hacemos?", entonces yo dije: "Pues si las mandan para Bogotá para enterrarlas aquí...". Él era como de la parte alta de la montaña, más allá de La Calera, de una zona así y en alguno de sus poemas él

---

[6] Nota de autor: en mayo de 1981 cuarenta escritores de Latinoamérica y España postularon su obra ante la Academia Sueca como aspirante al Premio Nobel. Nunca obtuvo el anhelado galardón, pero su obra fue colmada de elogiosos comentarios.

habla de eso. Entonces los de la embajada se lo entregaron a las azafatas de Avianca y yo como director cultural de la Cancillería tuve que ir a El Dorado y me entregaron la urna con las cenizas de Germán Pardo García (risas) y tuve que decir unas palabras sobre él, por lo menos para la foto: "Retornan los restos...", como con Barba, cuando fue León y todos ellos: "Retornan los restos del gran poeta Germán Pardo García...". Entonces en esa revista *Nivel*, que tenía siempre anuncios de instituciones culturales mexicanas, divulgó mucho de la cosa colombiana y de su generación, de este mundo de Arciniegas, de Umaña Bernal, de Maya, de todos ellos; los divulgó allá entre los mexicanos y también publicó muchas cosas mexicanas.

J. C. R.: Te voy a hacer dos preguntas comunes pero creo que, si hay alguien que sabe sobre el tema, eres tú: García Márquez y Mutis en México.

J. G. C. B.: Bueno, yo pienso que para ambos fue fundamental eso. Primero el exilio, el hecho de que estuvieran los dos allá, y creo que fabularon, reconstruyeron, reimaginaron Colombia. Al estar allá los dos solos volvieron a mirar todas las barrabasadas que habían hecho, la plata de la Esso, los pasajes que le mandaba Mutis a Gabo a Cartagena, y fueron reconstruyendo todo eso allá, se metieron de verdad en la cosa colombiana, en lo que da la distancia, la nostalgia y luego en las figuras arquetípicas, el caso de Bolívar, el hecho de que Mutis tenía esa gran biblioteca sobre Bolívar, y sobre todo una especie de apoyo constante de ellos dos.

J. C. R.: Gracias a esa biblioteca nació *El general en su laberinto*. Una noche fue G. M. y le preguntó a Mutis si podía escribir una novela sobre Bolívar, sobre la que Mutis había pensado toda la vida. Es lindo porque Mutis le dijo que sí y le dio todos los apuntes que ya tenía, y como agradecimiento, Gabo le dedicó la obra.

J. G. C. B.: Lo de Bolívar es a partir del cuento de Mutis, sí, "El último rostro". El cuento simpático es que el discurso de Gabo a Mutis aquí en el Palacio Presidencial cuando Gaviria, en que le dice una cosa tan bonita, que una vez fueron Gabo y unos amigos borrachos y golpearon en el apartamento de Mutis, y él salió todo entontecido porque estaba dormido y que, sin decir nada entraron, le cogieron el cuadro de Fernando Botero, se lo llevaron, hicieron lo que se les dio la gana y jamás Mutis les dijo una palabra sobre eso. Ese fue un momento muy bonito y el otro es la llegada de Gabo en su Mercedes Benz a la casa de Mutis y decirle eso: "Vas a seguir con 'El último rostro', ¿no?", y él: "No", entonces Gabo dijo: "Yo voy a hacerlo"; Mutis entró y le dio los 20 tomos de O'Leary y se los metió en el baúl del carro y no supo más hasta que salió *El general*. Siempre había un diálogo muy especial entre ellos. Otra cosa que es muy simpática, un antecedente de esa amistad antes de México, es que Mutis ayudaba mucho a una revista muy bella que se hacía en Colombia que se llamaba *Lámpara* y era patrocinada por la Tropical Oil Company, la Troco, la llamaban. Mutis trabajó con ellos y llevó a *Lámpara* donde salió en su número 5 de su primera época, "La marquesita de la sierpe" que es uno de los textos más bonitos de Gabo sobre una marquesita española que vivía en una ciénaga en La Mojana y que podía comunicarse con todos sus súbditos por telepatía. Tenía tal cantidad de ganado, que una vez al año hacía que todo el ganado desfilara delante de ella durante un día; era una especie de diosa o emperatriz y a partir de ahí, años después, saldría *Los funerales*. Entonces salió en *Lámpara* llevada por Mutis y ahí cuenta todo eso, que era una cosa de superstición y unas cosas muy bonitas porque es el verdadero realismo mágico sin lo mágico. Cuenta, por ejemplo, de árboles o palmeras que una vez al año se sumergen en esa ciénaga y luego salen y tienen como cocos o semillas de oro, entonces es muy bonito porque es muy real; contado por gente que fue a la ciénaga y conoció todo eso. Y comienza el texto de Gabo con un señor que va donde un médico y le dice: "Mire, doctor, yo necesito que me saque este mico que tengo en el cuerpo"; tenía una inflamación en el estómago, era un rezo que le habían hecho y estaba embarazado de un mico.

J. C. R.: Háblame un poco de la relación de Carlos Fuentes y Colombia... y si lo conociste.

J. G. C. B.: A Fuentes lo conocí por Álvaro Mutis en México y luego revisando una vez la *Revista Mexicana de Literatura* vi lo que él cuenta ahí, que había publicado cuentos de Gabo porque eran muy compadres. Una vez en Cartagena se había puesto una cita con Gabo en el hotel y él salió todo misterioso de una puerta secreta que tenía del convento ese de donde él hizo la casa Salmona; tenía una puerta que salía al hotel, entonces salió por ahí para "dárselas" con Fuentes de que él conocía todos los secretos de las monjas (risas). Y la relación de Fuentes con los colombianos... pues yo pienso que él fue un hombre muy generoso, escribió sobre muchos de ellos. Escribió un texto muy bonito sobre Botero, sobre lo que ellos vivieron en ese entonces, las caricaturas del *playboy*, de Vargas, el famoso caricaturista. Era como una comunidad generacional en toda América Latina que se dedicó a lo que hizo. También está el otro aspecto simpático del fracaso absoluto de García Márquez en el cine, con sus guiones, donde Fuentes también participó e hicieron esos guiones de Rulfo, hasta que un día decidieron: o seguimos haciendo guiones o escribimos nuestras novelas. Entonces se pusieron a escribir las novelas y las de Gabo resultaron mejores.

J. C. R.: ¿Qué puedes contarme sobre José Emilio Pacheco?

J. G. C. B.: José Emilio Pacheco (risas). A ver... (pensativo). José Emilio fue también un hombre muy generoso, gran erudito, conocía mucha cosa, era muy curioso, lector de cosas, hizo unas reseñas muy buenas, por ejemplo, de la antología que hicimos de la revista *Mito*. Era realmente un polígrafo porque era traductor de Bécquer, imagínate, traductor de Eliot. Estuvo toda la vida tratando de hacer una edición de los Cuatro cuartetos de Eliot con una bibliografía y unas notas eruditísimas y exhaustivas e investigó todo eso, y luego los dueños de los derechos de Eliot no se la autorizaron, y estuvo años con eso y la sacó en *Letras Libres*, fragmentos de eso. Tenía esa cuestión tan graciosa de que era como las señoras antioqueñas: su razón de ser era el complejo de culpa; era muy chistoso porque lo que más le gustaba, cada tantos años que nos encontrábamos, era compartir conmigo y ser más apocalíptico cada vez sobre el desastre que eran nuestros países. Apenas me veía, comenzaba: "Pero, ¿cómo puedes vivir en Bogotá?"; yo le decía: "¿Cómo puedes vivir tú en México?", y él: "No, no, no se puede. Por eso es que vienen los terremotos y limpian eso (risas). ¿Y cómo andas tú con los carteles?", y yo: "No, pues yo bien; yo tengo buena relación con todos los carteles: el de Cali, el de Medellín, el de la costa" y dijo: "Pues yo en México sí no puedo tener buenas relaciones con los carteles" (risas). Entonces íbamos hablando y hablando, y cada vez era más apocalíptico y nos sentíamos cada vez mejor, de mejor salud, de mejor ánimo, con mejor fuerza para hacer cosas. Tiene también una cosa cómica y es que veía el fin del mundo siempre: "¡Eso de la deforestación del planeta es terrible! Y esta cosa de los gases tóxicos, ¡eso nos va a matar a todos!"; le encantaba vivir al borde de la tumba. Una vez estábamos en Caracas, creo que cuando se fundó la Biblioteca Ayacucho; él me sacó todo misterioso del hotel para que fuéramos a un supermercado antes de las sesiones, porque en México ya no se conseguía crema dental ni crema para afeitarse: "¡Eso se está acabando, se está acabando!"; entonces él daba gracias a Dios porque lo llevaban a dar clases a universidades norteamericanas porque ahí podía comprar todo (risas).

J. C. R.: ¿Tú lo presentaste alguna vez acá?

J. G. C. B.: Sí, creo que en alguna ocasión. Escribí varias veces sobre él desde mi primer libro, desde *La alegría de leer* ya había escrito sobre José Emilio. Colaboró mucho en *ECO* con artículos muy buenos; el ensayo ese maravilloso de él sobre Luis Cardoza y Aragón, donde mostró la otra tendencia de la vanguardia latinoamericana que era la de los nicaragüenses, el traductor famoso Coronel Urtecho, de la poesía norteamericana, de Pablo Antonio Cuadra y de todos ellos. Él mostró otra visión de las cosas completamente distinta en ese texto sobre Cardoza y Aragón, que es un personaje también muy especial.

J. C. R.: De esa generación, Elena, Monsiváis…

J. G. C. B.: Ah, sí, a Monsiváis… él fue muy amigo, muy divertido.

J. C. R.: Gran coleccionista, ¿no?

J. G. C. B.: Dicen que el museo es precioso.

J. C. R.: Es hermoso, Juan Gustavo; ¡es una cosa increíble! El estanquillo es precioso.

J. G. C. B.: El estanquillo es precioso. Y con las películas y con todas esas cosas; ¡qué maravilla!

J. C. R.: Y tiene un piso de crónica roja con fotos y todo.

J. G. C. B.: Ah, sí, a él le encantaba eso. Y una cosa muy graciosa que me pasó con Monsiváis es que fuimos una vez en un viaje por Alemania con Manuel Puig. Cuando estábamos con Puig en la Feria de Frankfurt, él pidió a los alemanes que le programaran un ciclo en la cinemateca alemana de películas nazis porque no se podían ver en otra parte. Yo fui a algunas. Él quería las películas que contaban eso para lo que hizo luego en *El beso de la mujer araña*. La relación con Monsiváis era muy simpática porque en ese viaje que hicimos a Alemania había una comisaria política mexicana que se llamaba Raquel Tibol, que era argentina y fue muy amiga de los muralistas y escribió sobre ellos. Monsiváis y yo decidimos hacer una obra teatral sobre Raquel Tibol, que era ella en la República Democrática Alemana, destituida como comisaria del pueblo. Entonces *frau* Raquel era el motivo de todas las risas en los autobuses, en los trenes, en los hoteles, mostrando cómo una comisaria política con botas marchaba (risas) y descabezaba a los poetas y mandaba fusilar a las bailarinas como Pina Bausch. Monsiváis era genial porque tenía mucha veta paródica y cantaba canciones de Lili Marleen y cosas de toda la época de la Alemania de la posguerra; era un personaje muy especial y tuvo una relación fuerte con Colombia, esta antología que hizo de Gómez Jattin, por ejemplo. Escribió textos también muy bonitos sobre Gabo; en un libro que hay ahora de ensayos de Monsiváis donde están todos sus textos, hay un trabajo muy brillante sobre Gabo… estaba muy cercano a Colombia.

J. C. R.: ¿Y sobre Charry Lara…?

J. G. C. B.: Él tenía una relación muy profunda con México pero tenía también otras derivaciones. Por ejemplo, él tenía una relación muy buena con Cardoza y Aragón, tenía todos los libros sobre pintura que él escribió, y tenía también una relación con todo el staff mexicano, García Terrés, José Luis Martínez, todos los que eran del Fondo de Cultura Económica, y sentía una admiración muy grande hacia Octavio Paz. A Charry le pasó un poco lo que les pasa a muchos que tienen esas admiraciones por los países pero que en el fondo no es recíproca; no les paran muchas bolas allá. Sí saben quién es, sí reconocen que escribió sobre ellos, lo respetan en cierto modo, pero no entra a formar parte de la sangre, de la circulación intelectual en esos países. Lo tienen como "el hombre nuestro en Bogotá" por ejemplo; entonces le mandan los libros, cuando hay algo especial lo invitan pero no tuvo, creo yo, el reconocimiento por parte de México que se merecía por todo lo que hizo por ese país.

J. C. R.: … como lo que hizo por la generación del 27, que es tan bonito.

J. G. C. B.: Sí. Yo lo pienso ahora que salieron esos cuatro tomos del Caro y Cuervo donde hay tantas notas sobre mexicanos y sobre poetas que uno no sabe si subsistirán, como Montes de Oca, pero él siempre fue muy fiel y muy puntual, escribió sobre ellos, habló en la Radio Nacional, en la revista de Néstor Madrid Malo; *El Café Literario* hizo notas sobre todos ellos. El otro que tenía mucho vínculo con Colombia era Pitol porque tenía una amistad con un actor que fue también dramaturgo, sobre el cual en el prólogo a la poesía de Darío Jaramillo cuenta sobre la relación de Colombia y Pitol. No sé si era un Londoño y cuenta esa cosa muy colombiana, que iban a la casa de las tías de Londoño y que luego él llegó a México… digo Londoño, no recuerdo bien, pero era un tipo que escribió unos textos muy buenos, fábulas grecomodernas, podríamos decir. Hizo un libro muy bonito y luego creo que murió. Fue amigo de Pitol y él le escribe ahí unos párrafos muy lindos hablando de cómo empezó a conocer a Colombia a través de este hombre de teatro.

J. C. R.: ¿Y tu relación con México? ¿Quién fue o ha sido el más cercano o un gran amigo?

J. G. C. B.: Bueno, José Emilio fue siempre muy cercano. Pero uno al que le tengo especial cariño es a Jaime García Terrés porque él fue embajador de México en Grecia, hizo un libro precioso sobre Grecia, tradujo a poetas que han sido importantes para mí como Seféris y sus ensayos, y luego por paradojas de la vida yo fui embajador de Colombia en México, entonces ahí supe de toda esa tradición mexicana que tenía que ver con Grecia que es la de Alfonso Reyes y la de José Luis Martínez, que también fue embajador en Grecia. Jaime García Terrés es un gran traductor e hizo un libro testimonial sobre la Grecia en esa época terrible de los coroneles; eran como diarios. Cuenta que tenía una idea vívida de sus encuentros con los poetas, con Seféris, con Ezra Pound; él había traducido uno de los *Cantares* de Pound y lo ve en un hotel así como alucinado después de salir del manicomio en Estados Unidos y García Terrés al final le dice: "Espero que usted se encuentre en paz" y Pound le dice: "A nosotros no nos dejaron estar en paz". Eso me llamaba mucho la atención porque era otra forma de entender la crítica literaria; García Terrés hizo sobre todo unas revistas preciosas: *La Gaceta del Fondo de Cultura*, la *Revista de la Universidad de México* y siempre hacía números especiales sobre cosas que nadie se imaginaba, sobre demonios y sobre vampiros, porque era un erudito de todas esas cosas raras. Hizo un análisis formidable de la alquimia en la obra de Gilberto Owen, y lo encontró... entre esos el poema que te digo, "Sinbad el varado"[1]. Pero tienes que buscarlo porque fue escrito en Bogotá.

---

[1] Nota de autor: "Sinbad el varado" fue escrito por Gilberto Owen en Bogotá en 1942.

Entrevista a Mario Mendoza
30 de mayo de 2017

Juan Camilo Rincón: ¿Cuál es la primera imagen que viene a tu mente cuando te hablo de la relación de México y Colombia en su literatura?

Mario Mendoza: Gabo, quien vivió toda la vida en México; estuvo más allá que en Colombia, Laura Restrepo vive allá también. Claro, ¡es que esa conexión es muy profunda!

J. C. R.: Y Vallejo…

M. M.: Vallejo, ¡ni se diga! Vallejo ha vivido toda la vida allá. Bueno, te voy a contar desde el comienzo. Mira, mi primer contacto con Paco, y yo creo que con México profundo, es en realidad no en México; es en la Semana Negra de Gijón, dirigida por Paco. Yo gano el Seix Barral con *Satanás* en 2002, Paco se entera que ganó un colombiano y que es algún tema policíaco. Sale la novela, la leen en México, voy allá, hago el lanzamiento del libro, pero ahí aún no me contacto con Paco; ahí no tuvimos un conocimiento personal, aunque yo ya lo había leído. O sea, yo ya tenía datos obviamente de la novela policíaca, neopolicíaca latinoamericana.

J. C. R.: ¿Habías leído a Belascoarán[2]?

M. M.: Yo había leído ya no recuerdo qué textos, pero Élmer es de finales de los noventa… Élmer Mendoza, Paco Taibo y Rubem Fonseca eran mis tres referentes del neopolicíaco latinoamericano. Yo había leído *El gran arte*, había leído supongo la primera novela de Élmer que creo que es de esos años, *Un asesino solitario*. Esa me parece una de las voces narrativas más impactantes de América Latina. Yo leo el primer párrafo de esa novela: "Nosotros, los que estamos aquí, en el drenaje profundo, que somos puros malandros, puros vatos felones" y de ahí para arriba… ese tono del sicario mexicano, yo dije: "Este tipo no es capaz de sostener este tono toda la novela. Esto es un capítulo y luego deben cambiar las voces narrativas, y de pronto recupere más adelante la voz". Y no, es toda la novela en ese tono; yo dije: "¡No lo puedo creer!, ¡qué es esto!". Ya luego lo conocería mucho tiempo después, seríamos amigos, nos presentaríamos, pero yo ya lo admiraba enormemente. Entonces en ese momento yo voy a México, presento *Satanás*, y

- - - - - - - - - - - -
[2] Personaje principal de las novelas policíacas de Paco Ignacio Taibo II.

en realidad no tengo contacto ni con Élmer ni con Paco, que eran las dos personas que yo admiraba. Me regreso y sigo teniendo buenas relaciones con México hasta que finalmente Paco me contacta para ir a Gijón. Me dice: "Yo creo que tú cabes aquí perfecto, ¿por qué no te vienes, Mario?"; y yo, feliz. Era una especie de encuentro legendario mítico de los escritores mundiales. Voy a Gijón, voy a Madrid, cogemos el tren; ahí me conozco con Paco y hay un *feeling* automático. Me sorprendo de una manera gratísima porque no siempre sucede con los escritores, que la persona esté a la altura del escritor, ¿verdad? Pero tenía una imagen de Paco muy fuerte. Lo vi en el estrés de la Semana Negra y dije: "Yo tengo buen *feeling* pero prefiero no acercarme porque está muy ocupado, tiene mil cosas, y de pronto él ni me va a poner atención cuando yo le diga lo importante que ha sido, sobre todo su personaje Héctor Belascoarán Shane". Entonces me mantuve al margen, muy respetuoso, pero tuvimos por ahí un par de momentos en los que cruzamos palabras; tuvimos buen *feeling*, nos reímos, teníamos una mesa además en la Semana Negra juntos, hablando sobre novela negra y nos llevamos muy bien dentro de la mesa frente al público, y chao. Le di las gracias, me regresé feliz, contentísimo y después vino otra invitación para la Semana Negra. Esta vez yo ya estaba concursando con *Buda Blues*, y quedé de finalista. Llegamos hasta el último momento, y ganó un argentino en franca lid; creo yo que era una novela policíaca tradicional. Intimamos un poquito más, nos hicimos un poquito más amigos, y entablé relación con la Brigada para leer en libertad, con Paloma; yo no sé si en ese momento se llamaba así, porque creo que legalmente fue inscrita un poco después. Pero fue en realidad en la Feria del Libro del Zócalo, que dirigía Paloma Saiz Tejeiro. Ella me mandó un comunicado diciendo: "Mario, no solo fue grato conocerte en Gijón, sino que me gustaría invitarte a que vengas a México a la feria. Yo sé que tú presentaste *Satanás* en México, pero ¿por qué no vienes a hablar de *Buda Blues*, de tus otros libros, incluido *Satanás*?". Ahí ya había un antecedente y es que la película ya se había rodado; el protagonista es Damián Alcázar, que es mexicano; entonces Andi Baiz, el director, había elegido un actor mexicanísimo como protagonista de una película colombiana, entonces yo recuerdo que Damián Alcázar tuvo que esperar semanas y semanas en Bogotá hasta que neutralizó el acento. Cuando pudo hacerlo, Andi le decía: "¿Estás listo?", y Damián decía: "No, espérate, espérate. Cuando compre el periódico o cuando me tome un tinto o algo, y no me pregunten de dónde soy, ahí estoy listo". Y era increíble; el trabajo de Damián era sorprendente. Se metía en las cafeterías, en los supermercados, hablaba con la gente e iba entrenando el acento, hasta que terminó hablando neutro. Uno lo ve dentro de la película y uno no cree que Damián sea tan mexicano, porque no se le sale en ningún momento. Entonces había otro vínculo y es que podíamos hablar de la película también, del vínculo con Damián Alcázar dentro del film, etcétera. Ahí fue mi sorpresa mayúscula; aquí es lo que te quiero contar, y es que vino una marcha del sector eléctrico. La Feria del Libro del Zócalo es una feria pública; es como si en la mitad de la Plaza de Bolívar uno pusiera los tianguis y las estanterías y los libros y todo se hiciera públicamente afuera. Entonces si se tomaban la plaza, evidentemente había que levantar la feria. Paloma y Paco deciden apoyar a los trabajadores. En ese momento estaba de candidato, creo que era la primera vez que llegaba de candidato a la presidencia de la república Manuel López Obrador; hablaba ahí en la plaza después de los obreros y después del sindicato. Era una cosa multitudinaria muy fuerte y ya se venía un movimiento como de oposición que eran ellos. Paco, tú sabes que es de izquierda fuerte, militante de lo que hoy en día es Morena, y apoyaba de manera irrestricta a López Obrador, entonces se decidió que la feria se solidarizaba con los trabajadores, se levantaban los toldos, se levantaba todo y a los escritores internacionales que estábamos ahí en México se nos dejó libres si queríamos participar o no, si queríamos marchar, si queríamos quedarnos en el hotel, hacer turismo o regresar a nuestros países. Digamos que había como un libre albedrío, apenas normal y apenas natural. Yo dije que quería marchar y estar con ellos porque me parecía fantástico. Al día siguiente había frente al Palacio de Bellas Artes una reunión para los escritores de la Feria del libro, sobre todo pensando en la prensa, que fuera una cosa que saliera en los periódicos. Salíamos con una pancarta gigante marchando en favor de los trabajadores y nos íbamos hasta el zócalo que queda ahí cerca y nos uníamos a la cosa. Yo estaba ahí muy temprano, salí de mi hotel, un hotel clásico en el centro del D. F. totalmente cinematográfico, que es el Majestic, donde se han rodado incluso películas famosas. Salimos y ahí fue como mi revelación: una ola impresionante, creo que ese día hubo un millón de personas en el Zócalo; yo nunca había visto una marcha tan multitudinaria y venía una nube… venía prácticamente como un tsunami caminando por la calle y yo dije: "¿Qué es esto? ¡Esto es brutal!". Había helicópteros arriba que estaban como controlando la situación, muy temerosos de lo que podía pasar a nivel de orden público, y entonces los helicópteros arriba, nosotros con la pancarta, Paco en la mitad, que era como la imagen fuerte para la prensa y nosotros a los lados, y de pronto cuando vienen los trabajadores, alguien pega un grito: "¡Es Paco Taibo! ¡Ahí está! ¡Es él!" y se acercan los trabajadores y los directores de los sindicatos a saludar a Paco y a darle las gracias y a decirle: "Maestro, muchas gracias por haber ido a la fábrica a leernos", "Muchas gracias por su taller de tal día". Llegaba otra gente y se iban sumando agradecimientos y a mí eso me pareció increíble, porque yo dije: "Esto en mi país no pasa, esto en mi país no sucede. Decir: los obreros y los trabajadores no reconocen a un escritor y si lo reconocen, no lo quieren ni lo estiman, ni se van a abrazarlo de esta manera. Entonces, ¿qué está pasando? ¿Qué es lo que está sucediendo acá?"; esa fue mi pregunta. Recordé que una vez Laura Restrepo había dicho públicamente una cosa que a mí me encantó, y es que ella iba caminando por un colegio, creo que era en Medellín, y de pronto había un chiquito que la seguía por todos lados hasta que ella se volteó y le dijo: "Dime, ¿se te ofrece algo?", y el niño le dijo: "¿Tú eres Laura Restrepo, la escritora?". Ella le dijo: "Sí, ¿por qué?"; le dijo: ¿Puedo tocarte?". Entonces Laura le dijo: "Sí, claro". Él la tocó y ella le dijo: "¿Por qué?"; él le dijo: "Yo pensé que todos los escritores estaban muertos". ¡La frase increíble! La frase maravillosa que muestra lo lejos que estamos nosotros de los lectores, de la calle, comunes y corrientes. Entonces entendí en ese momento. Recordé lo de Laura y evoqué algo, y es que la escuela latinoamericana más fuerte que hay es la del escritor que se encumbra; de alguna manera es la de Octavio Paz, la de Borges, la de Carlos Fuentes y de tantos otros, ¿verdad? Significa que, en la medida en que vas construyendo la obra, hay una élite que te abraza y la élite te obliga, y al mismo tiempo te condena a estar entre ella. Entonces es: nosotros los educados, nosotros los cultos, nosotros tan sofisticados, tan brillantes, tan inteligentes. De hecho, nos presentamos los unos a los otros. Tú lanzas un libro, otro del gremio te presenta, como un círculo muy cerrado. Es una cosa que de alguna manera se parece a los papas, a los cardenales, a los obispos. Hay unos rituales por medio de los cuales se manda un mensaje a la nación, al pueblo, a la gente común y corriente para decirles que hay un sector elegante, sofisticado, cosmopolita, que está al día, que conoce las ideas, en fin.

J. C. R.: ... y el escritor lucha para llegar a eso y hace todo lo posible...

M. M.: ¡Claro! Y hace todo lo posible para elitizarse, y cuando logra entrar en esa élite busca cargos diplomáticos, embajadas, contactos, "soy el representante de mi país de la embajada en no sé dónde", etcétera. Ese es el camino de los escritores y con lo que ellos sueñan y anhelan y van un poco en pos de eso. Acá no; acá era otra cosa completamente distinta. Acá eran los trabajadores del sector eléctrico abrazando a un escritor.

¿Qué es eso? No sé... es como si tú sales el primero de mayo y marchas y te apareces en la Plaza de Bolívar y se lanzan todos los sindicalistas a abrazarte. ¡Eso a nosotros no nos sucede! Entonces yo empecé a darme cuenta de que había otra posibilidad que estaba mucho más cercana a mi manera de ser, de mi temperamento, de mis ideales también, de mis sueños, y de alguna manera de mi posición política y era: es posible hacer trabajo de base. Es decir: es posible construir con los lectores desde abajo, ¿verdad? Es posible fomentar la lectura, ir a los barrios, ir a las casas de la cultura; es posible ir a los institutos, a las bibliotecas públicas, a los clubes de lectura independientes y estar con la gente, sí es posible. En los años siguientes yo volvería a México infinitas veces, muchas veces y bien fuera a una feria o a la otra, estaba en contacto con ellos permanentemente, y ya empecé a entender cómo funcionaba la Brigada para leer en libertad, que visitaba fábricas, hospitales, cárceles, etc. Y yo dije: "Bueno, yo no tengo ese aparato tan grande, yo no tengo esa brigada, pero creo que puedo intentar hacer promoción escolar con la editorial; puedo ir donde están los muchachos" y sobre todo hay una franja muy fuerte en Bogotá que es la franja norte-sur, que es una cicatriz que cruza la mitad de la ciudad, y hay librerías en el norte y hasta el centro, pero no hay librerías en el sur de la ciudad. Hay papelerías como la Panamericana que no lleva todos los libros. ¿Qué significa eso? Que si yo vivo en Kennedy, en Banderas, Bosa, Monte Blanco, Bellavista, La Aurora, Barranquillita, Jerusalén, Danubio, Quiroga, etcétera, tengo que pagar un pasaje para ir a donde está la librería y comprar un libro. La última, si mal no recuerdo, es la del Fondo de Cultura Económica que queda en la calle once y de ahí para allá no hay librerías en Bogotá, y tengo que regresarme y volver a pagar TransMilenio. Eso significa una penalización de por lo menos 5 000 pesos que para un estudiante de colegio público es mucho dinero, y salgo penalizado solo porque vivo en un sector de la ciudad en el que no les dio la gana poner librerías y punto. "Creyeron que nosotros no leíamos porque vivimos en el sur". O sea, en el sur hay una plebe, en el sur hay una gente que no lee, inculta, entonces allá no ponemos librerías. Yo tuve un énfasis claro en el sur sin descuidar tampoco los colegios del norte, ni los de Chapinero o del centro. En realidad me daba igual, pero me esforcé mucho en cubrir lo que más se pudiera el sur, precisamente por la marginación en la que estaban esos lectores y porque era mucho más difícil que llegara un escritor ahí. Dije: "Trabajamos en todos por igual; si no, cometemos el mismo error que es segregar; segregar hacia arriba es tan peligroso como segregar hacia abajo. Pero tenemos que entender las necesidades de una población que no tiene acceso directo al libro fácilmente; entonces cubramos lo que más se pueda los colegios, los institutos, los clubes de lectura y las casas de la cultura del sur de la ciudad"; hice grandes esfuerzos en eso. Lentamente, poco a poco, a lo largo de los años, empecé a hacer trabajo de base. Empecé, como la Brigada lo hacía, de manera mucho más abierta y plural; yo lo hice de manera individual, en solitario y durante mucho tiempo creo que eso no daba resultados; la gente solía decirme que yo me estaba quemando; "es que usted se quema", "es que usted trabaja mucho", "a usted se le está yendo la mano", "¿para qué se esfuerza tanto?, ¡se va a quedar sin voz!". Incluso tuve problemas físicos, problemas de laringe; no se sabía si yo podía tener o no un cáncer de garganta... en fin, fueron momentos muy complicados, muy difíciles, pero yo seguí creyendo vehementemente en ello y dije: "Creo que es por acá, creo que hay que construir lectores, respetar a los lectores, estar en contacto con ellos, preguntarles de dónde vienen, quiénes son, cuál es su familia". Al fin y al cabo es una persona que gasta 30, 40 000 pesos de su dinero que pueden ser para un estudiante cuatro almuerzos de la semana en un libro mío, y eso no deja de ser estremecedor. Entonces, al menos preguntarle cómo se llama, quién es, dónde vive, muchas gracias, qué maravilla que mi literatura te sea útil, te acompañe, en fin. Yo empecé ese trabajo siempre copiando el modelo mexicano; yo siempre copié ese esquema. Ahora fui hace poquito y estuve con ellos en la Feria del Libro de Azcapotzalco, que es una feria muy chiquita que hace la Brigada para leer en libertad. Azcapotzalco es un barrio de las afueras, un poquito marginal dentro del D. F. y yo fui el año pasado y volví a estar con la brigada, y siempre copio cosas; siempre veo que puedo apropiarme de esto o de aquello, y luego, en los últimos dos o tres años resulta que empezó a funcionar y empezaron a llegar los lectores con un enorme cariño y aprecio a la cita anual a la Feria del Libro. Me decían: "Mario, gracias por ir a mi barrio", "Gracias por visitar nuestro club de lectura", "Gracias por esto, gracias por lo otro" y bueno, no es la marcha multitudinaria que yo vi en México con el sector eléctrico, pero es muy diciente, que ya van llegando muchachos de todas partes a decirme: "Nos vimos en tal lado", "Nos encantó lo que nos dijiste en la conferencia tal", "Visitaste mi colegio en no sé dónde". Y empezamos ese feedback con los lectores, que para mí ha sido tan importante. Todo eso se lo debo a Paco y a Paloma en México. Yo creo, sospecho que puedo ser el único escritor colombiano que copió el esquema de una manera tan directa y les digo a ellos que yo soy una filial de la Brigada para leer en libertad, pero en Bogotá. Para mí fue muy conmovedor que ahora en esta FILBo 2017 el día del lanzamiento prácticamente colapsó el stand, colapsó el auditorio. Pero fue muy bello y muy estremecedor estar dos fines de semana firmando cinco y seis horas con los lectores al frente, sin parar y ver que el esquema empieza a dar sus primeros frutos. A mí no me interesa el tema económico en absoluto, no tengo un interés en ese sentido; mi interés es que yo creo que somos capaces de emanciparnos a través de la lectura y la escritura. Yo creo que la escritura de ficción tiene algo muy distinto de la otra lectura. Uno lee ensayo, maravilloso; uno lee historia, buenísimo; uno lee periodismo, extraordinario; cualquier género incrementa los índices de lectura de un país. Pero la ficción tiene una particularidad y es que cuando yo la estoy leyendo, soy otros, me multiplico, entro en otras vidas, vivo otras existencias. Si yo leo *Crimen y castigo* de Dostoievski, yo soy Rodión Raskólnikov, voy caminando por las calles, no tengo un peso, hay una bruja que es una usurera, que vive diagonal a la universidad y ella suele estafar a los estudiantes y un día decido robarla; resulta que el día que la voy a robar, ¡mierda!, entra ella y yo tengo que matarla y entra la hermana, y les abro la cabeza a hachazos a ambas, y después tengo que caminar por la ciudad, arrastrarme con esa culpa, me arrodillo frente a una prostituta que se llama Sonia, le confieso que el tipo que todos están buscando, el monstruo soy yo y termino en Siberia finalmente. ¡Eso es un aprendizaje! Es decir, leer esa novela significa que yo he matado, que conozco la culpa y que me he arrastrado como un perro por las calles; he sido casi un indigente. Si yo leo *Sobre héroes y tumbas* soy Fernando Vidal Olmos, un paranoico que camina por las calles de Buenos Aires y que cree que los ciegos tienen una secta y se esconden, etc. En fin, cada novela y cada libro, significa una multiplicación de mí mismo. Y en ese vértigo de la lectura de ficción yo aprendo a ser otros. Quizás los colombianos no sabemos ponernos en el papel del otro, pensar desde el otro, porque no hemos leído suficiente ficción. Quizás hay una relación entre la ausencia de democracia participativa y la no lectura de cuentos, novelas, poemas y teatro; quizás hay una relación entre esas dos cosas. En la medida en que tú le enseñas a la gente a leer... cuando yo voy no hablo solo de mí; si me han leído, pues buenísimo, pero si han leído a otros, hablamos de otros, les recomiendo libros de otros escritores... lo que me interesa es que lean. Y yo creo que cuando tú transmites esa fuerza, esa potencia, estás haciendo democracia participativa. Lo que creo es que no hay democracia si no hay derecho a la lectura y a la escritura de ficción. Esa es una defensa, y ahí llevo 15 años de lucha que empiezan a dar resultados. La gente que no conoce el proceso mira desde afuera y dice: "¡Uy!, ¿pero esto qué es?", "¡Uy!, ¿Mendoza de dónde saca todos esos lectores?, ¿qué es esto?". Son 15 años de estar con los lectores en una comunicación permanente y creyendo en un proyecto. Eso lo aprendí en México... eso es lo que te quería contar. Es más que una cosa literaria, es una cosa mucho más profunda, fíjate. Y ojo porque yo me sumo a la ola verde. La ola verde, ¿te acuerdas cuando estaba Mockus con Fajardo?, estuvimos a punto de ganar, estuvimos muy cerquita, casi ganamos; se alcanzaron a asustar. La ola verde es anterior a la primavera árabe y es anterior al movimiento de los indignados en Europa y en Estados Unidos. Significa que el primer movimiento de emancipación de la cultura y de la educación, como decían en mayo del 68, "la imaginación al poder", es en Colombia. Y fallamos, perdimos, pero estuvimos en pie de lucha de manera muy vehemente y volvimos a subirnos de todos modos a una nueva plataforma que fue el proceso de paz y lo defendimos. Yo lo defendí en todos los medios de comunicación y en todas partes yo salí defendiendo el proceso con un argumento: tenemos que sacar el dinero del ministerio de guerra; nosotros no queremos invertir nuestro dinero en eso. ¿Qué es lo que nosotros necesitamos? Sacar el dinero y pasarlo a educación y cultura, y que las nuevas generaciones tengan becas y puedan ir a hacer maestrías y doctorados por fuera del país. Yo quiero pagar impuestos para eso: para que ustedes vayan, estudien, lean, traigan y sigamos levantando una nación de un piso muy difícil que fue el que nos dejó el narcotráfico. Nosotros tenemos que hacer esa plataforma. ¿Cómo? El proceso de paz era un momento ideal para eso, entonces yo volví a defender el esquema de lectura de ficción, democracia participativa, derecho al lenguaje, etcétera. Y fíjate que eso se va viendo reflejado; entonces ya cuando tú entras a la feria y ves a los lectores y ves este proceso, ya entiende la gente. Los de la editorial dicen: "Ahí está el trabajo de Mario de años y años". ¿Quién está detrás? Los mexicanos. Increíble. O sea, esa vaina viene de México. Es una idea de ellos totalmente.

J. C. R.: En esta feria Paco llega a las cuatro de la tarde, comienza a llamar a la gente, comienza a presentar a los invitados, comienza a vender él mismo los libros, porque la idea es ahora vender libros a bajo costo para la gente.

M. M.: Sí, esa es la idea de la brigada…

J. C. R.: … y comienza todo ese proceso muy interesante todos los días, durante toda la semana.

M. M.: Eso es increíble…

J. C. R.: Entonces la gente va a verlo a él, a escucharlo, y él va conectando con los demás escritores, les va hablando sobre ellos. Coge un libro, por ejemplo coge a Roque Dalton y les habla de él y los convence para que compren el libro, y comienza a amarrar, amarrar, amarrar.

M. M.: Yo he trabajado con él allá y es maravilloso. Y fíjate, yo creo que Colombia está en un momento crítico porque vamos hacia las elecciones 2018 y es un momento terrible, muy difícil y yo siento que de la ola verde hay un sobreviviente interesante que es Sergio Fajardo. Él invirtió el cuarenta y pico por ciento del presupuesto de la Gobernación en educación y cultura y cuando fue alcalde, igual. Su plataforma para quitarle a los muchachos de las comunas al narcotráfico fue: hay que financiar, hay que tener becas de estudio, etc. Yo creo en ese esquema; yo creo que no hay un solo país que nos pueda decir que salió del subdesarrollo comprando armas; ¿cuál?, ¿dónde está ese país? Singapur, India, Corea del Sur, todos los grandes países de los últimos años indudablemente han salido a punta de educación y cultura. Eso es lo que se llama patrimonio inmaterial. Un país es rico no por la plata, no por el PIB, porque tenga petróleo, gasoductos, carbón, exportaciones e importaciones, no. Un país es rico por la inteligencia y la creatividad que tiene. Entonces esas nuevas medidas significan que qué importa el celular que yo uso, qué importan los zapatos que me pongo, en dónde compro la ropa, eso es irrelevante. ¿Qué es importante? Lo que tengo en la cabeza, lo que leo, qué sé, a qué me dedico, cómo me esfuerzo creativamente en ello. Yo lo que creo es que Colombia es capaz de salir. *The Economist* nos dio diez años; dijo: del 2015 al 2025. Ese es el tiempo que ellos dijeron: vamos a ver si los colombianos lo logran o no, y la única manera que tenemos es educación y cultura, no hay otra; no hay otra forma para ver si lo logramos o no. Y yo creo que el modelo mexicano de la Brigada para leer en libertad nos puede ser muy útil. Yo empecé a escribir una saga juvenil en 2010 que ya va como por el quinto volumen, ahora salen dos más, ya serían siete, y estoy muy cerca, son diez. Es para fomentar la lectura en los más pequeños, que son diez, doce años.

J. C. R: ¿En tu obra hay referencias a México?

M. M.: En mis últimos libros he recorrido todo el continente y volví a México, y la saga arranca allá. El primer volumen de zombis arranca en el jardín de Edward James; yo lo conocí por Élmer Mendoza, porque está en una novela de él. Entonces fue increíble porque vino Élmer a Bogotá, presenté su novela *La orquídea calavera* y charlando con él, le dije: "Me quedé sorprendido con el jardín de Edward James, esto es una vaina fascinante". Era un noble inglés amigo de Picasso y de Dalí y el tipo en vez de seguir con el movimiento surrealista, se largó a México y se metió en la selva de San Luis Potosí a hacer un jardín surrealista. Eso es en mil novecientos cincuenta y tantos, después de la Segunda Guerra

Mundial... y construyó el jardín. Si tú lo ves por Google ¡es impactante! El tipo se quedó 20 años en la selva mexicana haciendo unas construcciones que parecen sacadas de Escher, unas cosas fantasmagóricas, unas cosas increíbles, rarísimas, y allá se murió haciendo eso. Yo le dije: "Élmer, ¿tú fuiste al jardín para poder hacer esto?". Me dijo: "Mira, yo te recomiendo algo: la gente va a México y muy pocos saben que esto existe; pégate una ida apenas puedas y vas a entender todo, porque creo que es mejor estar ahí". Cuando tomé la decisión de hacer la saga me largué a México, llegué a San Luis Potosí y desde el D. F. son doce horas en bus pasando por Querétaro; eso es una carretera a la que llegas con el estómago revuelto y llegué hasta Xilitla que es donde está, y cuando entré entendí las palabras de Élmer y dije: "¡No!, ¿qué es esto? Yo voy a empezar el libro acá". Ya tenía unas notas, venía con una estructura inicial y empecé a trabajar en el primer volumen de mi saga juvenil que además ya tiene fans. Era un homenaje a México otra vez, por esa especie de hermandad y confraternidad que yo tengo con ellos; me parecía muy lindo que arrancara en México el segundo volumen. Nos fuimos a Bolivia y el tercero es ya Colombia, en Villa de Leiva, y a Felipe le sucede una aventura muy rara allá, ahí hay un homenaje, y luego sigue por todo el continente. Yo acabo de llegar de Buenos Aires y termina en la Patagonia; es como una saga latinoamericana en donde hay un redescubrimiento de América. En el quinto volumen Felipe regresa a México para entender el viaje en el tiempo, va a Teotihuacán, tiene que ir de nuevo a la casa de Frida Kahlo[3], en fin. Pero hay un homenaje muy profundo en el primer volumen por lo que te cuento, porque yo creo que es posible incrementar los índices de lectura; es posible emancipar una nación, emancipar un país que está cansado del narcotráfico. Nosotros no podemos más: El capo 25, las mujeres de la mafia no sé qué, Sin tetas no hay paraíso 3, ¡ya no más! Pablo Escobar, Narcos... es como si no fuera posible pensar otra cosa.

J. C. R.: ... y que se puede hacer ficción en América Latina...

M. M.: ¡Totalmente! Y eso se lo debo otra vez a México, fíjate. Entonces hay una comunicación muy profunda; yo creo que hay una deuda ahí que yo tengo y, como tú dices muy bien, al final de *La importancia de morir a*

---

[3] Nota de autor: por su carácter, Frida Kahlo ha suscitado particular atracción en muchos creadores colombianos. Ejemplos de ello son los poemas "La venadita" de Piedad Bonnett., "Frida Kahlo en primera persona" de Sonia Truque y "En casa de Frida" de Luz Mery Giraldo.

tiempo escribo el epílogo y cuento que ese libro también se me ocurrió en una conversación con Paco[4].

J. C. R.: Una cosa que me decía Paco es que cuando comenzó a desarrollarse todo ese proceso de la novela negra en Latinoamérica, esa que intenta contar algo diferente al realismo mágico, y el *boom* latinoamericano, que estaba desarrollándose en otro lado... ahí yo tengo dos preguntas: una, ¿crees que hay influencia del *boom* latinoamericano en lo que haces? y dos, Paco decía que de las primeras novelas que comenzaron a crear ese concepto de la novela negra latinoamericana, que fue la primera novela que trató de explicar lo que pasaba acá desde las ciudades, que trató de explicar lo social, que trató de explicarnos cómo éramos de una forma diferente, desde lo urbano, está lo que tú hiciste en Colombia con *Satanás* y con tus otras novelas, con *Scorpio City*...

M. M.: Sí, es raro porque son los noventa...

J. C. R.: Él decía que hay una ruptura muy interesante ahí, e hizo especial énfasis en vos.

M. M.: A ver, yo no tengo ninguna influencia del realismo mágico; es que no hay por dónde. O sea, cuando yo digo eso, a veces me han malinterpretado. Estábamos en la Semana Negra en Gijón con Nahum Montt y dijimos esto; ¡casi nos matan en Colombia!, ¡casi nos crucifican! Salió alguien en el periódico *El Espectador* y después se generó una ola contra nosotros porque dijimos públicamente que no había ninguna influencia de García Márquez en nosotros. Eso no significa que no lo queramos, que no lo hayamos leído con cariño y con afecto, ¡por supuesto! Yo he leído toda la obra de Gabo deslumbrado. El problema que tiene García Márquez es que es un callejón sin salida; si tú entras por ahí y aceptas la influencia, sales convertido al final en un Gabo chiquito...

J. C. R.: ... haciendo Maconditos y maripositas...

M. M.: ... haciendo Macondos, y sobre todo, con el ritmo de las frases de Gabo, que son inolvidables. Y uno termina convertido en eso: en una cosa espantosa, en un monstruo chiquito, paupérrimo, inmundo, grotesco. Entonces esa influencia no es beneficiosa y eso le pasó a una cantidad de gente que terminó destruida por aceptar esa influencia. Pero no es solo eso; no es solo que lo hayamos hecho consciente-

---

[4] Nota de autor: en Agradecimientos, Mendoza dice: "Obviamente, a Paco Taibo II, a Paloma Saiz Tejeiro y a Marina Taibo, por esa noche mágica en la que, de algún modo extraño e irracional, nació este libro". En: Mendoza, M. (2012). *La importancia de morir a tiempo*. Bogotá: Planeta.

mente; es que yo pertenezco a una generación de los años setenta en donde estaba el *rock*, en donde estaba Emerson, Lake and Palmer, donde estaba Jethro Tull, Pink Floyd, Led Zeppelin. Mis primos que eran un poco mayores que yo, salían al Parque de los Hippies en Chapinero y fumaban bareta y traían unos álbumes increíbles de *rock* extranjero y escuchaban a todo volumen esa vaina dentro de la casa; yo estaba chiquito y eso me parecía deslumbrante. Entonces los ritmos vertiginosos de una nueva ciudad; el hip hop, el rap, las nuevas corrientes urbanas alternativas, las emancipaciones a través de la danza contemporánea. Luego entra internet y se cruza y abre los imaginarios hacia el mundo virtual… todo eso es imposible que esté en *Cien años de soledad*; eso no está ahí y eso era mi vida. Yo crecí así; yo crecí en las calles, el fútbol; mil cosas urbanas no estaban ahí. Entonces yo estaba mucho más cerca de la influencia de Andrés Caicedo o de la influencia de *Sin remedio* de Antonio Caballero del año 84, que de García Márquez, que se había ganado el Nobel en el 82. Yo empecé a estudiar literatura en el 83 entonces, aunque admiraba a García Márquez, aunque lo amaba, aunque conocía toda su obra, aunque después lo dicté en la universidad a mis estudiantes con enorme cariño, él no tenía nada que ver conmigo como escritor. Y además yo me había ido de mi casa muy joven; yo me fui a los dieciocho, entonces yo perdí los privilegios de clase media ilustrada. Yo vivía en el norte, yo había estudiado en un colegio del norte, privado, y de pronto ¡pum!, estaba en una pensión en el centro de Bogotá, en La Candelaria, y de ahí hacia el sur… por eso conozco el sur muy bien, porque viví en él, y viví en pensiones y en cuartos de alquiler. Y eso significaba la América Latina profunda, la urbe profunda. Entonces me hice una pregunta: México tenía una carta de identidad literaria desde el año 58 con *La región más transparente* de Fuentes; Buenos Aires la tenía desde comienzos de siglo, porque desde el año 17 más o menos ya había literatura urbana…

J. C. R.: … con Robertico.

M. M.: Claro, con Roberto Arlt; incluso hay textos de Horacio Quiroga que uno puede alcanzar a vislumbrar como literatura urbana a finales del XIX. Y Bogotá, ¿de dónde? En Colombia la literatura urbana era Andrés Caicedo, dos exploraciones de R. H. Moreno Durán, tres por ahí de Óscar Collazos, *Sin remedio* de Antonio Caballero, que no vuelve a escribir, deja esa sola novela, y yo sentía que Bogotá no tenía una carta de identidad literaria, que nos hacía falta que fuera una ciudad de la literatura, que a nivel mundial la gente dijera: "¿Bogotá? ¡Ay, sí!, yo leí tal cosa; es que leí un autor colombiano…". Entonces era mi propia experiencia y evidentemente no había ningún referente; no había nada y yo seguía sintiendo que además la Bogotá profunda, la que yo conocía, de donde yo venía, de las pensiones, los inquilinatos y el submundo, la zona de sombra de la ciudad no había sido narrada. Por eso la conexión con los mexicanos es tan fácil, es directa, es automática. Y yo entro a Paco, entro a Élmer Mendoza, y yo ya estoy haciendo mis primeras producciones y mis primeros textos. Y entro con una enorme convicción, pero eso me cuesta mucho porque las editoriales no quieren publicar eso. O sea, yo voy a El Cartucho en el año 93, empiezo a escribir *Scorpio City*, por ejemplo, que es una novela sobre El Cartucho. Yo digo: "Esto es increíble, ciento setenta y cinco asesinatos en cien metros, grupos de limpieza social y nadie dice nada". No había un documental, no había nada sobre el tema; El Cartucho era una cosa normal del centro por donde todos pasábamos y yo dije: "¡Esto no puede ser!". Empiezo a corregir los textos de los indigentes; ellos tenían una revista de literatura que salía cada noche de luna llena, cada 28 días y yo corregía, entonces yo era profesor de Literatura en la Javeriana, y en mi otra identidad, en mi Mr. Hyde era el corrector de los textos de ellos para la revista, y estando dentro de El Cartucho empiezo a tomar notas para una novela. Yo digo: "Voy a escribir una novela policíaca sobre esta vaina", y empiezo a sentir que ya es hora, que ya es momento de hablar de la otra América Latina. Lo que pasa es que nosotros cargamos un peso muy fuerte, un peso muy duro, y es que tú puedes hacer propaganda sobre un país con realismo mágico. De hecho, se hace: "Colombia, realismo mágico…", pero no puedes hacer propaganda sobre un país como nosotros.

Entrevista a Nahum Montt
2 de junio de 2017

Juan Camilo Rincón: Nahum, quiero que me cuentes sobre tu relación con Taibo, y tu trabajo como novelista del género policiaco.

Nahum Montt: Yo me puse a hablar con Taibo y me dice: "¿Qué hubo?, ¿cómo vas?". Porque yo le he dicho lo de la novela. Le iba a decir: "Bien, ya le arranqué la cabeza al hijuepuerca de Eskimal". Me dice: "No, es que ese Eskimal es un personaje muy lindo; tienes que cuidar mucho a ese cabrón del Eskimal". Y yo dije: "¡Uy, juemadre!, ¿y ahora cómo le digo que fue que le arranqué la cabeza?". Entonces no me atreví a decirle. Sí, sí, ahí voy con el Eskimal. Y me dice: "¡Ah, qué bueno!". Es que ese personaje da mucho...

J. C. R.: ¿Esos son los tres libros que estás escribiendo?

N. M.: Sí, sí, en esas estoy. Y bueno, ya en ese tercero ya sí lo mato, y lo voy a matar de una manera bien sangrienta.

J. C. R.: ¡No! ¡No lo vaya a matar todavía! Que le pase lo de Berlascoarán que lo mataron y después revivirlo es un complique.

N. M.: ... entonces tengo que escribir tres libros pa' matarlo pero bien mata'o, como decía el Mono Jojoy: "Hay que cuidarse, no sea que nos peguen una matada" (risas), y le pegaron su matada. Sí, estoy en esas, estoy volviendo al género.

J. C. R.: ¡Qué bueno que vuelvas al género! ¡No sabes la alegría que me da! A mí *Lara* me parece muy chévere. Este último no lo he leído.

N. M.: Eso ni lo lea, eso es una mierda; es una novela fallida, como muchas.

J. C. R.: Pero para mí *El Eskimal* es una vaina... de lo que yo he leído de la novela negra latinoamericana en Colombia, es de lo mejor.

N. M.: Yo no sé...

J. C. R.: Yo me imagino que te cuesta mucho, porque es hacer una autocrítica.

N. M.: Y racionalizar eso, porque es como muy difícil... es un universo; lo que pasa es que hay un universo allí, hay unos personajes y hay un mundo sórdido, macabro de fondo, ya entra como en los misterios de la creación literaria y uno no puede entrar a racionalizar demasiado. Que fue bueno no haber seguido dándole cuerda por ahí, porque yo salté a otros temas que me interesaban más... a mí siempre me ha interesado el país, me ha interesado mucho Colombia, todas las barbaridades que ocurren y claro, *El Eskimal* apunta a uno de los magnicidios que marcaron la historia de este país: lo de Pizarro, lo de Jaramillo y el trasfondo de Galán. Pero fíjate que, con el paso de los años, que he sido muy asiduo visitante de las noticias judiciales de este país y he ido recopilando, guardando y guardando noticias, los crímenes políticos. Ahí hay un camino que poco se ha explorado en este país; de eso hablábamos con Miguel Torres, que trabajó lo del magnicidio de Gaitán, que son crímenes que han marcado y han fracturado la historia política de este país. Pero también están los otros crímenes que me han llamado mucho la atención: son los crímenes de sangre, que llama uno de venganzas, venganzas que aluden a... que ahí sí ya permean, saltan la frontera al campo del narcotráfico, a la delincuencia común, o que mejor llaman "organizada", que lo único organizado que hay en Colombia es la delincuencia; esa sí está muy organizada. Pero hay un tipo de violencia que me llama mucho la atención con México y era una que identificaba a Buñuel. En *El último suspiro* él habla de la experiencia de haber vivido en México. Hay una anécdota, si mal no recuerdo, es que alguien llega a una estación de bus, está esperando ahí y llega otro, se queda mirándolo y le dice: "¿Qué, qué, qué fue?". Y ¡pam! Le pegó un tiro, lo mató y se fue. Una violencia que carece de un sentido, que no tiene un trasfondo de venganza, estratégico de alcanzar el poder, no. Es de matarse, y de matarse porque sí, porque me dio la gana de matarlo. Este piso que hay en el estudio, este lo montó un maestro; eran él y el sobrino que era el albañil, y estas baldosas están manchadas de sangre porque hace como dos años me encontré con el albañil, con el sobrino, y me decía: "¡Uy! ¿Si sabe que me mataron a mi tío?". Y yo: "¡Uy, terrible!, ¿y eso qué fue?", "no, que estábamos por allá tomándonos una cerveza donde otro compadre y estábamos ahí hablando y se fue al baño a mear y regresó con un cuchillo; un tipo le clavó el cuchillo en el lomo a mi tío, así como le digo, lo cogió por la espalda, ta, ta, ta, ta, y mi tío cayó ahí. Mientras llegó el taxi y lo llevamos a la clínica, mi tío se me murió ahí". "¿Y por qué lo mató? ¿Peleas de borrachos?", "no, es que ni siquiera estaban discutiendo, estaban ahí hablando". O sea, ese es el otro tipo de violencia que no tiene como un proceso de racionalización, de darle un sentido, que nos une profundamente con México. Es que Occidente trata de meter en un canon la noción de los crímenes, donde nos dicen: se mata por Dios, por la patria, por la justicia, por la venganza, por lo que quiera. Aquí nos matamos por nadita; simplemente nos coge en un mal rato y la lleva. Ese tipo de violencia a mí me ha llamado mucho la atención, pero hay otra violencia que también está como contenida en lo cotidiano, en el lenguaje, en la forma de expresarse de la gente. Bueno, yo soy de Barrancabermeja; allá nos masacraron en los ochenta de una manera brutal y la gente se burlaba de la muerte y decía: "¡Ay!, a Fulanito lo van a poner a dormir con pijama de palo"; "¡Uy!, a Sutanito por allá le tuvieron que echar Fab frente a su casa", con jabón en polvo porque quedaban las manchas de sangre. Y yo me acuerdo tanto de Antonio Aguilar; hay un corrido que se llama *El corrido de Rosita Alvires*, que dice que de cinco tiros que le dieron, solo tres eran de muerte. En una fiesta Rosita Alvires no quiso bailar con un tipo que gentilmente la fue a sacar y ella no; ¡pero sí estaba bailando con los otros! Entonces el tipo se sintió ofendido y le pegó esos tiros pero estaba de suerte ese día, porque de cinco que le dieron, solo tres eran de muerte, y cayó Rosita y la cogieron y la llevaron, y entonces la imagen es muy bella: llegan, cogen y trapean el piso con la sangre de Rosita y siguen bailando. Para mí, eso es Latinoamérica: nos estamos matando, hay un charco de sangre, se seca, lo trapeamos y seguimos bailando encima. Si me preguntan qué es Latinoamérica, es eso: un baile eterno sobre sangre seca de muchas Rositas Alvires… eso somos, muchas víctimas inocentes. La cualidad de víctimas siempre nos da esa posibilidad, como que nadie se merece morir de esa forma. Claro que hay otro hecho que a mí me llama mucho la atención y en el que nos cogió ventaja México, que es lo de estar cortando cabezas allá, lo de los cortadores de cabezas es un crimen más exhibicionista…

J. C. R.: Sí, generarle miedo al otro, al otro bando.

N. M.: Exactamente, sí. Pero es también querer decirle a la gente que algo hicieron para que le cortaran la cabeza. Es como un sello, una forma de decirle: "Bueno, esto pasó por esto, algo cometió, algo se robó, a alguien mató" para justificar esa muerte tan horrible. México ahorita está atravesando unos momentos muy difíciles con eso de los cortadores de cabezas y con lo de asesinar al mensajero, que ahora empezaron a matar a los periodistas. Claro que allá hay una situación un tanto más compleja que en Colombia. Aquí tenemos, como diría nuestro amigo Turbay Ayala, la corrupción en sus justas proporciones. O sea, los políticos roban, los militares y la policía roban, todos se reparten la torta y nadie pelea por eso. Cuando se presentó el fenómeno del narcotráfico, ellos no querían robar; claro que lo que hay detrás de Pablo Escobar cuando entró a la política fue eso: que los políticos sintieron que los narcos, no contentos con las fabulosas ganancias que tenían, ahora se iban a meter con la torta de ellos, y finalmente quienes ganaron la guerra fueron los políticos. O sea, los políticos corruptos, los que siempre han robado. Y, ¿qué hicieron? Terminaron aplastando estos líderes que también en cierta forma eran líderes políticos; ahora los capos simplemente son invisibles. Para sobrevivir en el negocio es necesario no dejarse descubrir; se volvieron invisibles y los políticos y las fuerzas corruptas armadas manejan esto, se reparten la torta y demás. En México, ¿qué ha ocurrido? Que las fuerzas militares y policiales son muchas, por la organización política que es federal, entonces hay federales, hay municipales, hay locales, hay del uno, hay del otro y allá las fuerzas armadas no solamente están al servicio de la clase política corrupta, sino también con los narcos, y tienen el agravante de la proximidad con Estados Unidos, que les suministran toda la cantidad de armas que quieran. Entonces tienen el incendio y tienen la gasolina al lado para que se siga incendiando. Yo tengo una imagen... me llevaron una vez a Ciudad Juárez, allá donde han hecho estos feminicidios, estas barbaridades, y salí a caminar las calles y pasó una camioneta con unos tipos vestidos de negro con pasamontañas, todos cubiertos con una punto 50 en un trípode y apuntándole así a la gente y se detuvieron en el semáforo y uno como buen colombiano: ¡oh! Y los tipos se quedaron mirándome y todos: ¡shhhh! Y me montaron la punto 50 y yo estaba esperando para cruzar, pero yo fascinado, viéndolos como una pieza de museo, y había una señora al lado y me dijo: "No los mire" y yo más los miré. Luego me hice el gringo y me puse a mirar el semáforo y siguieron. La señora me hizo cara de: ¿cómo se le ocurre ponerse a mirar? Y uno: pero, ¿por qué? Si se supone que son la fuerza del orden. ¡No! Allá son la fuerza del desorden. Allá saben que alguien porta un uniforme y es un delincuente con uniforme; lo que pasa es que no saben al servicio de quién está, entonces allá la situación con eso se ha complejizado más. Acá la impunidad ha sido tradición, la corrupción ha sido tradición, pero está con unas reglas más claras. Allá no saben desde dónde están disparando, de dónde vino la orden para matar a Javier Valdez, por qué están matando a esta gente. Acá no, acá sabíamos que en la época cuando se escribe *El Eskimal* pues sabía uno que era una cosa política entre políticos. Allá no saben; hay mucha gente, mucha gente; el panorama es muy nebuloso, borrascoso, muy complejo. Ahora: narrar. Eso es otro cuento. Uno se puede informar de eso; narrarlo desde lo literario es tratar de construir unos personajes que resulten verosímiles, y en eso no le hemos pegado todavía en Latinoamérica. Los que más cerca han estado del blanco han sido Fonseca y Taibo, pero yo siento que ellos ya se cansaron de intentarlo. Le han seguido, le han retomado el testimonio Padura en Cuba y Élmer Mendoza en México, en Argentina Leonardo Oyola. El Leonardo, de estos tres, es el más despistado y es el que más lejos ha pegado, porque ha creado unos relatos que explotan; tiene un relato "Chamamé", tiene otro, "Criptonita", que son muy buenos, son originales, muy originales, precisamente porque escarba las entrañas de sus propias realidades y bueno, en Argentina sabemos todo el rollo de la miseria... allá hay hambre, ¡hay harta hambre! Toda el hambre del mundo y toda la exuberancia, el confort y la vulgaridad del que ostenta el dinero.

J. C. R.: ¿Y crees que alguien en Colombia tiene...?

N. M.: Yo creo que este es el camino que hay que hacer. Es que es mirarnos a nosotros. No es informarnos ni informar al lector; es mirarnos, estar bien dateados de lo que está pasando en Colombia, y el desafío es contar un relato literario verosímil, convincente y sólido que narre esa realidad. Es más fácil caer en las fórmulas de siempre: el investigador honrado con su ayudante tonto, que va y resuelve los casos. Acá no funciona ese tipo de fórmulas; aquí la novela negra gringa no funciona porque los gringos sí respetan a la ley –en teoría también–, ¿no? En Europa, hace poco que estuve en Alemania, los alemanes que son tan extraños, ellos le temen a los policías. Acá no; acá uno sí le tiene miedo pero por lo contrario: uy, este viene a chantajearme, a robarme, a extorsionarme. Ese es el desafío.

J. C. R.: Es que ya se van a cumplir 20 años de la primera novela negra colombiana; *Satanás* ya va a cumplir 20 años, ¿cuántos va a cumplir *El Eskimal*?

N. M.: *Rosario... El Eskimal* ya tiene diez, más de diez, *Rosario* tiene más...

J. C. R.: *Perder es cuestión de método* también... y ya son 20 años produciendo.

N. M.: Sí, ve... (pensativo). ¿Qué ha ocurrido en estos 20 años? Ha habido relevos. Yo no he perdido el contacto con los de ahora que están publicando novela negra, pero sé qué han escrito, y en los talleres son los chicos los que siempre me datean: "¡Uy!, hay tal novela que trata de tal cosa". Ahora entiendo que viene una camada... pasó ya una camada de Bogotá 39, ahora entra otra camada donde viene Juan Cárdenas que tiene unas cosas interesantes; tiene una novela de estratos donde hay un personaje de un detective que va y busca un brujo para encontrar a alguien (risas); esas son cosas típicas de la realidad. En todo caso hay como chispazos, pero yo no sé hasta qué punto estamos maduros para generar un fenómeno más masivo, más fuerte, más de llegarle. Mario (Mendoza) ha seguido; más allá de *Satanás* ha seguido intentándolo con una saga de literatura infantil-juvenil, ha explorado las calles, ha reflexionado sobre el mundo de los bajos fondos, ha estado ahí metido. Santiago (Gamboa) ha sido más turista de la novela negra, pero un gran aficionado y conocedor de lo que pasa en Europa con la novela negra. Jorge Franco también tiene sus chispazos y en esta, la del secuestro, esta reciente, hay cosas que explora, pero no sé. Yo ahorita estoy apuntándole... llevo diez años largos vacilando un poco o tomándomelo... yo siempre me lo he tomado muy en serio lo del género negro, porque para mí escribir novela negra en Colombia es un acto de fe, pero no en las instituciones políticas, sino en lo que somos como colombianos, la paradoja que somos en el humor, pero también en la muerte que nos persigue y nos asedia. Y estoy en esas; ahorita vuelvo al género y voy de frente apuntándole a una cosa difícil que es asimilar las convenciones clásicas de la novela policíaca que tiene que ver con la investigación, indagación de un crimen con una fuerza encargada de hacerlo, frente a una sociedad que es la que nos da la dimensión de lo que llamamos "lo negro", la cosa social detrás, lo que nos caracteriza. Y he ido aguzando la mirada. Yo siento que todavía me estoy formando en el género, todavía me falta mucho por aprender y siempre estoy leyendo el género. No es por chicanearte (muestra algunos libros de su biblioteca) pero siempre estoy volviendo a Chandler, Hammett... eso es como el *whisky*, y la sodita y el hielo es Fonseca, estoy leyendo esta que es muy buena que me recomendaron en México, *El salvaje* de Arriaga, ¡está buenísima!, y está toda la génesis de Amores perros y todas esas cosas. Taibo dice que es el mejor libro de novela negra que ha leído el último año. Y ahora, de sodita también, he estado leyendo unos locos... más que un conocedor del género, yo he estado leyendo a unos suecos; estos son los padres de...

J. C. R.: ¿De Lisbeth Salander?

N. M.: Exacto. Y esto es un fenómeno en Noruega. El loquito vino hace como dos años y yo ni me enteré.

J. C. R.: Y nadie le paró bolas acá.

N. M.: Sí. Él tiene un personaje, Harry Hall y este es Martin Bake. Yo estoy trabajando un comisario a lo Silver Kane. Y he tenido en esto un gran apoyo de Mario Mendoza; me está brindando el apoyo emocional que necesita uno para esto y, sobre todo, cambiar la lógica de trabajo editorial que yo venía haciendo, porque yo prácticamente hacía todo: editaba, corregía y él me dice: "No, para eso está toda la industria editorial; para eso esta gente tiene correctores, editores, gerentes comerciales". Yo me iba... yo siempre me he ido detrás de los colegios y esas cosas. ¡No! Éntrese a una casa y trabájelo desde una casa, y eso es lo que voy a hacer con este proyecto. Yo estoy a tres semanas de entregar algo; tengo que entregar algo a la editorial de una vez para que empiecen a trabajar, y yo sé que ese va a ser un proceso de cuatro, cinco meses para redondearlo, pero lo voy a estar trabajando con ellos. Normalmente me dedicaría otro año a eso. Arranqué a trabajar una novela, me di cuenta de que esa era la novela que quería escribir y te confieso aquí que era arrancando, aquí entre nos, matando al Eskimal. Y después me daba cuenta que no puedo matar al Eskimal, hay que explicar esto, y eso lo decía Taibo: "Usted es loco, pero hágale, hágale". Entonces estoy trabajando tres novelas pero es la misma novela; o sea, no siento que salgo del arco.

J. C. R.: O sea, la partiste como Posteguillo, que coge la novela y la divide en partes.

N. M.: Pues el punto es que arranqué por el final como sugiere Poe para escribir cualquier relato: uno siempre debe arrancar por el final. Pero yo no sabía que era el final; creía que era el comienzo. Después me di cuenta de que tenía que echar para atrás, y así estoy en la primera, que eso todavía no se define, eso se define con los editores, está la segunda y está ya la tercera. Pero como van las cosas con el Eskimal, aspiro a poder matarlo en la tercera, y bien mata'o. Pero ese maldito me sobrevive a todo. Mire que cuando lo he matado, ha aguantado meses y de pronto hay algo, un evento aparentemente anodino sin ningún significado extraordinario... uno se da cuenta: no, pero esto no pega aquí, ni aquí... Y estoy aprendiendo a escribir, como te decía, desde las convenciones universales de la novela policíaca donde hay un crimen al comienzo, hay una investigación, hay unos sospechosos y hay una sociedad detrás que produce esos benditos criminales.

J. C. R.: ¿Cuál crees que es la influencia de la literatura negra mexicana en la literatura negra colombiana?

N. M.: ¡Taibo! Taibo nos marcó a todos; nos mostró una cosa maravillosa, y es que se podía hacer. ¡Este está escribiendo novela policíaca!; es capaz de crear este personaje y lo manda de jefe de policía por allá a un pueblo perdido. Le mete humor, le mete malas palabras, le mete la alegría latinoamericana, le mete el baile sobre la sangre seca (se ríe) y nos muestra que es posible. Y después es que yo me veo en la Nacional leyendo las novelitas en formato popular, que eran novelas pequeñitas; leyendo a Belascoarán Shane como *La vida misma*. Hay uno del jefe Fierro, que yo no sé qué pasó con él, que es un escritor que va a un pueblo y resuelve un caso. Ahora pues uno tiene la maravilla de tener la colección. Y entonces él nos muestra lo que se puede hacer y empieza a alumbrarnos el camino. El otro es Fonseca. Ellos son, digamos, los precursores de todo esto que hay ahora. Yo ahora estoy soñando con escribir una saga de diez novelas y la manera de hacerlo viable es así, trabajándolo de tres en tres, pero desmitificando todo ese rollo que le enseñan a uno en la academia de la escritura desde el canon y que la musa y la inspiración…

J. C. R.: Y ahí fue cuando sacaste *Lara*.

N. M.: Sí, ahí me puse trascendental, solemne y me fui con *Lara*…

J. C. R.: Me acuerdo que hiciste un pre en la universidad, ¿no?, que llevaste a los dos hijos y a la esposa e hicieron una actividad y después fue el lanzamiento ahí en la 100.

N. M.: Sí, eso era conmemorando la muerte de Lara; no iban a hacer nada y eran 20 años de la muerte. Eso fue una experiencia muy bonita porque yo fui y hablé con Hinestroza en medio de mi ingenuidad. Fui allá y golpeé y le dije: "Mira, es que vengo a hacer esto y esto y quisiera que me apoyaran". Estaba Juanita Salamanca y le dije: "Ayúdeme, dígale que estoy organizando esto, que me ayude". Cuando me mandan a citar, con todo el misterio y la cosa, y me recibe Hinestroza: "¿Y usted por qué está haciendo eso?"; "Es que estoy escribiendo una novela"; empecé a hablarle y se le aguaron los ojos; me dijo: "¡Lo que quiera, lo que necesite!", y era como si me brindara un ejército paramilitar porque yo decía: tal cosa, y todos salían corriendo. Nos apoyó y se hizo un evento muy bonito y él dio unas palabras muy sentidas ese día. Hinestroza quería mucho a Lara porque él era de los estudiantes mamones y allá armó sindicato y lo querían mucho; cuando empezó a recordar esa vaina, se le arrugó el corazón (pensativo). Yo no sé, el camino es largo y retrechero; a veces uno coge por la vereda y regresa, pero tampoco se trata de ensayo y error; se trata es de una búsqueda que uno va ahí avanzando y avanzando, pero tampoco es como un ciego tirándole a la piñata. Es tratar de comunicar tantas cosas que duelen de este verraco país, y que de pronto uno ni tiene las herramientas narrativas para hacerlo, ni la madurez, ni los cojones. A veces se juntan muchas cosas, y a veces por simple azar o coincidencia uno le pega a algo que despierta en la gente, que le dan ganas a la gente de conectar con los personajes. Es un camino incierto pero igual uno va, y esto es un día a día.

J. C. R.: ¿Cuándo fuiste a Gijón la primera vez?

N. M.: Como en 2006, 2008; por allá arriba tengo un montón de fotos. Tengo a Sabina prendiéndome un cigarrillo. Taibo me presentó desde *El Eskimal* y él siempre ha visto ahí una veta que hay que trabajar. Yo creí que estaba trabajando la misma veta pero no, estaba trabajando otra mina, otra fuente, otra cosa… pero son caminos. Lo de Cervantes, te decía, ahí hay muchos guiños de novela negra, y es tal vez la más biográfica de las novelas. Fue como en 2008 y entrar uno en ese contexto... Fui con Mario y con Juan Esteban Constaín, que estaba recién publicada una de las novelas de él, y fíjate que es de los autores que le encantan a Taibo. A él le encantó *Calcio*, una de fútbol y en esa era una cosa histórica y él estaba nominado para un Premio Silverio Cañada, que es la primera novela de joven autor y esa es una novela histórica, de un neogranadino que se va a rescatar a Napoleón, una novela bacanísima... sí, el Constaín tiene sus ideas delirantes. Y es el autor que le llama la atención a Taibo.

J. C. R.: ¿Cómo conociste a Taibo?

N. M.: Fue una experiencia muy bacana porque lo conozco en el Congreso de la Lengua de Cartagena. Estábamos con el homenaje a Gabo, los cuarenta años de *Cien años de soledad*, y había unos autores que estaban circulando. Supe que Taibo estaba allí y me llevé un libro que siempre ha sido entrañable de él y ahí lo tengo, que es el de *Héroes convocados*. Para mí es una novela muy entrañable; es una edición que me trajeron de México porque acá no se conseguía, y esta me la firmó él en esa época... 2007. Ah, entonces fui en 2008 a Gijón. Para mí es una novela entrañable, y la novela es fallida: promete mucho y no alcanza las metas que uno quisiera... pero el punto va a que sabía que Taibo iba a estar en Cartagena, me llevé ese libro y sabía que se iba a presentar por allá en una escuela perdida, y allá le llegué con mi mona. Me vio Mario y me dice: "¿Usted qué hace por acá?", y le dije: "Es que quiero saludar a Taibo"; yo le llevaba este libro para que me lo firmara, pero yo no le llevaba *El Eskimal*. El cuento es que Mario le dice: "Oiga, este man tiene una novela buenísima, *El Eskimal y la mariposa* y ganó y tal", ¡y yo no llevaba el libro! Entonces en ese mismo evento había una feria del libro, así que se fue con Mario a mirar libros y ahí consiguieron *El Eskimal* y dice Taibo –después me enteré– que se fue para México vía Panamá y ahí hubo una demora como de cinco horas allá; menos mal llevaba esa maleta llena de libros y de pronto agarró *El Eskimal* y se enganchó y no la soltó hasta que llegó a México. Cuando llegó empezó a buscarme: "¿Dónde está este tipo?, ¿quién es?" y me empezó a mandar mensajes con el uno y con el otro, y como yo siempre he andado perdido, desorientado, nunca me enteré. Y ocurrió que ese año me invitaron a Guadalajara a presentarme; iba a estar con Mario, Gamboa y Héctor (Abad Facionlince) hablando de cómo se exorciza la violencia del país. El caso es que fui a buscar los libros de Taibo y llegué al stand de Planeta; había una mesa enorme con todos los libros de Taibo y yo como loco; y voy a coger un libro que se llama *A cuatro manos*, es el libro que más quiere él, y veo una mano regordeta que me coge y me dice: "¿Usted qué hace aquí? ¡Llevo meses buscándolo! ¿Por qué se perdió? ¡Es que ustedes los colombianos son todos así! ¿Qué hace aquí?"; me regaló esa novela, me la firmó y me dijo que mantuviéramos el contacto: "Me encantó *El Eskimal*; dime qué estás haciendo"; yo estaba con *Lara* y después lo que te digo, me pegué ese retroceso a la novela histórica. Este país lo satura a uno mucho si no sabe manejar la distancia con tanta barbaridad que pasa...

J. C. R.: ¿Cuánto pasó... como seis años? Entre *Lara* y *Hermanos de tinta*...

N. M.: Más; siempre fue mucho tiempo. Yo estaba trabajando con víctimas, con victimarios, recorriendo el país, estaba calle arriba, calle abajo. Y a mí me llamaban... yo hacía un programa en Gijón con la emisora de allá que es una vaina muy bonita y contábamos noticias del día a día. Estaba con Raúl Argemí, que en esa época andaba en Barcelona, ahora volvió a Buenos Aires, estaba yo y estaba otro cabrón español, y éramos tres. Pero ya llegó un momento en que yo por ejemplo estaba en El Banco, Magdalena, y allá la llamada no entraba bien, o estaba metido por allá en otro lado y no. Duramos un año tirando línea y manteniendo el contacto vivo con Gijón, que es una tierra maravillosa; esos asturianos son muy bacanos.

J. C. R.: Una cosa: cuando uno le pregunta a Paco sobre los escritores de novela negra, dice que el que tiene más influencias de G. M. eres tú.

N. M.: Ah, pero eso es por burlarse. Recuerdas que Eskimal dice: "Ya pasaron los tiempos de las mariposas amarillas"; en la segunda página dice: "Macondo agoniza", y empieza a rajar del realismo mágico. Esa parte la leí yo en Gijón y se armó un lío porque había unos periodistas de la EFE que tergiversaron la cosa y se la pusieron a Mario: "Mario Mendoza dice que Macondo agoniza", y todas las barbaridades que dice el Eskimal se las ponen a decir a Mario... casi lo crucifican acá, lo empalan aquí cuando regresó: "Claro, ¡medio va a cualquier lado y se va a hablar mal de García Márquez!"; "Yo no fui, fue Nahum", y le tocó salir a escribir una columna a decir que no era él (risas), que era otro contexto... ¡Ya qué! Y se ganó un pocotón de enemigos por esa vaina. Yo tiré la piedra y le echaron la culpa a Mario. Entonces Taibo se burla mucho de eso y dice que en *El Eskimal y la mariposa*, la mariposa es por García Márquez, y yo: "No, tampoco". Pero él toma del pelo con eso. Lo bacano del universo de ficción es que uno puede ponerles una cantidad de cosas que puede ser que uno no comparta, pero que sí lo divierte a uno mucho, que es ese tipo de posiciones fundamentalistas, extremas como las que tiene el Eskimal.

J. C. R.: Sobre la relación entre la literatura de México y Colombia...

N. M.: Suena muy cursi, pero hay una hermandad; un oscuro hermano gemelo que somos los colombianos y mexicanos. Somos hermanos gemelos pero nos unen la oscuridad, el crimen, la impunidad y también la fraternidad; ahí hay una vaina bacana. Somos capaces de matarnos porque sí, o somos capaces de ir y darnos un abrazo. Allá se me acercaba la gente: "¡Ay! ¿Eres colombiano?", y sentían como compasión de uno y lo abrazaban y uno los miraba: "Pues yo también siento compasión por ustedes", y los abrazaba. Se genera como una cosa entrañable fuerte, hay una vaina rara. Eso no es algo que se pueda racionalizar, pero hay una cosa profunda. Y eso lo siente la gente del común. En Ciudad Juárez pasó que el invitado de honor era William Ospina que recién había ganado el Rómulo y le hicieron un homenaje allá. William tenía vuelo a tal hora, llegó, habló y se largó a la hora que era, y en el despelote los organizadores buscando a William, "¡se nos ha perdido!" y me llaman a mí, y yo: "Pero ¿cómo se les va a perder?, él tenía vuelo, ya debió viajar"; yo todo fresco. "¡Ay!, cierto que son colombianos, lo olvidábamos". Ellos lo miran a uno y somos como tan panas, tan cercanos, tan próximos que generamos esa profunda red de afectos con ellos, que es una vaina muy linda, y eso lo nutrió a Gabo y a Mutis. ¿Sabes qué decía Gabo que le gustaba de México? Que la gente no vive metiéndose con uno y lo que está haciendo uno; allá respetan mucho la intimidad... eso decía Gabo, que si algo le gustaba mucho de ese pueblo es que no lo estaban abordando ni asaltándole la intimidad. Acá no, mano; acá en cualquier lado le sale alguien y así todos le asaltan la intimidad. Allá no; allá la respetan mucho; respetan mucho el adentro, el mundo hacia adentro de la familia.

J. C. R.: Hablando sobre Barba Jacob...

N. M.: Ese Barba Jacob era una nota, ¡escribía bacano! Escribía vainas muy buenas.

J. C. R.: Alfonso Reyes decía que él era la mejor pluma periodística que había en Latinoamérica.

N. M.: ¿Eso decía Alfonso Reyes? ¡Uy!, ¿sabe que sí? Y yo lo decía con Catalina González: "A mí me encantan esas crónicas ¡y las leo con una emoción!". Y de hecho, aquí le cortaron las alas porque los Cano se fueron de vacaciones y lo dejaron a él como de subeditor y entonces se inventó un fantasma que recorría acá en Bogotá y triplicó las ventas del periódico y cuando volvieron ellos, decían: "¡Lo volvió un periódico sensacionalista!" pero en dos semanas, eso fue rapidito; casi lo capan al Barba Jacob.

J. C. R.: Pues él recibe a Leo Matiz allá y le da trabajo, y es el que más adelante le muestra a Mutis las fotos, y trabaja con él. Y Mutis después trae a G. M., y todo está conectado.

N. M.: Y vea a los de ahora: Mario vive yendo a cada rato a México y escribió uno de los libros de la saga infantil-juvenil allá; algo con las pirámides de Teotihuacán...

Entrevista a Santiago Mutis
Mayo de 2018

Juan Camilo Rincón: ¿Cuándo te diste cuenta de que tu papá era tu papá, que era ese gran poeta?

Santiago Mutis: Yo me di cuenta hace un par de meses (risas), porque yo creo que había leído y leído y recogido cosas y no me había dado cuenta lo que era eso. Y ahora, que ya soy un viejo, quedé asombrado y dije: ¡qué cosa tan profunda es esto! Entonces estoy escribiendo, haciendo una nueva antología de la poesía de él, que se va a llamar *Los dones del agua*. Y pienso que es una manera de leer sacándolo un poco de las redes en las que lo han enredado muchos críticos. Cada crítico se impone sobre el autor del que habla; no hay remedio, así es, es una reflexión, pero también, como dice la canción, "quítate tú pa' ponerme yo". Uno se da cuenta y así lo hace. Entonces terminamos leyendo de la mano de una persona que tiene sobre eso alguna idea, buena o mala, siempre por debajo del escritor, así sea buena. Entonces termina convirtiéndose en prejuicios pues tú entras a un nuevo libro, a una relectura o a lo que sea, ya con una cajita de conceptos sobre eso, y esa cajita va reduciendo todo lo que vas leyendo. Como uno empieza a perder la memoria, se me borró toda esa crítica, lo volví a leer y quedé deslumbrado... ¡Qué poeta tan bueno! Ahora, ¿cuándo me descubrí que él era escritor? Mira, yo creo que muy tarde... Él se va de Colombia cuando tiene 33 años; yo tengo cuatro. Yo quedo un tiempo solo, viviendo con mi hermana y con parientes. Cuando voy a México él está en Lecumberri; yo debo tener unos ocho años. Cuando sale de la cárcel, mis padres se separan; o sea, lo veo de vez en cuando un domingo y yo por la calle, feliz. Nos regresamos a Colombia y él no puede entrar porque tiene una sanción. Cuando vuelve a Colombia, yo estoy casado y tengo una hija de tres meses. Entonces ese acercamiento es natural, es espontáneo, es amistoso, pero no es la presencia constante de un padre; está interrumpida y cortada por mil sucesos. Él publica en el 67 una novela que se llama *La mansión de Araucaíma*; yo la leo, soy muy joven, tengo 16 años, me parece una policíaca pornográfica y simplemente no me importa. Sigo leyendo otras cosas, pero como la relación está por encima de los libros, los libros van esperando hasta que de pronto dice uno: ¡esto es bueno! Yo creo que cuando uno se empieza a preguntar por la tragedia colombiana y empieza a leer pensando cómo la vieron, quiénes la vieron, cuándo la vieron, *La mansión* me da la primera respuesta, que es cómo se hunde la sociedad colombiana, se despedaza, se autodestruye y termina eso en la dispersión y el crimen. Esa primera respuesta me la dio *La mansión*, pero claro, leída muchos años después pero porque ya uno es distinto, se pregunta de una manera distinta, valora la escritura mucho más que antes, piensa que realmente el lenguaje es un poder y que es extraordinario... Hace año y medio saqué un pequeño libro sobre *Diario de Lecumberri* y *La mansión de Araucaíma* y sobre una lectura distinta, sobre una especie de "sol moral" en ambos, que se llama *Sindéresis*, editado por la Universidad de los Andes. La palabra sindéresis significa la facultad natural de juzgar moralmente; el libro es un ensayito en dos capítulos de cien páginas.

Santiago Díaz Benavides: ¿Cómo te inicias como lector? ¿Vives en una casa en la que los libros están dispuestos siempre?

S. M.: Mira, yo creo que a mí la literatura no me interesó especialmente sino hasta tarde. Yo soy lector y escritor tardío. A mí me interesó antes todo, menos la literatura. Yo quise ser médico, arquitecto, matemático, pero en la medida en que se iban cerrando puertas, se iba uno quedando solo. Los amigos se iban perdiendo en las profesiones y uno empezó sin darse cuenta a tener un tiempo que lo ocupaba en la lectura y a escribir lo que estaba pasando, lo que uno sentía, lo que quería decir, pero por soledad, de alguna manera... o por conflicto, por dificultad. Sin darme cuenta me volví lector, y sin darme cuenta, me estaba volviendo escritor. Después ya viene el intento de publicar una primera cosa, el espanto de verla, el decir: acá hay que retroceder, hay que madurar, pero este es mi camino.

S. D. B.: Y esa faceta en particular, ¿cómo la relacionabas con lo que hacía tu papá?

S. M.: Mi papá ha sido un hombre que no ha puesto sus libros por delante en las relaciones. Es decir, no se presenta como intelectual, como escritor, sino que vino aquí a estar como persona. Los libros nunca eran lo principal; estaban detrás, y uno iba y los buscaba por su propia cuenta. La verdad, cuando yo leo *Los elementos del desastre* y la *Reseña de los hospitales de ultramar*, yo no entiendo mucho... una poesía densa, extraña para mí... ni me complicaba ni me gustaba. Veía que era una cosa importante, pero sin haberle descubierto yo en qué blanco daba, qué era realmente su centro, su asunto.

J. C. R.: ¿Por qué piensas que Maqroll es un símbolo de la literatura colombiana? ¿Qué hizo, qué tiene?

S. M.: El desamparo, la integridad moral. Es un hombre que renuncia a la sociedad, a la vida que le están proponiendo los demás. Resuelve hacer su vida aparte para no borrarse de la desesperanza de los otros, en los negocios de los otros, en sus bellaquerías, y se va. Ese irse, ese apartarse, todos lo tenemos, lo necesitamos, lo deseamos… yo creo que es eso. No en Colombia; acá no lo quieren mucho. Creo que en Francia y en España sus lectores aman eso.

S. D. B.: ¿Es un personaje europeo, netamente? ¿Es un navegante… tal vez un alter ego del mismo Álvaro, que extrañó hasta el cansancio aquellos viajes en barco y demás? Lo nota uno al leer *Ilona*, toda la saga de Maqroll; hay una conexión fuerte con el agua siempre.

S. M.: Así es. Y ahora que hice eso de *Los dones del agua*, el asombro de descubrir que, siguiendo el agua, uno va por toda la vida de él y de su literatura; ¡es impresionante! Es el hilo de oro que agarra todo, absolutamente todo, hasta las lágrimas… es una cosa deslumbrante. Ahora, esa idea repetida del alter ego… el alter ego no es más que el otro yo, que es el que tú quieres ser también y no siempre se puede. Lo echas a andar, le das cuerda, le das toda la libertad del mundo y se convierte en otro ser humano. Esa libertad es la literaria, es la ficción, es la poesía de su novela. Pero, ¿quién le da la entrada a Maqroll? La entrada se la da la tempranísima muerte del padre; es decir, es la ausencia y uno sabe que atrás de ella hay alguien, hay algo muy importante y hay que alcanzarlo; es imposible, pero hay que alcanzarlo. Y ahí echa a navegar Maqroll, ahí aparece, entra por la puerta. No sé qué edad tenía mi papá cuando muere mi abuelo…

S. D. B.: Creo que tenía como ocho o nueve, porque el abuelo muere a los 33… estaba muy joven.

S. M.: …es muy joven. Entonces esa ausencia se materializa. Llega un tipo barbado y dice: "Buenas tardes" y empieza la literatura. Ahora, esa es mi teoría. Yo me responsabilizo (risas).

J. C. R.: Hay gente que prefiere a Mutis por su poesía, otros por su novela. ¿Cuál de esos eres?

S. M.: La fisura es completa. Él dice que no, y para entender al uno hay que leer al otro. Tú no puedes entender las novelas si no puedes entender la poesía, y no terminas de comprender toda esa poesía si no sabes el desarrollo que eso tiene en la novela. Donde termina la poesía es donde termina el río, el agua, el continente, la tierra y comienza el mar, que son las novelas. Y el mar es el viaje… es esa especie de perseguir; uno sabe que hay algo prometido para uno. Comienza realmente el viaje y todo eso va constituyendo no solo un temperamento, sino un destino. Ahí es donde toda esa literatura coge el camino de destino. Entonces, no se pueden separar. Él comienza a escribir esas novelas en 1985; es un hombre maduro, hecho y derecho. De alguna manera la poesía cumplió su papel, que era coger el camino de regreso: el río que crece al revés, que lo lleva hacia su infancia y una vez recuperada esa infancia y recuperada esa tierra por el río, queda suelto y se va, y comienza la novela otra vez. Yo lo que quiero es intentar comprender a mi papá. Al fin y al cabo no lo tuve tan cerca como para poder haber visto lo suficiente, entonces me tocó tarde... y ahí voy intentando.

J. C. R.: ¿Él leyó algún poema tuyo? ¿Cómo fue la primera vez? ¿Qué te dijo?

S. M.: Digamos que él no se juega; es decir, si yo hubiera escrito muy mal, igual me hubiera querido; la relación habría sido la misma. Y de todas maneras hay una preocupación: "¿Qué estará escribiendo este? ¿Cómo le irá? ¿Qué tan bueno será?". Claro, esa curiosidad tiene que existir ahí, pero no le importa tanto. Yo creo que le importa más la amistad que podamos hacer, y allá sus cosas. Yo había llevado a México este librito *Tú también eres de lluvia* y un día sí me dijo: "Me contaron que va a publicar un libro de poesía", y yo: "Sí, voy a publicar un libro de poesía"; "Ah, ¿sí? Y... ¿se puede ver?" (risas); "Pues claro que se puede ver"; "¿Y lo tiene ahí?". Me paré, fui a la maleta y saqué los originales, 30 páginas y se lo llevé. Se subió al cuarto a leerlo; el cuarto daba encima del jardín donde estaba yo tomándome un vodka con mi mujer. De pronto, por la ventana abierta salieron volando todas las hojas, ¡pero volando como una estampida de palomas! y me grita: "¡Está bien, publíquelo!" (risas). Esa es la relación: fresca, buena, bien. Es una poesía totalmente opuesta a él, no tiene nada que ver con él, pero él no era una persona dominante; a él lo que le gustaba era la libertad del otro; eso es lo que de verdad le entusiasma: que seas libre y responsable de tu propia libertad. Vio la cosa y dijo: "Bien, que se vaya para la calle". Así fue.

S. D. B.: ¿Cómo era el Álvaro Mutis amigo? Sabemos que tendía a desvivirse por los otros. Lastimosamente, su problema con Esso fue justamente por ayudar a ciertos autores y artistas...

S. M.: Él un poquito quería desquiciar la realidad con la alegría... todo ese laberinto lleno de obstáculos, desesperanzas, miserias, trampas, le parecía que así no se podía vivir, que eso era deplorable. Entonces en eso había una irresponsabilidad tremenda que era asumir su propia vida y no ser del todo tan estricto... de una vida opaca, de una vida que obligaba un poco a carencias, a mezquindades, a todo eso. Son unos años en los que están sucediendo cosas en Colombia, que nosotros no hemos querido juntarlas, pero es deslumbrante lo que está pasando en los años cincuenta y lo que viene de antes, y de alguna manera se abre en los cincuenta en arte, en todo. Ahí aparece este pensamiento indígena con todas las cosmogonías; se logra tener acceso a ellas. La ecología se afianza realmente con Enrique Pérez Arbeláez de una manera fuertísima, capaz de no sucumbir en el desarrollo; naturalmente, no le pararon bolas y lo destruyeron por eso. Pero suceden muchas cosas en arte, en escultura, en pintura, en poesía, en literatura... hay mucho, es muy fuerte. Se abre una posibilidad de cierta plenitud, y eso es lo que él siempre quiere, lo que comunica y lo que hace. Él no intenta crear un grupo que quiera lo de él... para nada. Él quiere de alguna manera que la brújula interna de cada quien, se acuerde, le permita dar todo lo que tiene. Eso es lo que le gusta: saca la luz que tienes y, claro, eso creó desorden pero creó obras y cosas. Entonces la relación con él era esa. Una vez que estuve en México fui al mercado de La Lagunilla y vi que había un tomo de Julio Verne sobre viajeros del siglo XVI pero no me alcanzó el dinero, aunque negocié, pero nada. Cuando llegué a la casa le dije: hombre, vi este libro en el mercado de las pulgas en La Lagunilla pero no alcancé a comprarlo. Como a los seis meses mi papá pasó por Bogotá; abrió la maleta y sacó el libro; me dice: "Nunca hay que dejar pasar esa primera oportunidad" (risas).

J. C. R.: Cuando uno piensa en la historia de este país en la década de los cincuenta, uno encuentra *Mito* y hay una referencia a Mutis. En pintura hay una referencia a Mutis. En la HJCK hay una referencia a él. Mutis está en todos lados. Siempre hay un texto, una historia, un apoyo, por ejemplo a Leo Matiz. Tu papá siempre estaba...

S. M.: Pero eso comienza antes. Antes de *Mito* está *Crítica*, que es Jorge Zalamea. Antes de *Crítica*, un poquito más dispersas, hay otras cosas muy importantes, y antes hay otras. Antes de la HJCK está la Radiodifusora Nacional de Colombia, que es un prodigio de radio: seria, intensa, en música, en radioteatro... Bueno, Jorge Zalamea manejaba ahí la reseña de libros, por ejemplo; era una voz inteligente. La cultura no era esa cosa que se añade, esa cerecita que se le pone de adorno. La cultura era la única oportunidad de reflexionar sobre la vida. En arte, digamos que, desprendiéndose de Pedro Nel Gómez, de Ignacio Gómez Jaramillo, viene todo eso después que es Wiedemann, Obregón, Ramírez Villamizar, Negret, el Botero de los primeros diez años que es deslumbrante... ¡era una cosa maravillosa! Él forma parte de toda esa espuma; es un volcancito que alumbra y todos ellos están en eso. Para mí *Mito* es la más estrecha, la más rígida, más dura, más seca porque es la que rompe con el país tradicional y rompe con el folclor, le parece desdeñable Abadía, que estaba haciendo todo ese trabajo y viendo todo el folclor colombiano que es deslumbrante, es maravilloso, toda la cultura popular. Rompe con la ecología; no le interesa el problema más grave en el que se va a meter Colombia que es la ciudad, el urbanismo. Hay una cantidad de renuncias que lo entregan en verdad a una cosa teórica que termina enclaustrándose en la academia. Todo lo que había por fuera, lo cancela... sin quererlo, sin proponérselo, pero termina cancelándolo. Quien seguramente no lo quería así era Jorge Gaitán Durán, pero él muere. Es un ensayista, es un editor, hace una editorial, hace la revista, tienen un programa de radio que maneja Jorge Eliécer Ruiz de cultura, están formando una librería, está naciendo un lugar fuerte en la ciudad y eso se frustra, entonces queda reducido a lo que queda en la revista porque lo demás queda como impulso, se deja perder y termina siendo de pensadores franceses y entre ellos una parte muy importante, pero la que menos luz tiene, que es Sartre. ¿Por qué no cogieron por Camus que era la que más futuro tenía? Pero todos son acontecimientos importantes de esos años y es muy entusiasmador porque da mucha libertad: publica, hace, valora, habla. Para mí, uno de los grandes valores de *Mito* es que un poco ajena a ella es la gente que le dice: "Ustedes son los intelectuales, pero existe otra gente que queremos discutir con ustedes" y *Mito* bellamente abre la puerta y crea un foro de discusión. La única condición es que seamos todos inteligentes y responsables; no más, y hablan todas las voces. Es maravilloso eso, ¡maravilloso!, cosa que también perdimos.

S. D. B: ¿Cómo fue la experiencia –no sé si alguna vez él te lo comentó, hay fragmentos de entrevistas, de documentales donde él lo relata un poco– de su primer libro de poesía?

S. M.: Yo creo que hemos sacrificado ese primer libro en la candela; lo hemos echado al fuego con el 9 de abril y resulta que es un gran disparate. Él por contar una anécdota en la entrevista, lo dice: "Se publicó y se quemó..."; sí, pero lo que está sucediendo en la poesía de él es lo que está advirtiendo que va a pasar. Y no alcanza a ser un libro; es una plaqueta; es muy poquito. No sacan el libro, sacan la plaqueta, la financian ellos mismos. Carlos Patiño Roselli, él y Tejada sacan el librito, desaparece y ya; no pasa absolutamente nada. Lo que había pasado era toda la relación que había de amistades, de decir sobre otra gente, textos publicados por aquí y por allá... eso sí. Y eso es lo que yo también he intentado recoger en cosas de él. Eso es anterior, o es la misma época, pero visto así, tiene una divulgación o por lo menos una lectura mayor. De *La balanza* llegaron 20 libros no más, y eso se hunde, desaparece, y va a salir después en *Los elementos del desastre* que se publica fuera del país, en Buenos Aires. Es una anécdota muy vistosa lo de la candela, lo de la quema de *La balanza*, pero clausura la puerta de saber realmente qué era lo que estaba a punto de pasar y que no pasó, pero eso sigue porque él sigue hablando y escribiendo; está en los suplementos, en los periódicos, en las conversaciones. Es más importante la relación que se está haciendo con Eduardo Ramírez Villamizar, con Hernando Téllez, que la misma publicación del poema. Y yo creo que no lo entiende nadie; eso es una cosa críptica, cerrada, de una materia que está medio fermentada, terrible.

J. C. R.: Mutis siempre hablaba sobre las lecturas que hacía, y decía que sus maestros eran franceses. ¿Cuáles fueron sus predecesores colombianos?

S. M.: Mira, no es que él sea un enamorado de la cultura francesa; es que él es un niño abandonado en un internado en Bélgica, donde se habla francés. O sea, se abrió a una lengua y ¡una lengua es un universo, un mundo, un continente completo! Entonces habla francés, tiene que leer francés en el colegio, porque además lo habla muy temprano. Descubre la literatura y es eso lo que se abre: un continente, se abre Occidente, se abre una lengua y una literatura que es francesa, que es belga, no solo francesa. Muchos de los poetas que él cita son belgas, no son franceses. Y los belgas –perdón, no sé si me equivoque– son un poquito desdeñados por los franceses; es como un francés de segunda. Él comienza ahí en esa literatura y ahí comienza ese horizonte inasible que es el mar, el viaje, el puerto, ahí desemboca el río, ahí está el mar y la vida de puerto que él conoce de niño, que es fascinante porque es multitud de destinos. Viajan a Colombia y descubre lo mejor, que es la tierra caliente, el paisaje, el Quindío, el Tolima y él dice: "¿Qué es esto tan bello?". Esa es Colombia; ahí empieza. Y en ella, ¿quién está?... Mira que los franceses que se ocupan del trópico y de América son los que más le atraen, que es Saint-John Perse que es las Antillas, que es lo que más le importa, el Caribe y el trópico, que va a terminar siendo toda su adolescencia, desde los diez años; entonces no son solamente franceses. Y de Colombia son sus amistades con las que se forma y discute también. Ahí está Téllez; ellos son amigos muy jovencitos; él protege en un momento a Téllez –que es un poquito mayor que él– y lo cuida porque sufre del corazón y de eso muere. Él tiene que ir a tierra caliente por el corazón y mi papá lo lleva y lo trae, lo lleva y lo trae para que no se vaya a morir. Esas discusiones con él, con Volkening que es alemán nacido en Bélgica pero está aquí desde el año 34 y que tiene un conocimiento de América y termina siendo realmente colombiano; con Casimiro Eiger, maestro de él que es un refugiado de la guerra, que viene de Polonia, le confirma también otras cosas importantes en su lectura, que es esa Polonia apretada entre grandes imperios y una gran resolución de independencia y autonomía. Jorge Zalamea yo creo que tiene una influencia importante porque es crítica, es traductor de Perse… ¡es Zalamea! La poesía para él es todo, así coja caminos que nadie va a seguir, no importa, ¡son grandes equivocaciones, hermosas equivocaciones! Él sacude el idioma y esa gran rebeldía contra un país tan difícil, autoritario, violento, de una violencia que se está ejerciendo desde arriba para abajo. Entonces no es solamente la influencia literaria… es más grande. A Alejandro Obregón en una entrevista le preguntan cuáles son sus influencias, Goya, la oscuridad… y él dice: "Las influencias no son que uno tome esto de aquí o de allá. Es alguien que te muestra hasta dónde es posible ir; alguien que te enseña que se puede ir más allá. Eso es una influencia; eso que abrió algo en uno". Eso también lo encontró mi papá en Colombia y el surgir de esas amistades que van a durar toda la vida, como es el caso de García Márquez. Son muchachos –más Gabo que él, porque él es un poquito mayor– pero hay una manera de responder a la vida, a la amistad que termina protegiéndolos a ambos de un medio casi que también bordea lo canallesco. Esa protección es muy importante para que ellos puedan seguir adelante, protegerse, apoyarse; son solidarios, lindos, se quieren, se protegen del daño, de la mezquindad, de cosas tremendas. La literatura al fin y al cabo está a la intemperie; está expuesta y ahí surgen cosas que no son solamente libros; es tener amigos pero también tener frente a la vida una actitud clara. Y ellos son gente que juega con todas sus cartas abiertas; no engaña, no tiene nada escondido. Ellos creen que debe ser así y a eso le ponen su talento, su habilidad, su vida, su corazón, su inteligencia, sus lecturas, todo. Saben por dónde va cada quién; ¡está bien! Hoy se juega como a diez bandas.

S. D. B.: Más adelante, cuando él se matricula en el Colegio Mayor de Cundinamarca, viene Eduardo Carranza como profesor de Literatura y él lo admite, de hecho, en una entrevista: "Pudieron más la poesía y el billar que la academia".

S. M.: Es que eso es lo mismo de la candela del 9 de abril; son maneras de resolver una entrevista (risas). "Mutis, ¿cómo se inició usted en la poesía?"; bueno, pues hay un niño que tiene 13 años y hay un profesor que es medio gordito, que escribe poesía y que entra al salón recitando a García Lorca, a Antonio Machado y él dice: "¡Qué cosa tan buena! ¡Qué es esto!". Y claro, eso es un prodigio. Él dice que después le entrega a Carranza un poemita escrito y él le dice: "Gracias, mijo" y lo bota (risas).

O sea, no es que haya una tutela... lo que hay es que él entró al salón leyendo a Machado y a Lorca y eso lo marcó: "¡Oh! ¡Qué maravilla es esto!". Y no es que Carranza fuera el único que leyera eso; se hablaba de Ramón Vinyes desde siempre. En los años 40 escribe cosas bellas sobre García Lorca en Barranquilla.

J. C. R.: ¿Zalamea lo conoció?

S. M.: ¡Es amigo de Zalamea! Él tiene una pequeña correspondencia con Lorca e incluso le dice cosas tremendas y bellas sobre Colombia. Es decir, García Lorca está ahí, pero Mutis es un niño de 13, 14 años que oye eso y dice: "Esto es lo mío; esto me gusta".

J. C. R.: ¿Qué era lo que él más extrañaba de Colombia?

S. M.: Lo que él más extrañaba de Colombia era la gente que se había muerto, el paisaje que estábamos destrozando y sacrificando, y su infancia.

J. C. R.: ¿Era muy melancólico con eso?, ¿lo decía mucho?

S. M.: Muchísimo.

S. D. B: El río fue clave en todo. Es el detonante de muchas de sus cosas.

S. M.: Así es...

S. D. B.: O sea, recordar cómo se bañaba, y que su madre le decía que parecía una esponja; todo el día ahí metido.

S. M.: Yo aventuro mi teoría en el ensayo de *Los dones del agua* porque digo, ¿es que no hay más ríos en el mundo? Porque, en verdad, el río fue una iniciación. ¿Qué es lo que pasó ahí? ¿Por qué esa poesía, que era en verso, se vuelve prosa? ¿Por qué necesita esa energía, esa fluidez? ¿Por qué el río?

J. C. R.: ¡Mutis era una especie de Heráclito!

S. M.: ... y la vida se le va en contradecir a Heráclito.

S. D. B.: Es que, desde que yo leo a Mutis, siempre está el agua: fragmentada, de corrido, quieta... siempre está. Él es un navegante.

S. M.: Es así, y me alegra mucho que lo veas así porque ese es mi descubrimiento tardío, a los 85 años (risas). Sobre eso es el ensayo...

J. C. R.: Nos faltan Gabo y Mutis. ¿Los viste juntos? ¿Cómo eran?

S. M.: Lo extraordinario de todo eso es que fue gente que no dejó entrar las mezquindades del mundo a su relación, porque resolvieron construir un mundo entre ellos. O sea, lo que el mundo no permite del todo, se hace en la literatura y entre nosotros; la gente que es capaz de crear en la amistad un mundo respetable, libre, bello, serio... eso es lo que ellos fundaban: la amistad. Me sorprendió mucho ahora que estaba escribiendo *Los dones del agua*, que vino una bibliografía en la que dicen que Gabo escribió sobre Mutis. No es que sea un gran texto; es un texto amistoso y sonriente, pero el título me deslumbró porque es lo que yo pienso; dice: "Una amistad en tiempos canallas". Ellos construyeron una patria propia donde había una ley no escrita que era la ley de la libertad y la integridad. La amistad entre ellos siempre será eso: dos personas que se quieren, y pues era una fiesta porque daba la posibilidad de intentar hacer una vida parecida, y era lindo.

S. D. B.: Y está la anécdota de cuando Mutis llega con *Pedro Páramo*: "¡Lea para que aprenda!".

J. C. R.: O cuando G. M. le roba el cuadro...

S. M.: Ahí está en el texto que dice: "¡y hasta ahora no me ha preguntado qué hicimos con el cuadro!" (risas). Bueno, eso es una cosa bonita. Mira, por ejemplo, ellos viajaron a Estambul que es la antigua Constantinopla, nombre turco, Bizancio... Y uno dice: viajaron como a cualquier parte, pero Gabo dice: "Yo me llevé a Álvaro a Estambul porque leí en su poema –que está en lo de la antología del agua–: 'Ahora que sé que nunca iré a Estambul...'". Gabo, que es clarividente en muchas cosas, vio el poema y se aterró porque dijo: "Mutis sintió la muerte y esto hay que conjurarlo", entonces coge el teléfono y dice: "Álvaro, te invito a Estambul" (risas) y se lo lleva allá para conjurar la muerte. Entonces dice uno: solo él lo vio, solo él lo invita, aunque obviamente no le dice eso, sino que se van y a Gabo no sé si le interesa la ciudad, pero sé que le interesa salvar a su amigo de la muerte, que ahí viene y él lo cree firmemente, y firmemente cree que lo salva. Esas son cosas de gente que se conoce a fondo y que se quiere. Es eso.

S. D. B.: ¿Cómo fue cuando leyó *Cien años de soledad*?

S. M.: Yo sí vi cosas, pero eso es meterse ya en asuntos que solamente ellos saben lidiar. Pero Gabo celebraba mucho eso de mostrar una cosa que ya está hecha, que es compartirla y también por ganas de hablar de eso. En esas cosas participamos muchos, de leer originales que él abría para la lectura por simpatía, por ser amoroso con la gente. Pero ya son conversaciones que quedaron entre ellos.

J. C. R.: ¿A cuáles intelectuales mexicanos viste en la casa de tu papá en México?

S. M.: Yo iba poco a México, pero él quería a mucha, mucha gente. Quien lo disfrutó mucho, de verdad, fue la generación joven de escritores mexicanos, porque le mostró sus primeras cosas, lo acompañó, lo leyó, tuvo amistad... esa gente, que ahora son viejos como yo... Eso no sucedió aquí. ¿A quién quería especialmente? Bueno, es que es una generación toda muerta, pero él hizo cosas con todos ellos, con Luis Cardoza y Aragón. Luis había estado aquí y en México lo siguió viendo; lo quería mucho. En la sala, al lado de la chimenea, recuerdo ahorita que, de escritores hay dos fotos: una de Luis Cardoza y Aragón y otra que era un manuscrito de León que decía: "Una tarde que se fugó mi corazón..."; el vidrio estaba roto y él decía: "Eso lo rompió un poeta con la cabeza un día aquí en la casa y yo no lo he querido arreglar" y así se queda; son cosas entre poetas (risas).

J. C. R.: ¿Quién más?

S.M.: Hay muchos pintores también y poetas... con Buñuel hubo amistad buena...

S. D. B.: ...porque él llega a México con una carta de recomendación para conseguir...

S. M.: Una carta de recomendación que le da aquí un refugiado español en Bogotá, y que él no muestra. Pero con Buñuel hay amistad y hay diálogo permanente. No te sé hacer la lista ahora pero, por ejemplo, él escribe en la revista Snob de México que la dirige Jaime García Terrés; ahí están creo que Salvador Elizondo... es que se veían todos porque también el ambiente de esos años en México era solidario; todos estaban juntos.

J. C. R.: ¿Y de los jóvenes...?

S. D. B.: Francisco Hinojosa tiene un contacto ahí; Guillermo Arriaga...

J. C R.: A Guillermo Arriaga lo entrevistamos y dijo que la primera publicación que hizo fue gracias a tu papá...

S. M.: ¡Pues es que es un puente! Ese es también el papel. Es decir, es el estar atento, el proteger publicaciones, revistas, editoriales, el publicar, el hacer, el hablar, el presentar, todo eso; va, presenta, dice, se juega, viaja. Ese es el ambiente; esa es la fertilidad del suelo, y esas historias se irán contando.

J. C. R.: Es que tu papá aparece en todos lados. Lo dijo Arriaga, lo dijo Villoro.

S. M.: ¡Claro! Una vez fuimos con Villoro… él es como de mi edad, un poco más joven… fuimos a Yucatán con mi papá en un barquito chiquito a Isla Mujeres. Eso es un mar precioso; todo el mundo se bota al agua por fascinación; ¡es una cosa linda! Y cuando regresamos, Villoro le había preguntado al hombre del barco él de dónde era, y él no era de la costa sino de un pueblo del interior. Entonces vino corriendo y le dice a mi papá: "Mutis, ¿ves? El mar es una vocación" (risas).

S. D. B.: Hablando de amigos, yo tengo curiosidad por dos en particular: Octavio Paz y Elena Poniatowska. ¿Cuál fue el lugar de ellos en su vida?

S. M.: Elena es una niña que va a la cárcel a hacerle una entrevista sobre los presos políticos en Lecumberri. El director del periódico le dice: "Hay un escritor colombiano preso allá; entrevístalo, habla con él", y está montando una obra de teatro con los presos. Ese es el motivo de la primera conversación… o de la conversación, porque de todos modos han estado en fiestas, reuniones, cosas en que están todos. Él llega directo y hay amistad con Octavio Paz, con Carlos Fuentes. Entonces Elena se propone hacer un trabajo sobre la cárcel y mi papá, que en eso es más viejo, más maduro, dice de alguna manera: "Ten cuidado de comprometer tu vocación literaria en un trabajo periodístico encargado". Hay una muy pequeña correspondencia que dura seis, siete meses y en ella se puede ver lo que él era, no literariamente, sino la persona hablada. Ahí ves tú, claramente, la calidez, la entrega que hay en la relación, la cercanía que ofrece, el cuidado que le ofrece a la otra persona… es muy bonito eso. Digamos que Elena escoge un camino que es hacer esos libros que se nutren también del periodismo o que trenza eso, y un apego por la realidad mexicana que mi papá no ve así… bueno, esas son suposiciones que yo hago. Con Elena siente una cercanía estupenda porque ella es polaca; él ama Polonia, ha trabajado para Polonia desde el exilio, con Casimiro Eiger han hecho una especie de oficina del Gobierno polaco en el exilio, en el que trabaja mi papá, hay un periódico de divulgación, se comunican en francés, traducen cosas, etcétera; él quiere eso. Pero los quehaceres después de la vida los separan, pero es una amistad que dura un tiempo corto; uno ve qué clase de amistad ofrecía él y son muy bonitas esas cartas por eso: son diáfanas; uno ve qué clase de confianza brinda, por qué da alas el trato con Mutis. Esa es la relación con Elena y ella es una niña, es una muchacha. Y con Octavio Paz… es que él tiene cien libros publicados sobre poesía, sobre pintura, sobre arte, sobre todo, sobre México, y la manera de conversar sobre México, de entenderlo y de compartir con él. Es editor, traductor, ensayista, poeta, tiene abierta la editorial para gente de América en México; ¡cómo no tener contacto con él! Ahora tenemos es como una suerte de venganza con toda persona que haya tenido un prestigio tan grande como él. Pero nadie se atreve a decir por qué, y es porque nadie se lo ha leído todo. Entonces primero hay que leerlo; hay que respetar lo que es respetable; hay cosas que son demasiado importantes, demasiado inteligentes, lúcidas, abarcan demasiadas cosas. Algunos han dicho que no todo es de primera mano... ¡pero es que en América nada es de primera mano en ese aspecto! Él es la persona que está atenta, que sabe quién es Carlos Martínez Rivas en Nicaragua, quién es Micheaux o Perse o la poesía hindú. En eso hay una celebración de las letras, de la literatura, del arte, de todo. Con toda esa cantidad de pintores que hay, suizos, de todas partes, México es un refugio de todo. ¿Dónde más está eso? Pues ahí. Nosotros metemos una cizaña tremenda en eso y rompemos una cosa que estuvo unida y es la cosa bonita.

S. D. B.: En cuanto a la añoranza... cinco años después de que se fue, ¿cómo es recordarlo?

S. M.: Está más cerca que nunca. Me duele por todo eso que hemos hablado: por la cercanía, por la calidez, por la alegría. Es perder a alguien que lo quiere a uno; el que pierde es uno, pero también el no estar intensifica la búsqueda, la cercanía. Entonces viene mucho, constantemente. No he parado de escribir sobre él... es por no soltarlo.

S. D. B.: Si pudieras definirlo en una palabra, ¿cuál sería?

S. M.: Alegría. ¡Qué bárbaro! ¡Qué preguntas tan bárbaras todas! ¡Qué entrevista tan intensa![5]

---

[5] Apartados de esta entrevista aparecieron publicados en los diarios *El Tiempo* y *El Espectador*, en ese mismo año, bajo la autoría de Juan Camilo Rincón y Santiago Díaz Benavides, y Santiago Díaz Benavides, respectivamente.

Entrevista a Juan Villoro
27 de julio de 2018

"... es innegable que ha recuperado para la literatura las anécdotas trepidantes que parecían monopolio de los expertos en efectos especiales".[6]

Juan Villoro sobre Álvaro Mutis.

Ciudad de México es esa colcha de retazos de imperios lejanos o destruidos que se ha edificado, a su manera, como una de las más grandes ciudades de Latinoamérica. Para el autor mexicano Juan Villoro, ganador del Premio Herralde en 2004, es una ciudad laberinto a la que, cuando se la conoce, cuesta dejar ir. Se edifica como una capital horizontalmente más grande que la nuestra, y que ha decidido transformarse para mirar hacia arriba. El límite es ese suelo que todos esperan sea capaz de sostener la mole, pese a haber sido un gran lago en el inicio de los tiempos.

En las obras de Villoro es casi ineludible encontrar las similitudes de la capital mexicana con Bogotá: el caos del tránsito, los afanes y lo pintoresco, la fama erótica del lechero y las ceremonias capitales, lo pagano y lo religioso, la modernidad, la pobreza, los barrios construidos sin visión urbanista, la vida que no se ha planeado.

En México entero, como en Colombia, se expresan las complejidades y contradicciones de la pertenencia. Se ama y se odia lo que se conoce, pero también lo que se imagina, pues el "aguante no depende de la épica, sino de la imaginación: sale a la calle a cumplir ficciones y se incorpora al relato" de ciudades que rebasaron "el urbanismo para instalarse en la mitología".

Juan Villoro: La de México y Colombia ha sido una relación muy fecunda; ha habido muchos escritores colombianos que han vivido en México como Porfirio Barba Jacob; algunos han vivido transitoriamente como Héctor Abad Faciolince, un autor de su generación. Otros más han hecho aquí gran parte de su obra como García Márquez, Fernando Vallejo y Álvaro Mutis, de modo que hay muchas afinidades electivas entre la literatura mexicana y la colombiana.

---

[6] Villoro, J. "El metal imaginario. Una lectura de Amirbar". En: Mutis Durán, S. (ed.). *Tras las rutas de Maqroll el Gaviero. 1988-1993*. Bogotá: Instituto Colombiano de Cultura.

J. C. R: ¿Tu obra ha sido influenciada por algún autor colombiano? ¿Quién o quiénes?

J. V: Es difícil responder todo lo que alguien como yo le debe a la literatura colombiana. Yo, como tú, también soy del periodismo y, sin duda alguna, uno de mis grandes modelos ha sido Gabriel García Márquez, especialmente el de los textos costeños, estos escritos que hacía en su juventud, donde redescubría los misterios de la vida diaria. Yo creo que el realismo mágico de García Márquez se forja en su minuciosa observación de la realidad y eso está en aquellas jirafas que escribía en los periódicos costeños. Un libro como *Relato de un náufrago*, sin duda es una pieza maestra del periodismo entendido como gran literatura hecha bajo presión. El García Márquez de *Crónica de una muerte anunciada* es fascinante porque explora ese límite borroso entre la realidad y la ficción... convirtió un muy largo ensayo en una novela breve. Está el caso de Álvaro Mutis que fue un gran amigo mío; como poeta y novelista tiene una obra deslumbrante. La intensidad idiomática de un autor como Fernando Vallejo con *La virgen de los sicarios* o *El desbarrancadero* me parece una prueba extraordinaria de que la literatura puede trabajar a partir de la disonancia y convertir el rencor en un atributo del arte. No soy poeta, pero he leído con muchísimo gusto a José Asunción Silva, Eduardo Carranza, Aurelio Arturo y tantos otros poetas colombianos. Autores más cercanos a mí en edad como Darío Jaramillo Agudelo me interesan mucho como narradores y también como poetas. De Héctor Abad Faciolince aprecio, como tantas otras gentes, *El olvido que seremos* y en general toda su búsqueda narrativa. Santiago Gamboa es otro autor muy cercano a mí. Estuve muy cerca de Juan Gabriel Vásquez cuando él era muy joven en la ciudad de Barcelona donde ambos vivíamos y me dio a leer el manuscrito de *Los informantes*; discutimos mucho este trabajo y creo que marcó un viraje significativo en su trayectoria. En fin, he tenido muchos modos de estar cerca de la literatura colombiana y creo que me ha marcado. Pertenezco a una generación a la que le interesó mucho la contracultura, la mirada juvenil y la incorporación de recursos de los medios masivos de comunicación a la escritura, y en ese registro para mí fue muy importante el descubrimiento de la novela de Andrés Caicedo, *¡Qué viva la música!*, que por cierto conocí gracias a Álvaro Mutis, un autor muy distinto a Caicedo pero que apreciaba esta literatura tan diferente a la suya. También me cautivó posteriormente el autor de críticas de cine que nunca dejaban de ser grandes piezas literarias. Entonces Caicedo es otro autor de referencia para mí.

J. C. R.: Cuando uno lee a Andrés Caicedo, encuentra elementos que comparte su obra con otras publicadas durante la contracultura en México...

J. V.: Así es. Hace algunos años, con el escritor mexicano José Agustín, que es doce años mayor que yo, hicimos un programa sobre la obra de Andrés Caicedo y sobre los elementos en común de las literaturas, sobre todo la relación de la música y las letras.

Santiago Díaz Benavides: ¿Cómo fue tu relación con Álvaro Mutis?

J. V.: Estar con Álvaro Mutis era una fiesta de la alegría y del afecto. Cuando él llegó a México yo tenía un mes de nacido y mi país ya estaba marcado por él. No recuerdo el día exacto que lo conocí, pero teníamos un amigo en común que era el escritor Alejandro Russi, venezolano, muy buen amigo de Álvaro, y a través de Alejandro comencé a frecuentarlo. Yo siempre estuve deslumbrado por esa voz enfática que ya conocía desde que escuchaba ese programa "Los intocables". En él encontré un amigo que me trató muy generosamente. Tuvimos algunas sesiones épicas... En una ocasión coincidimos –y esto te lo podrá contar también Santiago Mutis- en un encuentro para escritores en Cancún y ahí presentamos él y yo el mismo libro de Manuel Huacuja, sobre marinería. Él había navegado en una réplica de La Santa María, entonces era un libro muy cercano a la pasión de Álvaro por los misterios del mar. En gratitud, este autor consiguió un velero para que pudiéramos navegar de Cancún a Isla Mujer; pasamos todo un día en alta mar. Si yo tuviera que escoger diez días de mi vida, escogería ese como uno de los más provechosos pues escuché a Álvaro rodeado por el océano, por el mar Caribe, contando una y mil historias maravillosas. En otra ocasión fuimos a un coloquio en Puebla y me pidió que fuéramos juntos en auto, entonces compartimos todo ese trayecto. También presenté su libro *Amirbar* aquí en México en la década de los noventa. Y luego estuvimos en un proyecto que fue la Casa Refugio para escritores perseguidos que se inauguró aquí en México por iniciativa de Cuauhtémoc Cárdenas cuando en 1997 se convirtió en el primer jefe de gobierno democráticamente electo en la ciudad. Él es hijo del general Cárdenas, quien había dado acogida a los republicanos españoles, así que él tenía desde esas raíces una vocación de dar asilo a los perseguidos. Creó esta casa para escritores perseguidos por sus ideas, entonces por obvias razones, el primer presidente fue Álvaro Mutis porque él era un colombiano de México, alguien que conocía el exilio, la necesidad de encontrar una acogida en tierra extraña. Él, que era un hombre con ideas políticas peculiares porque se declaraba monárquico y legitimista, digamos un hombre anacrónico, tenía una gran solidaridad por los perseguidos fuera cual fuera la razón que los hubiera llevado a ser perseguidos. Yo formaba parte del consejo de esta Casa Refugio y ahí compartí muchas sesiones con él. Vi cómo Álvaro de inmediato hacía sentir bienvenidos a autores de Irak, de Irán, de las más diversas latitudes que llegaban en una situación convulsa a nuestro país y que encontraban en él a un amigo fraterno. Así como Maqroll el Gaviero tiene amigos dispersos en los más distintos puertos del mundo, así también Álvaro Mutis hacía que la gente se sintiera en casa, aunque viniera de lugares distintos.

S. D. B.: A cinco años de su fallecimiento, ¿cómo lo recuerdas?

J. V.: Como lector de Álvaro, yo siempre deseo encontrar otra escala marina en Maqroll el Gaviero. Me pregunto por qué puerto andará y qué nuevo descalabro podrá contarnos, porque las historias de Maqroll el Gaviero, como escribí en un texto, tienen mucho que ver con este destino trágico de los personajes de Joseph Conrad y sin embargo son muestras de resistencia, de solidaridad, de afecto por los demás. Como lector extraño eso. Como amigo de Álvaro Mutis extraño su calidez, las conversaciones infinitas en las que él podía contar la muerte de Pushkin en un duelo con lujo de detalles como si hubiera estado allí, sus anécdotas de juventud con García Márquez, su paso por el mundo de la publicidad, la distribución de películas, sus viajes por toda América Latina, sus romances fantasiosos o reales… todo esto es un acervo maravilloso. Era un gran narrador oral y ¡claro que lo extraño! También la solidaridad que le mostraba a los colegas, muy especialmente a los que habían llegado a México perseguidos por sus ideas.

S. D. B.: Mutis en una palabra.

J. V.: Una no, algunas: la fiesta de la amistad.

Entrevista a Jorge Volpi
Abril de 2018 y febrero de 2019

En décadas recientes hemos venido conociendo a los abanderados de ese movimiento que leyó y admiró a Gabo, Fuentes, Vargas Llosa y Donoso, entre otros, pero que también se dio a la tarea de contar lo que faltaba, lo que somos hoy. Ya no hay más Macondo ni Comala, ahora aparecen Cali y Monterrey, y el insomnio de Bolívar es narrado por otras manos y con nuevas letras.

En la obra del escritor mexicano Jorge Volpi, ganador del Premio Alfaguara en 2018, es recurrente la pregunta por la nueva identidad de los pueblos al sur del río Bravo: "Nos sentimos felizmente latinoamericanos aunque en la práctica desconociésemos todo, ¡vaya, casi todo! de los demás" afirma el autor. Y es que nos desconocemos, pero a la vez sabemos lo mucho que tenemos en común. Sabemos que compartimos desgracias y también remedios: Volpi nos permite sentir cómo la literatura ayuda a expulsar demonios y enfrentar realidades que ya son parte de una novela criminal[7].

Jorge Volpi: Nos gustaba la idea de la onomatopeya inglesa para hacer referencia al *boom*. Fue en la misma época en la que también apareció la antología McOndo de Alberto Fuguet y nuestra idea era regresar al origen del *boom* porque estábamos un poco hartos de la obligación del escritor latinoamericano de hacer realismo mágico. Nos gustaban las grandes novelas del *boom*, ambiciosas, polifónicas, que eran capaces de crear grandes narrativas y esa era nuestra reivindicación en su momento. Publicamos un manifiesto del crack, publicamos varios libros en esa idea de grupo y luego todavía pasados 20 años alcanzamos a publicar un posmanifiesto del crack como para celebrar de alguna manera también un tanto irónica nuestro manifiesto original. Pero el mismo año que escribimos el posmanifiesto murió Nacho Padilla y para nosotros, o por lo menos para mí, simbólicamente, es como si en ese momento hubiese acabado el crack. Yo sigo siendo muy amigo de Pedro Palou, de Eloy Urroz, de Alejandro Estivill, de los demás miembros, pero ya no creo que exista ese grupo. Ahora, para mí sigue siendo importante y creo que,

---

[7] Díaz Benavides, S, y Rincón, J. C. (2018). "Jorge Volpi: 'escribo para vivir otras vidas distintas a la mía'". *El Espectador*. En: https://www.elespectador.com/el-magazin-cultural/jorge-volpi-escribo-para-vivir-otras-vidas-distintas-a-la-mia-article-754902/

de alguna manera u otra, todo lo que he escrito sigue estando marcado por lo que ya estaba ahí en el manifiesto.

Santiago Díaz Benavides: Las inquietudes de estos amigos, de estos autores, siempre rondan el concepto político y se nota mucho en tu obra. ¿Por qué esta inquietud de indagar en la forma en que nos gobiernan, y nuestra forma de ser latinoamericanos?

J. V.: No sé. Yo creo que eso tiene que ver... En la escuela preparatoria, en el último año, estuve con un grupo muy político que luego la mayor parte de los estudiantes de ese grupo nos fuimos a estudiar Derecho a la Universidad Nacional. Yo lo hice porque lo que me interesaba, de entrada, era la política, entonces para mí la combinación de la literatura con esto en realidad se quedó manifestando en uno de los centrales que me han ocupado en muchos de mis libros, que es el poder. El poder no solamente político, sino el que es ejercido en todas sus manifestaciones: el poder que tiene el conocimiento, el poder en las relaciones humanas, en las relaciones amorosas... Creo que de ahí viene... y de una tradición latinoamericana que se está acabando un poco, pero en México no deja de seguir existiendo: la idea del intelectual público y el escritor que opina sobre lo que pasa en su país y en el mundo, sobre los asuntos de interés general. Entonces creo que es ahí donde hubo esa coincidencia de lo literario con la crítica política o con el poder como centro de temas literarios.

Juan Camilo Rincón: En una entrevista con Sergio Ramírez, él nos decía que *Una novela criminal* tenía rasgos y características de la novela negra latinoamericana. ¿Qué elementos y qué autores se evidencian como influencia del género en tu obra?

J. V.: Me decía ayer Santiago Gamboa que esta es una novela negra, no porque yo haya querido escribir una novela negra, sino porque lo negro está en la realidad latinoamericana o en la realidad mexicana. Entonces, en realidad yo no me había planteado escribir una novela negra o escribir una novela policíaca, pero por supuesto, termina siéndolo porque la realidad misma obliga a ver cómo funcionan la policía y el sistema de justicia en un país como México y, por lo tanto, los visos de la novela negra. Yo al escribirla no estaba pensando –aunque, desde luego, he leído mucha novela negra y policíaca, sobre todo en otras épocas de mi vida– en esa tradición al escribirla. O sea, yo sí pensaba: si queremos modelos latinoamericanos, una *Operación Masacre* de Rodolfo Walsh, me parece la primera novela sin ficción en nuestra lengua, y probablemente la primera novela sin ficción del siglo XX o en Asesinato, una novela sin ficción de Vicente Leñero, el escritor mexicano, quizá un tanto olvidada ahora, más que estar pensando directamente en novela negra latinoamericana.

J. C. R.: ¿Cómo es tu relación con la literatura colombiana? ¿Hay alguna influencia de ella en tu obra?

J. V.: Colombia es un país que me gusta muchísimo. He venido todos los años desde el noventa y nueve; en realidad he venido más de veinte veces a Colombia. Es un país que quiero mucho y, por lo tanto, en el que tengo muchos amigos. En el noventa y nueve cuando publiqué *En busca de Klingsor* conocí a mis primeros amigos colombianos que fueron Santiago Gamboa y Mario Mendoza, y muy pronto conocí a otros de su generación: a Ricardo Silva, a Jorge Franco. Luego, en cada vuelta, a distintos escritores: a Pilar Quintana... muchos otros. Y como vengo muy seguido, siempre intento ver qué es lo que se está publicando, cuáles son las novedades y le pido a mis amigos que me recomienden siempre; entonces intento estar más o menos al tanto de la literatura colombiana. Ahora, influencias: lo terrible para mí sigue siendo que, en nuestros países, nuestros libros siguen circulando muy poco. El Premio Alfaguara obviamente rompe eso y permite que se publique en todos lados simultáneamente, pero esa es la excepción. O sea, la regla es que pocos libros de pocos escritores mexicanos circulan realmente entre los lectores colombianos y a la inversa, fuera de los autores canónicos, fuera de García Márquez o de Vallejo, o de unos pocos más.

J. C.: ¿Hay alguna influencia de la literatura de García Márquez o Mutis sobre tu obra?

J. V.: Sí, bueno, a los dos los conocí. Primero a Álvaro Mutis; era amigo de Pedro Ángel Palou, mi amigo cercano, y lo vi varias veces porque él organizaba unos encuentros en la Universidad de Las Américas, y llegué a convivir dos semanas con Álvaro Mutis; me parecía un tipo fantástico. Desde luego lo leí en esa época, me gustó muchísimo. Y a García Márquez también lo conocí, a través de Carlos Fuentes. Después de que yo gané el Premio Biblioteca Breve, Carlos Fuentes me escribió, fue muy gentil, muy generoso; nos hicimos amigos ahí sí, y como era tan amigo de García Márquez, en la siguiente Feria de Guadalajara lo conocí, y luego conviví con él unas cuantas veces. Lo vi ya cerca de su muerte también en alguna ocasión; lo invité al homenaje que organicé en México cuando Carlos Fuentes cumplió 80 y, desde luego, la influencia fue enorme. Por supuesto, me parece uno de los mayores escritores de la historia. Mutis, por otro lado, es un universo muy interesante. No es el universo en el que yo me reconocería; por eso no me influenció tanto, pero me gustan muchísimo tanto la prosa como su poesía.

Entrevista a Fabio Jurado Valencia
Agosto de 2018

Juan Camilo Rincón: ¿Cómo fue su relación con México?

Fabio Jurado Valencia: Yo viví allá seis años; Mario Rey fue el que se quedó, de nuestra generación; el resto nos regresamos. Yo salí de Cali para México en 1980 en un momento en el que muchos de quienes habíamos participado en grupos de izquierda, de la Universidad Santiago de Cali y de la Universidad del Valle, estábamos afrontando una situación muy difícil a nivel político. En la década del setenta hice la carrera y paralelamente era profesor de Lengua y Literatura en colegios privados. Es una década muy intensa de discusión y de formación de lectores analíticos, críticos, y uno de los autores más leídos –yo creo que no había otro autor más leído en Cali y en los pueblos del Valle– era Rulfo. Él estuvo en Cali en 1970 en un evento que organizaron Gustavo Álvarez Gardeazábal y otra gente. De los nacionales estuvo Fanny Buitrago y de los extranjeros estuvieron Manuel Puig y Camilo José Cela. El auditorio del Teatro Municipal se llenó completo para escuchar a los escritores, lo cual es una señal, porque todas las miradas se dirigían sobre todo a Rulfo, porque era el más leído, sin duda, y el más pirateado porque los libros que llegaban del FCE de México no eran suficientes para la demanda. Varios de los cuentos de Rulfo se adaptaban al teatro, porque es también la década del furor del Teatro Experimental de Cali, con todo el liderazgo y el empuje de Enrique Buenaventura. Cuentos como "Diles que no me maten", por ejemplo, se montaban en los colegios como una vía para acercar a los estudiantes a la literatura; así mismo el cuento "Anacleto Morones" se leía mucho y se adaptaba por su carácter cómico. Había un entusiasmo enorme en mí como profesor y trabajé mucho con Juan Rulfo porque era una entrada muy auténtica para lograr que los estudiantes leyeran su obra. Después de leer los cuentos, ya estaban preparados para leer la novela, que es una experiencia más exigente. Si han leído cuentos como "Luvina", "Talpa" o "El hombre", estos ya lo alistan para entrar al mundo de la novela de *Pedro Páramo*, donde tienen que hacer un esfuerzo de abstracción que les permita reconocer el carácter de mosaico de la novela y cómo encajar los mosaicos para poder reconstruir las dos historias fundamentales que la constituyen.

J. C. R.: ¿Cuál es la influencia de Juan Rulfo en los escritores colombianos? ¿Quiénes se vieron más influenciados por su obra?

F. J. V.: Yo creo que todos los escritores. Era un autor obligatorio para todos los que querían iniciarse en el campo de la escritura literaria y creo que todos supieron también tomar distancia del estilo de Rulfo porque, entre otras cosas, es muy difícil asimilarlo, por la hipótesis central que atraviesa este libro, que es: ¿cómo hacer que la oralidad logre representarse de una manera verosímil y auténtica en una escritura literaria decantada con lo que sería lo propio de la lengua castellana? No es simplemente el traslado de las voces de los campesinos, sino cómo la escritura representa esa oralidad. La de Juan Rulfo es una escritura controlada por el autor, dada por la intención de lograr que haga sentir que se está escuchando y no leyendo. Ese es el efecto grandioso logrado por Rulfo y que no es fácil de conseguir. Además, había en él una ética profesional del escritor; él no cayó en la tentación de publicar cualquier cosa.

J. C. R.: ¿Sí existe una relación verdadera y profunda entre la obra de Gabriel García Márquez y Juan Rulfo?

F. J. V.: Sí. Yo voy a México por Rulfo. Además de la situación política vivida en Colombia, que nos sentíamos ahogados quienes hacíamos parte del movimiento cultural, artístico y político de los setenta, yo llego a México en 1980 con la perspectiva de profundizar en la obra de Juan Rulfo y en la literatura mexicana, desde la antigua hasta la contemporánea: Mariano Azuela, Octavio Paz…Ingresé a la Maestría en Letras Iberoamericanas en la UNAM; los asesores de mi trabajo fueron José Pascual Buxó[8] y Helena Beristáin. Buxó ofrecía un curso sobre semiología del texto, que era lo que me interesaba como fundamento teórico para ahondar en la obra de Rulfo. Luego empecé el doctorado en el 83 y mi tesis fue un análisis sobre el lugar de la literatura mexicana en los libros de texto colombianos, acentuando en el diálogo entre Colombia y México. Los colombianos que vivíamos en México también tuvimos un taller de literatura llamado Porfirio Barba Jacob; éramos unos ocho que fundamos ese taller con sesiones cada ocho días, en las que nos leíamos y analizábamos.

J. C. R.: ¿Cómo puede describirse la relación literaria entre Colombia y México?

F. J. V.: Se ha planteado un diálogo cultural entre Colombia y México no del siglo XX, no en la contemporaneidad, sino desde el siglo XVII. El punto de partida de los datos que tenemos –puede haber otros datos seguramente anteriores, pero estos son con los que conta-

---

[8] Catedrático, filólogo, escritor, poeta y académico mexicano de origen español.

mos– es la obra de Francisco Álvarez de Velasco y Zorrilla. Uno infiere que había autores de la época que asumían que la poesía solo era posible en la lengua considerada culta en aquel entonces, que era el latín. Entonces cuando él recibió en sus manos y leyó *Inundación castálida* de Sor Juana Inés de la Cruz, siendo un poeta místico que escribía más en latín que en español, reconoce que la lengua de este lado del mundo es muy propicia también para la poesía y acomete un proyecto de reivindicar y explicar la obra de Sor Juana. Uno logra meterse en la obra y el mundo de Sor Juana a través de la poesía de Francisco Álvarez. El punto de partida de ese diálogo cultural está allí. Luego, a través de la historia se dan muchos eventos en los siglos XVIII y XIX, cuando se conoce la historia del general Melo, por ejemplo, que salió huyendo del país en estas guerras civiles. Él llega a Chiapas y lucha al lado de Benito Juárez; se pone de su lado y muere en Tuxtla Gutiérrez. Hay un poeta colombiano, Ricardo Cuéllar, que reconstruyó toda la historia del general Melo. Pero es hacia finales del siglo XIX, cuando *María* de Isaacs llega a México, que ese país vuelve la mirada hacia Colombia; muchos filósofos, escritores, profesores universitarios se interesan por esta novela y aparecen notas críticas sobre *María*. Luego el siglo XX es el más intenso del encuentro cultural, político, científico, académico entre Colombia y México, sobre todo en el campo de las artes. Ahí hay que referenciar la obra de Porfirio Barba Jacob, que llega en los primeros años del siglo XX y es prácticamente adoptado por el papá de Alfonso Reyes, Bernardo Reyes, que tenía un periódico en Monterrey, donde se inicia como cronista. El libro de Fernando Vallejo, *Barba Jacob el mensajero*, es muy ilustrativo sobre esa experiencia; es un trabajo etnográfico muy bueno. Mi libro *México en la poesía colombiana* trata de mostrar ese diálogo desde la literatura misma. Se trata de ver cómo aparece representado México en la poesía colombiana como espacio geográfico y territorio cultural y, por lo tanto, como lugar de escritores que fueron influyendo progresivamente en los poetas, novelistas y ensayistas en Colombia. Luego se va a ver, sobre todo a partir de García Márquez, lo contrario: la literatura colombiana es un referente para la literatura mexicana. No podemos perder de vista en esta travesía literaria y cultural la figura de Álvaro Mutis, que salió también huyendo del país en estos escenarios políticos tan agudos que hemos padecido. Allá por un asunto de tipo judicial estuvo en la cárcel de Lecumberri. Allí se vive también una experiencia muy intensa por parte de los escritores mexicanos porque ya conocían la revista *Mito*, donde aparece Alfonso Reyes en el Comité de Redacción, donde va a publicar Carlos Fuentes el primer ensayo sobre *Pedro Páramo*. Octavio Paz también escribía ensayos breves, reseñas analíticas sobre poetas colombianos como Charry Lara y Mutis. En la literatura tenemos muchos nombres, pero no podemos perder de vista los otros campos. En las artes plásticas Rómulo Rozo, en la escultura y el dibujo; también Arenas Betancourt, cuya obra fue más amplia y lo quisieron mucho. Y bueno, todos los pintores clásicos reconocidos de este siglo pasaron por México, como es el caso de Botero. Hay una escuela de artes plásticas muy fuerte, una es la Academia de San Carlos, que depende de la UNAM, y La Esmeralda, que es privada, donde confluyen pintores de todo el mundo, sobre todo colombianos. Más allá de la pintura tendríamos que hablar también del cine, de quienes estudiaron en el CUEC, que es la escuela de Estudios Cinematográficos de la UNAM, como Carlos Barriga. Por allá han pasado muchos colombianos que son guionistas en cine independiente. Además está la academia; hay un diálogo importantísimo entre la UNAM y la Universidad Nacional de Colombia, sobre todo en las Ciencias físico-naturales y Humanidades, que ha sido muy fructífero.

J. C. R.: ¿Fue influyente la presencia de Julio Flórez?

F. J. V.: Hay muy poca información sobre la visita de Julio Flórez. Pero todos los poetas que llegaban a México eran muy bien recibidos y ya tenían al menos un libro publicado o sus poemas circulaban en las revistas, porque también se publicaba en las revistas mexicanas a los poetas colombianos, y viceversa.

J. C. R.: ¿Qué revistas mexicanas eran el equivalente de *Mito* acá, que publicaron a los colombianos allá?

F. J. V.: La *Revista Mexicana de Literatura*, que existe todavía, y de la que fue director Carlos Fuentes. Había un intercambio de trabajos con *Mito*.

Entrevista a Julieta Venegas
Mayo de 2022

¿Cuáles son tus escritores y escritoras colombianas favoritas?

Pues mi favorita es Carolina Sanín, de los más jóvenes, y Vanessa Londoño, con *El asedio animal*. También he leído a Andrés Caicedo; me gustan los clásicos como Juan Gabriel Vásquez. Siempre estoy buscando autores colombianos y tengo uno muy raro que no es de novela o de narrativa, que es Germán Castro Caicedo. Me gustaron mucho un par de libros que escribió sobre el Amazonas, *Mi alma se la dejo al diablo*. ¡Me encanta ese libro!

¿Cuáles autores o autoras te inspiran para componer?

Todo lo que estoy leyendo siempre me empuja. Uno de mis novelistas favoritos es el estadounidense Jonathan Franzen. Clarice Lispector siempre me mueve mucho; la poesía de Ida Vilariño, de Rosario Castellanos. En cada momento hay una literatura diferente que me mueve. También me ha marcado mucho Elena Garro; Rulfo me fascina. Me pasa que alguno me remueve y siento que quiero escribir algo sobre eso. No es que leo algo y escribo sobre eso, sino que se me va quedando siempre como una sensación; hay unos que me mueven mucho. La poesía es siempre una gran inspiradora.

¿Te gusta más la ficción o la no ficción?

Me gusta de todo. Tengo temporadas de lo uno y de lo otro. Ahora soy más narrativa; me gustan las novelotas más que los cuentos; novelas que me comprometen a una historia más profunda y sus personajes. Luego tengo temporadas donde leo más ensayo personal. Hay una escritora que se llama Olivia Laing que me gusta mucho; es ensayista pero conecta muchos temas como vidas de diferentes escritores o artistas; establece muchas conexiones muy bonitas.

¿Has escrito alguna vez algún poema, algún cuento…?

Me gusta mucho escribir diarios porque siempre he tenido una gran relación con la palabra. Hay algunos ensayitos por ahí, que he publicado, pero son cosas muy simples, más bien de cosas que pienso… Creo que no tengo la disciplina. Me parece monumental eso de escribir. Admiro mucho a la gente que se dedica a eso, porque vivir en tu cabeza debe ser una locura; ¡debe ser muy difícil! Cuando escribo canciones, que es un formato mucho más chiquito, hago una y ya necesito irme a otro lado, empezar a encontrarme mis cómplices con quienes voy a construir esa canción, a que suene y tal.

¿Cómo ves la relación entre nuestros países?

Veo que hay mucha afinidad, sobre todo en la música popular. Acá en Colombia entienden mucho la música ranchera. El otro día estaba escuchando algo de la música popular de acá y se parece mucho al grupero de México. Tenemos muchas cosas en común y hay mucha cercanía. Somos países muy cercanos en muchos sentidos, aunque también somos diferentes en eso de ser ustedes muy caribe. Hay mucha afinidad musical.

Entrevista a Laura Restrepo
Mayo de 2022

¿Cómo ves la relación cultural entre Colombia y México?

Es raro, porque somos como la misma gente y al mismo tiempo tenemos unas diferencias tan grandes, que yo siento más por barreras comerciales que otra cosa. Recuerdo que cuando era joven nosotras nos sabíamos todas las rancheras. Yo me sé más rancheras que cualquier mexicano, me sé unas que ellos ya no cantan. Las serenatas eran con los mariachis y lo mexicano estaba muy vivo. Todo el mito de la Revolución mexicana, Pancho Villa y Emiliano Zapata era como nuestra historia también. Yo siento que eso se ha enfriado porque los países se han compartimentado mucho. No sé si tú lo sientes como algo en el fondo doloroso. Dice uno: pero, ¿por qué? A mí me gusta que Bos Mutas habla en mexicano, habla en colombiano, en argentino… en ese revoltijo de idiomas que es nuestro idioma.

Como Maqroll…

Maqroll también, ¿cierto? Es que Mutis era un genio para hacer esos personajes móviles que van por todos lados. Bueno, hay que trabajarle, volver a abrir las puertas. Era una cultura tan deliciosa. Los mexicanos son absolutamente hábiles para mantener vivos los mitos.

Cuéntame un poco sobre *La isla de la pasión*…

Nació por el exilio. Yo salí exiliada de acá después del proceso de paz con el M-19. Empezaron las amenazas y fui a parar a México. Todas las investigaciones que había hecho aquí se quedaron enmochiladas; en ese tiempo no había Internet, y yo necesitaba seguir escribiendo. Por ahí alguien me dijo: allá hay una isla donde sucedió una historia maravillosa. En ese momento, sin un peso y sin título, porque yo no era reportera de nadie, me fui por México en bus y en tren, de pueblo en pueblo, recopilando esta historia, con esa delicia que es la avidez de la gente cuando le preguntas por su historia. La gente sabe que vivir ha sido toda una aventura, un pedaleo muy fuerte, y que de pronto se ya se van a morir y nadie se enteró. Entonces la recepción en esos pueblos a caballo, almuerzos con el alcalde, y al otro día en el diario local: "Famosa historiadora colombiana viene a Orizaba a averiguar la historia de nuestro pueblo, inspirada en el mito…". Era genial; era muy lindo porque no tenían ni idea de quién era yo; era una niña ahí con una falda larga y unas chanclas, y acababan abriéndome los archivos. La avidez de América Latina de que sus historias se conozcan. Así salió esta *Isla de la pasión*. Fue el hijo del exilio. Para construirlo hablé mucho con las familias y los sobrevivientes de esa historia. La gente de la Marina norteamericana se portó muy bien; fue otro gran filón para contar el cuento. Al principio, cuando se publicó en México, no le fue nada bien. Decían que los personajes mexicanos hablaban en colombiano, que quién se iba a creer eso. Al principio eso no pegó allá porque además era una mezcla de reportaje con ficción, que en ese tiempo no se usaba; se preguntaban si era novela, si era historia, si era ensayo. Costó trabajo, pero el libro poco a poco se hizo camino y hoy en día es reconocido como parte de una trayectoria literaria de México.

Agradecimientos

Este libro tiene un delicioso sabor gracias a las entrevistas que me fueron concedidas por los escritores y creadores cuyos valiosos aportes e historias –algunas de ellas inéditas– hoy nos permiten aproximarnos a una comprensión más amplia sobre lo rica y valiosa que ha sido la relación artística y cultural entre Colombia y México.

Al Ministerio de Cultura de Colombia y el Fondo Nacional para la Cultura y las Artes (Fonca, México) por darme la oportunidad de continuar esta investigación.

Un sentido agradecimiento a la Biblioteca Nacional de Colombia que me abrió sus puertas, permitiéndome profundizar en los archivos personales de Germán Arciniegas.

A la Fundación Leo Matiz en manos de su directora Alejandra Matiz, por permitirme el acceso al acervo del gran fotógrafo colombiano.

A Santiago Díaz y a Jimena Cortés por ser parte valiosa de mis encuentros con varios de los entrevistados.

Por supuesto, a mis padres, a mi esposa y a mis gatos por acompañar las letras y los tiempos en estos diez años de investigación.

Bibliografía

Acosta, D. "René Rebetez, el hijo del relojero". *Letralia. Tierra de Letras*, año XV, nº. 236, 19 de julio de 2010. Recuperado de https://letralia.com/236/articulo04.htm

Agustín, J. (2007). *La contracultura en México. La historia y el significado de los rebeldes sin causa, los jipitecas, los punks y las bandas.* México: Debolsillo.

Altamirano, C. (Dir.). (2008). "Introducción general" en *Historia de los intelectuales en América Latina, Volumen 1. La ciudad letrada, de la conquista al modernismo.* Buenos Aires: Katz.

Amórtegui, O. (1945). *Julio Flórez.* Bogotá: Prensas de la Biblioteca Nacional.

Aparicio, A. (2010). "Economía Mexicana 1910-2010: Balance de un Siglo". Facultad de Economía de la Universidad Nacional Autónoma de México. Recuperado de www.economia.unam.mx/profesores/aaparicio/Econom%C3%ADa.pdf

Araújo Castro, S. (2009). "No quiero epitafio". *El Espectador.* En: http://www.elespectador.com/impreso/cultura/articuloimpreso157267-no-quiero-epitafio Consultado el 01/10/2017.

Arciniegas, G. (1989). *El continente de siete colores.* Bogotá: Santillana.

Arenas Betancourt, R. (1975). *Crónicas de la errancia, del amor y de la muerte.* Bogotá: Instituto Colombiano de Cultura.

Atkinson, T., Gallwitz, T. y Mutis, Á. (1970). *Botero.* Catálogo de la exposición retrospectiva en cinco museos alemanes. Munich: Ediciones de la Galería Buchholz.

Aub, M. en Varios autores. (1971). "Los orígenes de la novela de la Revolución mexicana" en *Panorama actual de la literatura latinoamericana.* La Habana: Casa de las Américas y Fundamentos.

Ávila, S. "Arte de México que influyó a Colombia". *Excelsior.* 19/02/2014. Recuperado de: http://www.excelsior.com.mx/expresiones/2014/02/19/944557

Ayén, X. (2019). *Aquellos años del boom.* Bogotá: Penguin Random House.

Barba Jacob, P. (1937). *La canción de la vida profunda y otros poemas.* Manizales: Imprenta Departamental.

Barrera, T. (1999). "Álvaro Mutis o la poesía como metáfora". *Anales de Literatura Hispanoamericana,* n.° 28. Universidad de Sevilla. Recuperado de http://revistas.ucm.es/index.php/ALHI/article/viewFile/ALHI9999120473A/22695

Biblioteca Nacional de Colombia. Carta de Alfonso Reyes a Germán Arciniegas. Colecciones de Archivos. Germán Arciniegas.

_____. Carta de Octavio Paz a Germán Arciniegas, 20 de mayo de 1963. Colecciones de Archivos. Germán Arciniegas.

_____. Carta de Rodolfo Usigli a Jesús Silva, 8 de junio de 1965. Colecciones de Archivos. Germán Arciniegas.

_____ y Ministerio de Cultura. "Alfonso Reyes. (1914-1988)". Colección "La historia que se convirtió en *Mito*. 1955–1962". Biblioteca Nacional de Colombia y Ministerio de Cultura. Recuperado de http://recursos.bibliotecanacional.gov.co/revistamito/personaje?id=8

_____. "Octavio Paz. (1914-1988)". Colección "La historia que se convirtió en *Mito*. 1955-1962". Biblioteca Nacional de Colombia y Ministerio de Cultura. Tomado de: http://recursos.bibliotecanacional.gov.co/revistamito/personaje?id=21

Bizarri, G. (2002). "La recuperación de la novela de aventuras en la narrativa de Álvaro Mutis: ¿descubrimiento de nuevos caminos míticos o jocosas refracciones de la posmodernidad?". *Anales de Literatura Hispanoamericana,* Vol. 31. Universidad de Pisa. Recuperado de https://revistas.ucm.es/index.php/ALHI/article/viewFile/ALHI0202110283A/22138

Bourdieu, P. (2002). *Campo intelectual, campo simbólico.* Buenos Aires: Montressor.

Buxó, J. P. (1999). "El poeta colombiano enamorado de Sor Juana". Bogotá: Plaza & Janés, Universidad Nacional de Colombia y Universidad de Los Andes. Recuperado de https://goo.gl/pJNyME

Cámara de Diputados/LII Legislatura. (1983). *Simón Bolívar Ciudadano de la República Mexicana. Homenaje al Libertador en el bicentenario de su nacimiento.* México: Imprenta Madero.

Charry Noriega, C. (Ed. y comp.). (2022). *Acá empieza el fuego. Emilia Ayarza.* Biblioteca de Escritoras Colombianas. Bogotá: La Jaula Publicaciones y Sincronía Casa Editorial.

Cobo Borda, J. G. (1987). *Arciniegas de cuerpo entero.* Bogotá: Planeta.

_____. (1998). *Para leer a Álvaro Mutis.* Bogotá: Planeta.

Cruz, E. "Juan Rulfo en Cali". Revista *La Jornada Semanal.* Domingo 19 de junio de 2011, No. 850. Recuperado de http://www.jornada.unam.mx/2011/06/19/sem-eduardo.html

Cruz Vásquez, E. (2015). "Una temporada con Berny". *Milenio.* En: http://www.pressreader.com/mexico/milenio/20150124/282643210952531

De Diego, J. L. (s. f.). "La edición en Argentina". Recuperado de http://www.cervantesvirtual.com/portales/editores_editoriales_iberoamericanos/edicion_en_argentina/

De Greiff, L. (1973). *Nova et vetera.* Bogotá: Tercer Mundo.

Donoso, J. (1983). *Historia personal del "Boom".* Barcelona: Seix Barral.

Düring, I. y Gutiérrez Girardot, R. (1962). *Dos estudios sobre Alfonso Reyes.* Madrid: Ínsula.

Echavarría, R. (1998). "Álvarez de Velasco y Zorrilla, Francisco". En: *Quién es quién en la poesía colombiana.* Bogotá: Ministerio de Cultura y El Áncora Editores. Tomado de: http://www.banrepcultural.org/blaavirtual/literatura/quien/quien1a.htm

Fiorillo, H. (2000). *Nada es mentira. Crónicas y otros textos.* Bogotá: Planeta.

Fuentes, C. (1967). "Aviso sobre *Cien años de soledad*". *Revista Mundo Nuevo.*

_____. (2007). "Para darle nombre a América" en *Cien años de soledad.* Edición conmemorativa de la Real Academia Española. Bogotá: Real Academia Española.

_____. (2011). *La gran novela latinoamericana.* México: Alfaguara.

Galeano, E. (2012). *Los hijos de los días*. Madrid: Siglo XXI.

García Aguilar, E. (inv., sel. y pról.). (2009). *Porfirio Barba Jacob. Escritos mexicanos*. México: Fondo de Cultura Económica.

García Márquez, E. (2003). *Tras las claves de Melquíades*. Barcelona: Debolsillo.

García Márquez, G. (1980). *Juan Rulfo. Homenaje nacional*. México: Instituto Nacional de Bellas Artes - Secretaría de Educación Pública.

_____. (1984). "El argentino que se hizo querer por todos". *Revista Casa de las Américas*. N° 145, julio – octubre.

_____. (1989). *El general en su laberinto*. México: Oveja Negra.

_____. (2002). *Vivir para contarla*. Bogotá: Norma.

_____. (2007). "Mi amigo Mutis. Álbum de Maqroll el Gaviero". Bogotá: HJCK, Alfaguara, *El Espectador*.

_____. (2007). *Cien años de soledad*. Edición conmemorativa de la Real Academia Española. P. XVII.

_____. (s. f.). "Carlos Fuentes, dos veces bueno". Biblioteca Ayacucho. Publicado el 26 de junio de 1988 en *La Jornada*. En: http://www.bibliotecayacucho.info/wp/?p=1963

García Gutiérrez, R. (1998). "Jóvenes y maestros: los Contemporáneos bajo la tutela de José Vasconcelos, Pedro Henríquez Ureña y Alfonso Reyes". *Anales de Literatura Hispanoamericana*, Universidad de Huelva, no. 27. Revistas Científicas Complutenses. Recuperado de revistas.ucm.es/index.php/ALHI/article/viewFile/ALHI9898110275A/22898

García Morales, A. (1992). *El Ateneo de México (1906-1914). Orígenes de la cultura mexicana contemporánea*. Sevilla: Escuela de Estudios Hispano-americanos.

Glantz, M. (1971). "Onda y escritura: jóvenes de 20 a 33". Biblioteca Virtual Miguel de Cervantes. Recuperado de www.cervantesvirtual.com/obra-visor/onda-y-escritura-jovenes-de-20-a-33--0/html/c6a83f9b-dd2a-4036-9f90-127d008e44f4_5.html

Goez, C. R. (1947). *Geografía de Colombia*. México: Fondo de Cultura Económica.

Gómez Jattin, R. (1988). *Retratos*. Bogotá: Fundación Simón y Lola Guberek.

_____. (1989). *Hijos del tiempo*. Cartagena: Editorial Bolívar.

_____. (2004). *Amanecer en el Valle del Sinú. Antología poética de Raúl Gómez Jattin*. Bogotá: Fondo de Cultura Económica.

Gorostiza, J. (1996). *Poesía y poética*. Madrid: FCE, ALLCA XX, UNESCO.

Gutiérrez Viñuales, R. (2015). *Rómulo Rozo. Tallando la patria. Vol. I*. Bogotá: La Silueta, Cedodal y Favoh.

Henríquez Ureña, P. (1924). "La influencia de la Revolución en la vida intelectual de México" en Speratti, E. S. (Ed.) (2001). *Obra crítica. Pedro Henríquez Ureña*. México: Fondo de Cultura Económica.

_____. (1929). "Música popular mexicana" en Speratti, E. S. (Ed.) (2001). *Obra crítica. Pedro Henríquez Ureña*. México: Fondo de Cultura Económica.

HJCK. (s. f.). "Personajes HJCK. Juan Rulfo". Recuperado de http://www.hjck.com/personajes/juan-rulfo-9181986/20101229/nota/1404364.aspx

_____ (Ed.). (2007). *Álbum de Maqroll El Gaviero*. Bogotá: Alfaguara.

Instituto Nacional de Bellas Artes y Museo del Palacio de Bellas Artes. (2017). *Leo Matiz. El muralista de la lente. Siqueiros en perspectiva*. México: Museo del Palacio de Bellas Artes, Secretaría de Cultura de México y Fundación Leo Matiz.

Jitrik, N. (1993). "El Estridentismo y la obra de Manuel Maples Arce". *Revista Literatura Mexicana*, Vol. 4, Núm. 1. Recuperado de www.revistas-filologicas.unam.mx/literatura-mexicana/index.php/lm/article/view/843

José Agustín. (2004). "La onda que nunca existió". *Revista de Crítica Literaria Latinoamericana*, año XX, n.º 59. Lima-Hanover, Tufts University. Recuperado de as.tufts.edu/romancestudies/rcll/pdfs/59/2-AGUST%C3%8DN.%20La%20onda.pdf

Jurado Valencia, F. (comp.). (2002). *México en la poesía colombiana. Posadas*. Bogotá: Universidad Nacional Autónoma de México y Universidad Nacional de Colombia.

La Jornada. (2014). "Conmociona a creadores nacionales la muerte del 'inventor de mundos'". Recuperado de http://www.jornada.unam.mx/2014/04/18/opinion/004n1pol

Márceles Daconte, E. "El día que conocí a Leo Matiz en Nueva York". *El Espectador,* 31 de marzo de 1017. Recuperado de http://www.elespectador.com/noticias/cultura/el-dia-que-conoci-leo-matiz-en-nueva-york-articulo-687278

Martin, G. (2014). *Gabriel García Márquez: una vida.* Bogotá: Random House Mondadori.

Martínez, J. L. (2018). "Españoles en el exilio". Enciclopedia de la Literatura en México. Recuperado de http://www.elem.mx/estgrp/datos/77

Monsiváis, C. (2000). *Aires de familia. Cultura y sociedad en América Latina.* Barcelona: Anagrama.

_____. (2010). *Historia mínima. La cultura mexicana en el siglo XX.* México: Colmex.

Moreno Durán, R. H. (1995). *Como el halcón peregrino.* Bogotá: Santillana - Nuevo Siglo – Aguilar.

Museo Rayo. "Omar Rayo. 1028 – 2010". Recuperado de http://museorayo.co/vidaObraOR.php

Mutis, Á. (1960). *Diario de Lecumberri.* Xalapa: Universidad Veracruzana.

Mutis Durán, S. "José Luis Cuevas". *Revista Casa de las Américas.* Enero – marzo de 1994, no. 194. La Habana.

_____. (comp. y ed.). (2011). *Álvaro Mutis. Estación México.* Notas 1943 – 2000. Bogotá: Taurus.

_____. (1988). *La última escala del Tramp Steamer.* Ciudad de México: Ediciones El Equilibrista.

_____. (1994). "La lección de Leo Matiz" en *El tercer ojo de Leo Matiz.* Bogotá: Ediciones Maga.

_____. (1997). *Summa de Maqroll el gaviero. Poesía, 1948-1997.* Salamanca: Ediciones Universidad de Salamanca.

Mutis, S. (ed.). (1993). *Tras las rutas de Maqroll el gaviero. 1988 – 1993.* Bogotá: Instituto Colombiano de Cultura.

_____. (compilación, prólogo y notas). (1999). *Álvaro Mutis. De lecturas y algo del mundo (1943 – 1998).* Bogotá: Planeta.

Neruda, P. (1974). *Confieso que he vivido.* México: Seix Barral.

Novoa Portela, María. "Breve historia del exilio literario español en México (1939-1950)". *Sémata: Ciencias Sociais e Humanidades,* vol. 24: 415-434, 2012. Universidad de Santiago de Compostela.

Recuperado de www.usc.es/revistas/index.php/semata/article/view/1102

Owen, G. (1944). *El arte en Colombia. Arte contemporáneo. Ignacio Gómez Jaramillo.* Bogotá: Librería Suramérica.

Pacheco, J. E. (1989). *Ciudad de la memoria.* México: Editorial Era.

Para leer en libertad. (2017, 05, 06). Nahum Montt y Taibo II. [Archivo de video]. Recuperado de: https://www.youtube.com/watch?v=uh9_Xwlrn3w&t=657s

Paz, O. (1994). "Los hospitales de ultramar". En *Obras Completas.* 2ª Ed. Tomo 3. México: Fondo de Cultura Económica.

Peralta Barrera, N. (1999). *Rómulo Rozo, el indoamericano universal.* Tunja: Gobernación de Boyacá y Academia Boyacense de Historia.

Pereira, A. (1998). *La Generación de Medio Siglo.* México: Instituto de Investigaciones Filológicas (UNAM).

Pereira, A., Albarrán, C., Rosado, J. Z. y Tornero, A. (2004). "Literatura de la onda". Centro de Estudios Literarios (CEL) del Instituto de Investigaciones Filológicas (IIFL). Universidad Nacional Autónoma de México (UNAM). Recuperado de http://www.elem.mx/estgrp/datos/39

Pérez Silva, V. (comp.). (1996). *La autobiografía en Colombia.* Biblioteca Familiar Presidencia de la República. Recuperado de: http://www.banrepcultural.org/blaavirtual/literatura/autobiog/auto59.htm

Poniatowska, E. (1992). *Tinísima.* Ciudad de México: Era.

_____. (1998). *Cartas de Álvaro Mutis a Elena Poniatowska.* México: Alfaguara.

_____. (2017). *Ida y vuelta. Entrevistas.* México: Era.

Porras, M. del C. (2005). "De escritura a obra: el proyecto literario de Álvaro Mutis". *Iberoamericana,* V. 20. Revistas del Instituto Ibero-Americano (IAI). Recuperado de journals.iai.spk-berlin.de/index.php/iberoamericana/article/view/964/644

Queiroz, F. (2013). *El reino que estaba para mí. Conversaciones con Álvaro Mutis.* Bogotá: Random House Mondadori.

Quintanilla, S. (2017). "Por qué importa Vasconcelos". *Revista Mexicana de Investigación Educativa,* vol. 22, núm. 75. Consejo Mexicano de Investigación Educativa A.C. Recuperado de https://www.redalyc.org/jatsRepo/140/14054387013/html/index.html

Quirarte, V. "Retratos colombianos de Gilberto Owen". *Revista de la Universidad de México*. Recuperado de: http://www.revistadelauniversidad.unam.mx/ojs_rum/files/journals/1/articles/13389/public/13389-18787-1-PB.pdf

Rama, Á. (1982). *La novela latinoamericana 1920 – 1980*. Bogotá: Procultura.

_____. (s. f.). La narrativa de Gabriel García Márquez. Edificación de un arte nacional y popular. Recuperado de https://www.javeriana.edu.co/narrativa_colombiana/contenido/bibliograf/rama.htm

Redacción Cultura. (2015). "El lado colombiano de Fernando del Paso". *El Espectador*. En: https://www.elespectador.com/noticias/cultura/el-lado-colombiano-de-fernando-del-paso-articulo-598844

Redacción *El Tiempo*. (2012). "Carlos Fuentes dejó inconclusa novela sobre Pizarro, jefe del M-19". *El Tiempo*. En: http://www.eltiempo.com/archivo/documento/CMS-11824541

Redacción *Proceso*. (1998). "Elena Poniatowska revive el episodio de Lecumberri al publicar las cartas que le envió el escritor". Proceso. Recuperado de: http://www.proceso.com.mx/178234/elena-poniatowska-revive-el-episodio-de-lecumberri-al-publicar-las-cartas-que-le-envio-el-escritor

Revista *Cromos*, noviembre 24 de 1951. "Don José Vasconcelos dice de Bavaria".

Reyes, A. (1996). "Los trabajos y los días". *Obras completas de Alfonso Reyes*. Tomo IX. México: FCE.

_____. (1995). "Cartas de Jorge Isaacs". *Obras completas de Alfonso Reyes*. Tomo IV. Colección Letras Mexicanas. México: FCE.

_____. (1996). "El llanto de América". *Obras completas de Alfonso Reyes*. Tomo IX. Colección Letras Mexicanas. México: FCE.

_____. (1997). "V. De poesía hispanoamericana". *Obras completas de Alfonso Reyes*. Tomo XII. México: FCE.

Rivero, M. "Cuevas en Colombia". "Magazín Dominical". *El Espectador*. No. 496, 25 de octubre de 1992.

Robb, J. W. (1983). "Notas. Alfonso Reyes y Germán Arciniegas. Corresponsales e hispanoamericanistas afines". Thesaurus. Tomo 38, n.º 2. En: https://cvc.cervantes.es/lengua/thesaurus/pdf/38/TH_38_002_116_0.pdf

Robledo Cadavid, J. F. (2017). Álvaro Mutis, poeta insular: su poesía en la tradición colombiana. *Cuadernos de Literatura*, vol. XXI N.º 41, enero – junio. Recuperado de https://revistas.javeriana.edu.co/index.php/cualit/article/view/19381/15135

Robles Luján, L. (2016). "Vicente Rojo, el creador de la verdadera portada de '*Cien años de soledad*'". *El Heraldo*. Recuperado de https://www.elheraldo.co/tendencias/vicente-rojo-el-creador-de-la-verdadera-portada-de-cien-anos-de-soledad-150069

Rodas Rivera, B. (2001). "Breve Panorama de la Literatura Mexicana: 1950-1990". Revista *Avances*, n.º 24. Universidad Autónoma de Juárez. Recuperado de: http://www.uacj.mx/DGCDC/SP/Documents/avances/Documents/2001/Avances%2024.%20Beatriz%20Rodas.pdf

Rojas Garcidueñas, J. "Estridentismo y contemporáneos". *Revista de la Universidad de México*, n.º 8-9 Abril-mayo, 1976. Recuperado de www.revistadelauniversidad.unam.mx/ojs_rum/index.php/rum/article/view/10280/11518

Rojo, V. (2002). *Escenarios de la memoria*. México: Ediciones Era.

Ruiz, J. E. y Cobo Borda, J. G. (selección). (1976). *Ensayistas colombianos del siglo XX*. Bogotá: Instituto Colombiano de Cultura.

Sáinz, G. en Glantz, Margo. (1971). "Onda y escritura: jóvenes de 20 a 33". Biblioteca Virtual Miguel de Cervantes. Recuperado de www.cervantesvirtual.com/obra-visor/onda-y-escritura-jovenes-de-20-a-33--0/html/c6a83f9b-dd2a-4036-9f90-127d008e44f4_5.html

Sánchez, A. y Pérez, P. (s. f.). Las relaciones entre España y México 1810-2010. Real Instituto Elcano. Recuperado de https://eulacfoundation.org/es/system/files/Las%20relaciones%20entre%20Espa%C3%B1a%20y%20M%C3%A9xico%201810-2010.pdf

Sánchez Prado, I. (2006). *Naciones intelectuales: la modernidad literaria mexicana de la constitución a la frontera (1917-2000)* (tesis). Universidad de Pittsburgh. Recuperado de http://d-scholarship.pitt.edu/7769/1/Sanchez_Prado_ETD_2006.pdf

Serrano, E. "1988: relevos y definiciones plásticas". "Magazín Dominical". *El Espectador*, n.º 302, enero 22 de 1989.

Sheridan, G. (1985). *Los Contemporáneos ayer*. México: Fondo de Cultura Económica.

Tatis Guerra, G. (2010). "El general de la pierna de palo". *El Universal*. Tomado de: http://www.eluniversal.com.co/cartagena/bolivar/el-general-de-la-pierna-de-palo

Tattersfield, R. "Múltiples planos en el viaje del *Crononauta*. La ciencia ficción como ruta de experimentación artística en los (largos) años sesenta". *Revista Caiana*, n.º 4, 2014. Centro Argentino de Investigadores de Arte. Disponible en http://caiana.caia.org.ar/template/caiana.php?pag=articles/article_2.php&obj=137&vol=4

Trujillo Muñoz, G. (2000). *Biografías del futuro: la ciencia ficción mexicana y sus autores*. Baja California: Universidad Autónoma de Baja California.

Umaña Cuéllar, C. (2016). "El interesante y curioso caso de Ignacio Gómez Dávila y El cuarto sello: un proyecto de reedición" (tesis de grado). Pontificia Universidad Javeriana. Recuperado de shorturl.at/oEFMV

UniVerso. "Homenajean en Colombia a Sergio Pitol". *UniVerso*. Universidad Veracruzana. Año 9 / No. 366 / Agosto 24 de 2009. En: https://www.uv.mx/universo/366/infgral/infgral_05.htm

Vallejo, F. (1982). *Barba Jacob el mensajero*. México: Séptimo Círculo.

_____. (1999). "Entre fantasmas" en *El río del tiempo*. Bogotá: Alfaguara.

Varios autores. (s. f.). "Testimonios". *No pudo la muerte vencerme. 50 años de ausencia Jorge Gaitán Durán*. Cúcuta: Corporación Cultural Biblioteca Pública Julio Pérez Ferrero.

Varios autores. (2012). *80 Vicente Rojo*. México: Ediciones Era. Conaculta y Fondo de Cultura Económica (coeditores).

Vargas Martínez, G. "Algunos nexos históricos entre Colombia y México" (Primera de dos partes). *La Casa Grande*, n.º 3, 1998, p. 40.

Vasconcelos, J. (1946). *El Proconsulado*. México: Ediciones Botas.

_____. (1950). "Carta a la juventud de Colombia" en: *Discursos 1920-1950*. México: Ediciones Botas.

Villamarín, P. "Cuevas, ataca, ataca". 25/02/2004. *El Tiempo*. Recuperado de: http://www.eltiempo.com/archivo/documento/MAM-1571522

Willis Robb, J. (1964). Imágenes de América en Alfonso Reyes y Germán Arciniegas. Separata Humanitas. Anuario del Centro de Estudios Humanísticos de la Universidad de Nuevo León, no. 5.

Zaïtzeff, S. "El joven Arciniegas a través de su correspondencia con Carlos Pellicer". *Revista de la Universidad de México,* n.º 595, agosto de 2000. En: http://www.revistadelauniversidad.unam.mx/ojs_rum/index.php/rum/article/view/15076/16314

_____. (Ed.). (2018). *Correspondencia entre Carlos Pellicer y Germán Arciniegas.* México: Conaculta.

Zapata Galindo, M. (2003). "Modernización, poder y cultura: cambios en la relación de los intelectuales mexicanos hacia la política, el gobierno y el Estado". Revista *Awal* n.º 27-28. Revues Plurielles. Recuperado de www.revues-plurielles.org/_uploads/pdf/10_27_25.pdf

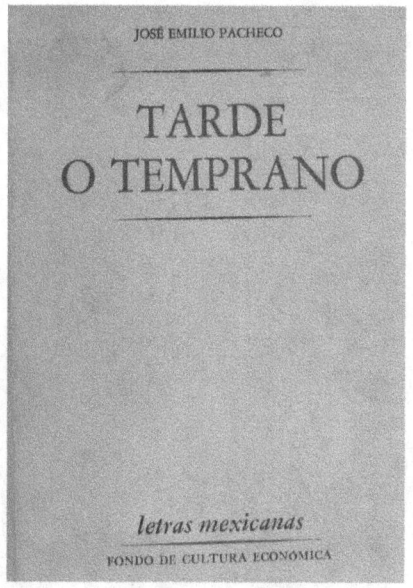

Foto 1: Tarde o temprano de José Emilio Pacheco.

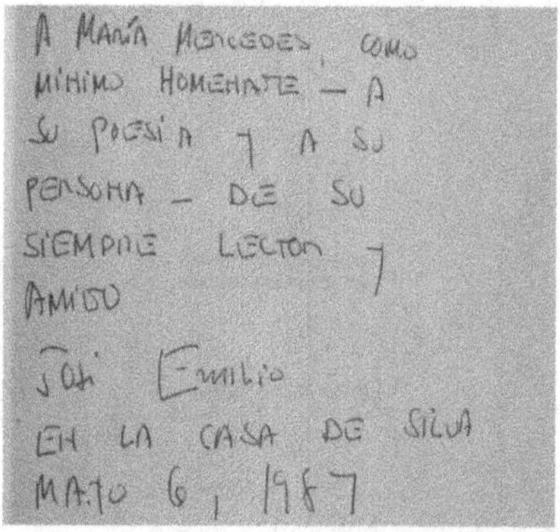

Foto 1.1.: Dedicatoria de José Emilio Pacheco a la poetisa María Mercedes Carranza en el libro Tarde o temprano.

Foto 2: Aires de familia de Carlos Monsiváis.

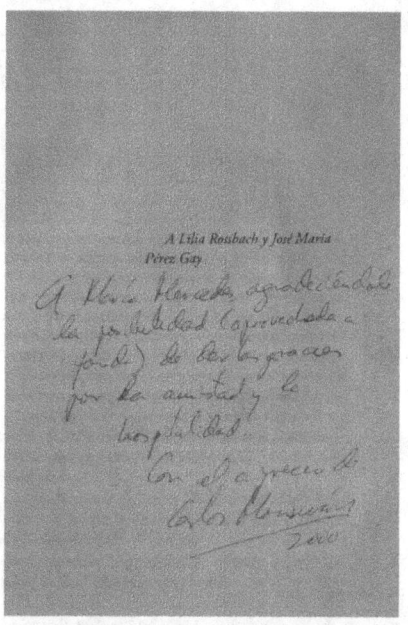

Foto 2.1.: Dedicatoria de Carlos Monsiváis a la poetisa María Mercedes Carranza en el libro Aires de familia.

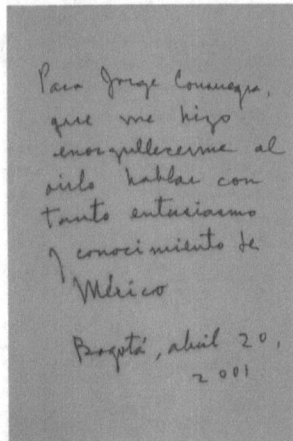

Foto 3: Dedicatoria de Sergio Pitol al periodista cultural Jorge Consuegra.

Foto 4: Agua y viento de Octavio Paz. Ediciones Mito (Colombia).

Foto 5. Amores perros de Guillermo Arriaga.

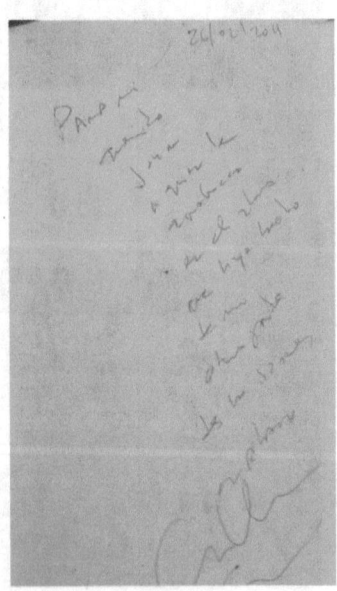

Foto 5.1.: Dedicatoria de Guillermo Arriaga al escritor John Jairo Junieles en el libro Amores perros.

Foto 6: Conferencia sobre la lluvia de Juan Villoro.

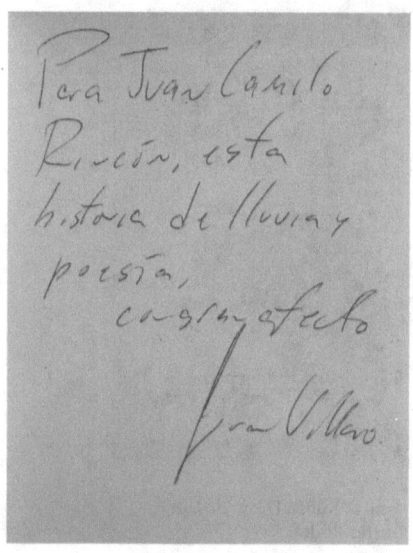

Foto 6.1.: Dedicatoria de Juan Villoro en el libro Conferencia sobre la lluvia.

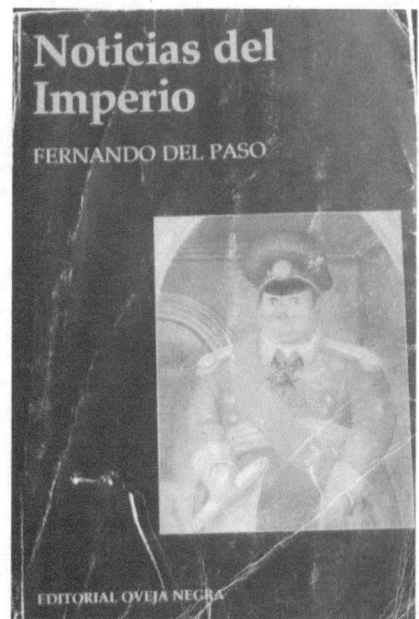

Foto 7: Noticias del Imperio de Fernando del Paso.

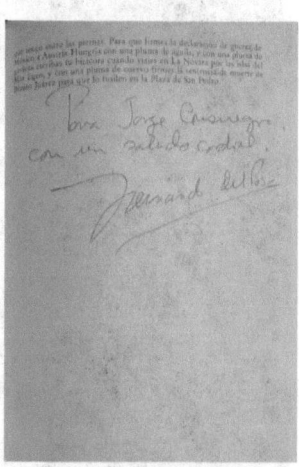

Foto 7.1.: Dedicatoria de Fernando del Paso a Jorge Consuegra en el libro Noticias del Imperio.

Foto 8: Rubén Darío de Jaime Torres Bodet.

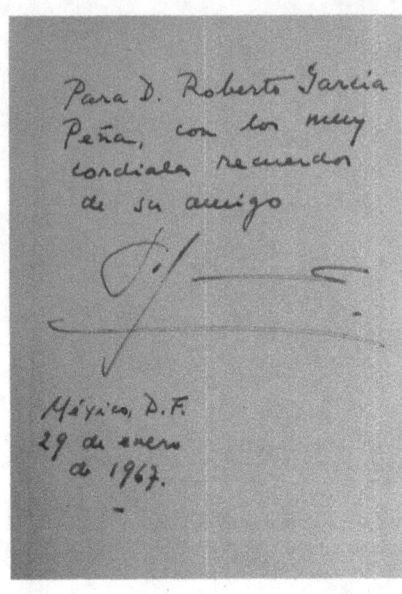

Foto 8.1.: Dedicatoria de Jaime Torres Bodet al abogado y periodista Roberto García Peña en el libro Rubén Darío-.

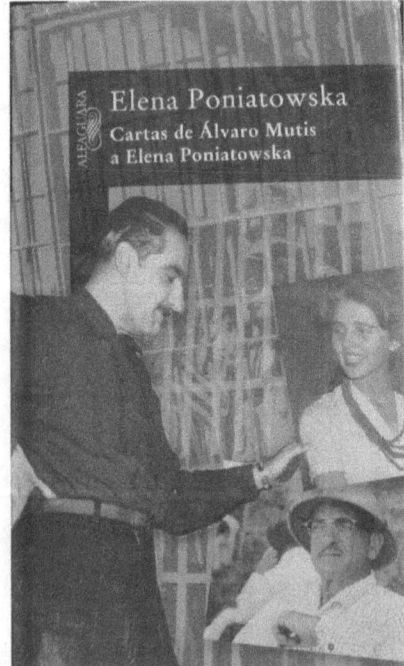

Foto 9: Cartas de Álvaro Mutis a Elena Poniatowska de Elena Poniatowska.

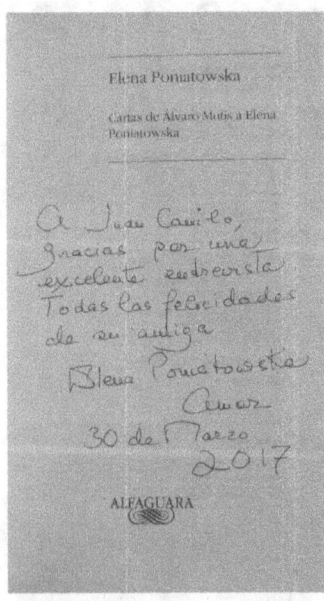

Foto 9.1.: Dedicatoria de Elena Poniatowska en el libro Cartas de Álvaro Mutis a Elena Poniatowska.

Acerca del autor
Juan Camilo Rincón

Periodista, escritor e investigador cultural. Magíster en Estudios Literarios de la Universidad Nacional de Colombia. Ha publicado los libros: *Manuales, métodos y regresos* (2007), *Ser colombiano es un acto de fe. Historias de Jorge Luis Borges y Colombia* (2014), *Viaje al corazón de Cortázar* (2015) y *Nuestra memoria es para siempre* (libro digital, 2017). Ganador del Premio Distrital de Crónica Idartes 2018 y el IV Seminario de Periodismo Cultural de Medellín 2020. Invitado a ferias del libro en Bogotá, Cali, Guayaquil, La Habana y Pachuca. Su trabajo ha sido reseñado en revistas como *Casa de las Américas* y *Variaciones Borges* (U. Pittsburgh). Ganador de becas de Idartes, MinCultura, Biblioteca Nacional de Colombia, Fonca (México) y Gobierno argentino. Escogido entre las mejores crónicas de *El Tiempo* en 2014, 2018, 2019 y 2020, y reseñista literario para ese diario. Ha escrito para *El Espectador, Publishers Weekly en español* (España), El Telégrafo (Ecuador) y El Universal (México). Jurado de concursos de cuento y de becas para la UIS, Idartes y MinCultura. Tallerista y docente de BibloRed, Biblioteca Nacional de Colombia, Banco de la República, Idartes y MinCultura (Relata).

www.ingramcontent.com/pod-product-compliance
Lightning Source LLC
Chambersburg PA
CBHW012100090526
44592CB00018B/2663